Sportwissenschaft und Sportpraxis

Herausgeber: Clemens Czwalina

ISSN 0342-457X

Band 114

Fritz Dannenmann (Red.):

Volleyball '97 – Analysen und Training

23. Symposium
des Deutschen Volleyball Verbandes 1997

Czwalina Verlag Hamburg

Die Deutsche Bibliothek – CIP-Einheitsaufnahme

Deutscher Volleyball-Verband:
... Symposium des Deutschen Volleyball-Verbandes ....
– Hamburg : Czwalina
(Sportwissenschaft und Sportpraxis ; ...)
Früher Schriftenreihe
23. 1997. Volleyball '97. – 1998

Volleyball '97 : Analysen und Training / Fritz Dannenmann (Red.). –
Hamburg : Czwalina, 1998
   (... Symposium des Deutschen Volleyball-Verbandes ... ; 23. 1997)
   (Sportwissenschaft und Sportpraxis ; Bd. 114)
   ISBN 3-88020-325-3

ISSN 0342-457X
ISBN 3-88020-325-3

1. Auflage Hamburg 1998
Alle Rechte vorbehalten
Nachdruck und fotomechanische Vervielfältigung, auch auszugsweise, verboten
© Copyright by Czwalina Verlag
Eine Edition im FELDHAUS VERLAG, Postfach 73 02 40, 22122 Hamburg

Printed in the Federal Republic of Germany
Druck und Verarbeitung: WERTDRUCK, Hamburg
Gedruckt auf chlorfrei gebleichtem Papier

Inhaltsverzeichnis

Einführung 5

I VOLLEYBALL - ANALYSEN

OLAF KORTMANN
    Zur internationalen Entwicklung des Volleyballspiels 9

ATHANASIOS PAPAGEORGIOU/MARKUS SCHMUDE/CHRISTOS DIMITRAKOS
    Strukturanalyse des Quattro-Mixed-Volleyballspiels 15

ECKHARD WICHMANN/ANDREAS HOHMANN
    Beobachtungsmethoden zur Ermittlung der individuellen Spielleistung 39

ATHANASIOS PAPAGEORGIOU/STEFAN HÖMBERG/
VOLKER SCHMITZ/CHRISTOS DIMITRAKOS
    Die neue Aufschlagregel. Umsetzung auf internationalem Leistungsniveau 51

ATHANASIOS PAPAGEORGIOU/HENDRIK LÜCK/CHRISTOS DIMITRAKOS
    Zuspielerbeobachtung im Volleyball 83

II VOLLEYBALL - PSYCHOLOGIE

MARKUS RAAB
    Kreativität im Volleyball 103

SARKHADUN YALDAI
    Kausalattribuierung bei VolleyballspielerInnen unterschiedlicher
    Leistungsklassen 117

ULF SCHMIDT

    Psychologische Betreuung der Damen-Nationalmannschaft
des Deutschen Volleyball Verbandes (DVV) **133**

ATHANASIOS PAPAGEORGIOU/STEFAN HÖMBERG/FELIX BLUM

    Psychische Beanspruchung im Hallen- und Beachvolleyball **145**

III   VOLLEYBALL - METHODIK UND TRAINING

HEIDEMARIE LAMSCHIK

    Volleyball - ein Kinderspiel!
Vorstellung eines integrativen Vermittlungskonzspts **171**

HORST WURSTER

    Volley(ball)-spielen ohne Volleybälle **185**

MAX MEIER/FRITZ DANNENMANN

    Aufschlag- und Annahmetraining unter Belastung **197**

STEFAN HENNE

    Dysfunktionen der Brustwirbelsäule und des Schultergürtels als
leistungslimitierende Faktoren im Volleyball **211**

BERTHOLD KREMER

    Gesundheit und Leistung im Volleyball
Zum Problem von Muskeldysbalancen **229**

FRITZ DANNENMANN

    Filmserie: Techniken des Volleyballspiels **247**

AUTORENVERZEICHNIS **252**

Einführung

EINFÜHRUNG

Das Volleyballspiel kann durch zahlreiche unterschiedliche Aspekte charakterisiert werden:

Volleyball wird weltweit gespielt.

Die FEDERATION INTERNATIONALE DE VOLLEY-BALL (FIVB), der Volleyball-Weltverband, hat mit über 215 nationalen Landesverbänden mehr Mitglieder als die UNO. Es ist ein Spiel von weltweiter Verbreitung. Um also zu den TOP-TEN-Mannschaften der Welt zu gehören, muß man weit über 200 andere Nationen hinter sich lassen bzw. besiegen.

Volleyball wird in unterschiedlichen Versionen gespielt.

Vor zwei Jahren feierte das Sportspiel Volleyball seine 100-jährige Existenz. In diesen Jahren entwickelte es sich von einem „Erholungsspiel" zu einem Spiel mit höchsten sportlichen Ansprüchen, sowohl als Hallenspiel mit Sechser-Mannschaften als auch als Beach-Sportspiel mit zwei Spielerinnen bzw. Spieler. Doch neben diesen Spielversionen gibt es „Mini-Volleyball", bei dem drei Spieler oder Spielerinnen auf dem Feld stehen, und „Quattro-Volleyball", bei dem 4 : 4 gespielt wird, dies häufig auch als Mixed-Spiel, bei dem Männer und Frauen gemeinsam spielen. Dies sind die leistungsorientiert gespielten Varianten. Aber auch im Breiten-, Freizeit-, Betriebs- und Schulsport wird intensiv das Spiel in unterschiedlichen Versionen gepflegt.

Volleyball ist ein von der Technik geprägtes Spiel.

Der Moment der Ballberührung entscheidet - und zwar meistens endgültig - darüber, ob erfolgreich weitergespielt werden kann oder nicht. Zudem sind die Pritsch-, Bagger- und Schlagtechniken relativ weit entfernt von den Bewegungstechniken des Alltags. Dies sind die Hauptgründe dafür, daß die Techniken des Volleyballspiels von Anfang an gut gelernt und immer wieder geübt bzw. unter belastenden Bedingungen trainiert werden müssen.

Volleyball ist ein stark von der Psyche abhängiges Spiel.

Sobald der Ball zu Boden fällt, ist eine Spielphase („rally") beendet, der Aufschlag oder ein Punkt gewonnen bzw. verloren. Da die Regeln vorschreiben, daß der Ball nicht zur Ruhe kommen darf und nach dreimaliger Berührung wieder über das Netz zum Gegner gespielt werden muß, kommt es zu einem ständigen „Hin-und-Her" bzw. „Auf- und-Ab" in der psychischen Beanspruchung. Die gezielte Aufmerksamkeitssteuerung, die Punktkonzentration und die positive Zukunftsorientierung sind ganz wesentliche Voraussetzungen für ein erfolgreiches Spielen.

Die Symposien, zu denen der DEUTSCHE VOLLEYBALL VERBAND in jedem Jahr die Volleyball-Dozentinnen und -dozenten der Sportinstitute der Universitäten und Hochschulen einlädt, nehmen diese Charakteristika des Spiels immer wieder auf. Beim 23. DVV-Symposium, das 1997 in Edenkoben/Pfalz durchgeführt wurde, standen folgende Aspekte im Mittelpunkt der Vorträge und Diskussionen:

- Volleyball - Spielanalysen
- Volleyball - Psychologie
- Volleyball - Methodik und Training.

Einführend setzt sich O. KORTMANN, der Bundestrainer der Männer, mit der Entwicklung des Volleyballspiels auseinander. Er erläutert eine neue Zählweise, das „Set with Time Limit Playing System", das derzeit von der FIVB international erprobt wird. Außerdem informiert er über die feststellbaren internationalen Entwicklungen in den einzelnen Grundsituationen des Volleyballspiels, beim Aufschlag, der Annahme, dem Zuspiel und Angriff, dem Block und in der Feldverteidigung. Seine Ausführungen vermitteln einen Eindruck von der rasanten Entwicklung des Spiels.- PAPAGEORGIOU/SCHMUDE/DIMITRAKOS, Sporthochschule Köln, legen anschließend eine „Strukturanalyse des Quattro-Mixed-Volleyballspiels" vor, einer interessanten Spielversion, bei der jeweils zwei Frauen und zwei Männer ein Team bilden, wobei die Männer ständig im Hinterfeld, die Frauen am Netz spielen, und das Netz auf Damenhöhe hängt. Die außerordentlich datailierten Analysen münden in begründete Hinweise auf weitere Regeländerungen, um die geschlechtsabhängigen Unterschiede wie Größe und Kraft weiter zu minimieren, damit im Breiten- und Freizeitbereich dieses Spiel noch attraktiver gestaltet werden kann.- Im Leistungsvolleyball kommt der Leistung jedes Einzelspielers eine große Bedeutung zu. „Zur Ermittlung der individuellen Spielleistung" legen WICHMANN/HOHMANN von der Universität Magdeburg einen „Vergleich von Beobachtungsmethoden" vor. Im Anschluß an Ausführungen auf früheren Symposien zeigen sie hier die Anwendung verschiedener Methoden bei einer Regionalliga-Mannschaft. Könnte der eindrucksvolle Erfolg der beobachteten Mannschaft im Verlauf der Meisterschaft allein darauf zurückgeführt werden, daß Spieler und Trainer die individuelle Spielleistung durch die Methoden des Spielwirksamkeitsindexes und der Punkterfolgswahrscheinlichkeit genau kennen und entsprechend trainieren konnten, wäre dies eine überzeugende Argumentation für entsprechende Spielanalysen.- Wie oben bereits aufgezeigt, unterliegt das Volleyballspiel einem starken Wandel - auch durch gezielte Regeländerungen. Wie „die neue Aufschlagregel" auf "internationalem Leistungsniveau" umgesetzt wird, damit hat sich die Kölner Arbeitsgruppe PAPAGEORGIOU/HÖMBERG/SCHMITZ/DIMITRAKOS beschäftigt. Äußerst datailliert wurde das Aufschlagverhalten bei insgesamt 72 internationalen Spielen ausgewertet. Die Erkenntnisse führen zu „Empfehlungen für die Trainingspraxis", die Technik- und Taktikhinweise enthalten.- Der/die Zuspieler/-in gilt im Volleyball als Spielmacher/-in. Um seine Bedeutung zu unterstreichen, wird in letzter Zeit zunehmend der Begriff des Zentralspielers verwendet. PAPAGEORGIOU/LÜCK/DIMITRAKOS haben sich intensiv mit der „Zuspielerbeobachtung im Volleyball" beschäftigt. Die Ausführungen machen deutlich, wie mit Hilfe eines weiterentwickelten Beobachtungsbogens zielorientiert Erkenntnisse über das Zuspielerverhalten gewonnen werden können. Interessant ist das vorgestellte Verfahren insbesondere für professionelle „scouts" und engagierte Trainer im Leistungsvolleyball.

Im zweiten Kapitel dieses Tagungsberichts sind die Beiträge zusammengestellt, die sich mit volleyballpsychologischen Fragen beschäftigen. RAAB, Universität Heidelberg, beschäftigt sich mit der „Kreativität im Volleyball", der er sich (am Beispiel des Zuspielers als dem „Kreativspieler" schlechthin) mit verschiedenen Befragungen, einem Experiment und einer gründlichen Literaturanalyse nähert. Seine Ausführungen zeigen, daß zwar ein Problembewußtsein vorliegt, daß jedoch der Kreativitäts-Aspekt im Training noch weitgehend unberücksichtigt bleibt bzw. nur unzulänglich verfolgt wird. Die abschließend „spekulativ gewagten" Hinweise geben zweifellos eine Fülle von Anregungen.- Eine Untersuchung über „Kausalattribuierungen bei Volleyballspielerinnen unterschiedlicher Leistungsklassen" stellt YALDAI von der Universität Düsseldorf vor. Die Ergebnisse zeigen Übereinstimmungen wie deutliche Unterschiede bei den vorausschauenden und rückblickenden Ursachenzuschreibungen zwischen den Spielerinnen. Interessant sind m.E. die geschlechtsspezifischen Unterschiede bei den selbstwertdienlichen Attributionen wie bei der Gruppenkohäsion.- SCHMIDT, von der Universität der Bundeswehr in München, berichtet über die „psychologische Betreuung der Damen-Nationalmannschaft des DVV" in den Jahren 1996/97. Die Hinweise zum Zielsetzungstraining, zur psycho-physischen Regeneration, zur Optimierung der psychischen Wettkampfstabilität und zu den verschiedenen Verfahren der psychologischen Leistungsdiagnostik verdeutlichen eindrucksvoll, wie aspektreich eine angemessene Betreuung einer Spitzenmannschaft erfolgen sollte.- Über unterschiedliche „psychische Beanspruchung im Hallen- wie im Beach-Volleyball" informiert die detailreiche Untersuchung von PAPAGEORGIOU/HÖMBERG/BLUM. Aufbauend auf den empirisch gewonnenen Daten werden aufschlußreiche Hinweise zur Umsetzung in die Trainingspraxis gegeben.

Das dritte Kapitel faßt Arbeiten zu „Volleyball - Methodik und Training" zusammen. LAMSCHIK, ehemals erfolgreiche Nationalspielerin und nun sehr aktive Nachwuchstrainerin in

Schwerte, gibt mit ihrem Beitrag „Volleyball - ein Kinderspiel" Einblick in ihre Trainingstätigkeit; sie stellt ein „integratives Vermittlungskonzept" vor.- WURSTER, Universität Greifswald, zeigt mit zahlreichen Bildern, wie „Volley(ball)spielen ohne Volleybälle" möglich ist. MEIER, der Schweizer Erfolgstrainer und „international instruktor", bringt Beispiele dafür, wie „Aufschlag- und Annahmetraining unter Belastung" aussehen könnte. Im Vordergrund steht dabei die psychische Belastung.- HENNE, einer der Physiotherapeuten der Juniorinnen-Nationalmannschaft, berichtet über „Dysfunktionen der Brustwirbelsäule und des Schultergürtels ...". Seine eingangs vorgestellten Befunde überraschen ebenso wie die Übungen mit dem Theraband überzeugen können.- KREMER, Universität Karlsruhe, befaßt sich mit einem Problemausschnitt von „Gesundheit und Leistung im Volleyball", indem er sich den „Muskeldysbalancen" zuwendet. Dazu stellt er Grundsätze vor, die im Training berücksichtigt werden sollten.- Abschließend informiert DANNENMANN über die von ihm und SONNENBICHLER, dem Juniorinnen-Bundestrainer, produzierte Filmserie zu den „Techniken des Volleyballspiels". Diese professionelle Produktion wurde im Auftrag des DEUTSCHEN VOLLEYBALL VERBANDS mit den besten deutschen Nachwuchsspielerinnen gedreht; sie bringt viele wissenswerte Informationen in anregender filmischer Gestaltung.-

Am 23. DVV-Symposium 1997 nahmen knapp fünfzig Dozentinnen und Dozenten von über dreißig sportwissenschaftlichen Instituten aus Deutschland, Österreich, der Schweiz und Norwegen teil. Der lebendige Austausch und die ständige Auseinandersetzung mit den unterschiedlichsten (Volleyball-)Themen gewährleistet langfristig, daß Volleyball an den lehrerbildenden Instituten fundiert und attraktiv gelehrt wird.

Fritz Dannenmann

I VOLLEYBALL - ANALYSEN

OLAF KORTMANN

ZUR INTERNATIONALEN ENTWICKLUNG DES VOLLEYBALLSPIELS

1 VORBEMERKUNG

Der weltweite Trend im "Sportbusiness" zur Internationalisierung, Globalisierung und Professionalisierung hat auch vor dem "Produkt" Volleyballspiel nicht Halt gemacht. Die offiziellen Pläne der FEDERATION INTERNATIONALE DE VOLLEY-BALL (World Plan 2001) lesen sich wie die Zielvereinbarungen eines multi-nationalen Konzerns:

- Volleyball und Beach-Volleyball müssen Hauptsportarten auf Welt-, Kontinental- und Nationalebene werden.
- Volleyball und Beach-Volleyball müssen für die Zuschauer als "Top-Sportarten" in die vorderste Linie des Internationalen Sports gebracht werden. Dies kann nur über neue Marketingmethoden und die Unterstützung der Medien geschehen.
- Alle nationalen und internationalen Wettbewerbe müssen zu Medienereignissen werden, die durch das Fernsehen transportiert und von Sponsoren finanziert werden.
- Um aus jedem Nationalen Verband eine hochprofessionelle Organisation zu machen, bedarf es eines modernen, flexiblen und effizienten Managements.

Inwieweit wirtschaftliche Interessen die Entwicklung des Volleyballspiels beeinflussen, wird an dem Vorhaben sichtbar, den sogenannten "Libero" als abwehrverstärkendes Element zu verankern. Bei diesem, in der Weltliga erprobten, Vorschlag ging es darum, den Abstand zwischen den europäischen und asiatischen Mannschaften nicht zu groß werden zu lassen und damit den finanzstarken und einflußreichen asiatischen Verbänden entgegenzukommen, die sich mit dieser Regelung erhoffen, dem "powerspiel" der weltbesten Mannschaften Paroli bieten zu können.

Neben der Vereinheitlichung der Wettkampfstruktur aller Mitgliedsverbände versucht die FEDERATION INTERNATIONALE DE VOLLEY-BALL (FIVB) das Hallenvolleyballspiel für das Fernsehen und die Zuschauer über Regelveränderungen populär und leichter konsumierbar zu machen. Da das "Sideout-Spiel" (K1), Angriff aus der Annahmesituation heraus, bei allen Topteams stark entwickelt ist, dauern Volleyballspiele bis zu 3 Stunden, Top-Turniere enden oft erst nach Mitternacht. Dies ist zu lange für Fernsehübertragungen und Zuschauer. Eine in der Weltliga erprobte und wahrscheinlich auch bald in Deutschlands Ligen in dieser oder ähnlicher Form gespielte Wettkampfform ist das "STLPS", das nachstehend erläutert wird.

2 DAS "SET WITH TIME LIMIT PLAYING SYSTEM" (STLPS)

- Das STLPS wird nach dem System "best of five" gespielt.
- Die ersten vier Sätze werden nach dem "Service-Point-System" – d. h., wer das Aufschlagrecht besitzt, kann punkten. Es wird auf 15 Punkte bis zum Satzgewinn gespielt, incl. einer 2-Punkte-Führung und einem 17-Punkte-Limit.
- Neu ist das 25-Minuten-Zeitlimit. Außergewöhnliche Zeitunterbrechungen wie Verletzungen u. ä. Unterbrechungen sind von der Zeitnahme ausgeschlossen. Alle den Regularien entsprechenden Unterbrechungen wie Auszeiten, technische Auszeiten werden berücksichtigt.
- Spielerwechsel müssen innerhalb der ersten 20 Minuten des Satzes erfolgen.
- Hat eine Mannschaft die zum Sieg erforderlichen Punkte vor Beendigung des Zeitlimits erreicht, endet der Satz automatisch.
- Wenn die zum Sieg erforderliche Punktzahl innerhalb des Zeitlimits von 25 Minuten nicht erreicht wird, kommt es zu einer einminütigen technischen Auszeit. Danach wird der Satz ab der 27. Minute im "Rally-Point-System" (jede Mannschaft kann punkten) fortgesetzt, bis die nötigen Punkte zum Satzgewinn (15 Punkte mit einer 2-Punkte-Führung oder 17-Punkte-Limit) erreicht worden sind.
- Der fünfte Satz (nach 2:2 Spielstand) wird nach dem "Rally-Point-System" gespielt. 15 Punkte mit einer nötigen 2-Punkte-Führung ohne 17-Punkte-Limit bestimmen den Sieger.

Jede Regeländerung beeinflußt sowohl die Spielstruktur als auch konsequenterweise das Training. Die als stärker eingeschätzte Mannschaft muß sich von Anfang an darauf konzentrieren, den Satz innerhalb des Zeitlimits zu gewinnen, die schwächere wird versuchen, das "Rally-Point-System" zu erreichen. Denn bei diesem gewinnen Faktoren wie Einstellung zum Kampf, Spielstärke unter Streß, Glück, etc. an Einfluß. Deshalb werden Intensität und emotionale Stärke im wettkampforientierten Teamtraining die Schlagworte des modernen Trainings der Zukunft sein.

3 TRENDS IN DER TECHNISCH-TAKTISCHEN ENTWICKLUNG DES VOLLEYBALLSPIELS

3.1 Allgemein

Folgende Aspekte bestimmen die augenblickliche Situation:
- Alle Spitzenmannschaften setzen auf eine eingespielte Grundsechs.
- Es gibt nur wenige Wechsel von Spezialisten (1-2).
- Die Spezialisierung hat abgenommen.
- Es gibt eine deutliche Strategieorientierung.
- Die Geschwindigkeit des Spiels hat zugenommen.
- Es wird in neuen Dimensionen gespielt.

Die Leistungsdichte in der Weltspitze (Holland, Italien, Brasilien, Jugoslawien, Kuba, Rußland) ist so eng geworden, daß es sich kaum eine Mannschaft erlauben kann (Ausnahme: Italien), einen Spieler aus der Stammsechs in einem Turnier zu schonen. Beobachtungen bei zwei Europameisterschaften: Es gab Mannschaften, deren Spitzenspieler nie trainiert und immer durchgespielt haben, während die Auswechselspieler täglich trainiert, aber nie gespielt haben. Kurzwechsel wurden nur vorgenommen, um die Stärken dieses einen Spielers auf einer Spezialposition kurzfristig nutzen zu können. Der heutige Spitzenspieler muß jedoch drei Elemente in höchster Perfektion beherrschen: den Angriff, das Blockieren und die Feldabwehr. In diesen Elementen kann sich eine Mannschaft nicht mehr auf Spezialisten oder die herausragenden Aktionen eines Einzelakteurs verlassen.

Das Spiel ist in allen Bereichen schneller geworden: die Aktionen der Spieler, z. B. die gemeinsame Bewegung zweier Blockspieler nach außen, das Lösen des freien Netzspielers in die Abwehr; die Geschwindigkeit des Zuspiels auf alle Netzpositionen, die Schlagbewegungen. Durch den erhöhten Trainingsumfang der Profis, die in den Spitzenligen der Welt spielen, und eine damit verbundene athletische Ausbildung erschließen sich dem Spiel neue Dimensionen. War der Hinterfeldangriff vor 10-15 Jahren ebenso wie der Sprungaufschlag eine internationale Rarität und Sensation, gehören diese Techniken mittlerweile zum Standardrepertoire jedes Bundesligaspielers.

3.2 Zuspiel

Das Zuspiel auf internationalen Niveau ist durch folgende Punkte charakterisiert:

- Es existiert ein verbessertes Taktikbewußtsein. Das Zuspiel wird zunehmend flexibler ausgeführt, dies basiert auf Informationen.
- Alle Außenpässe werden unabhängig von der Qualität der Annahme mit höchster Präzision gespielt.
- Die Geschwindigkeit der Pässe hat sich erhöht, auch bei schlechter Annahme.
- Die Zuspieler werden größer.

Ein internationaler Spitzenzuspieler muß jederzeit wissen, wer auf der anderen Seite des Netzes steht und welche Blockstrategien die gegnerische Mannschaft bevorzugt. Darin wird er von den Coaches unterstützt, die ihm diese Informationen vor und während des Spiels mitteilen bzw. signalisieren.

Der gute Zuspieler zeichnet sich nicht darin aus, den Block aus einer perfekten Annahme heraus auszuspielen; dies ist eine Selbstverständlichkeit. Das perfekte Zuspiel aus einer schlechten Annahme heraus ist es, was den Spitzenzuspieler charakterisiert.

3.3 Annahme

Folgende Punkte kennzeichnen die internationale Situation in der Anahme:

- In der Annahme befinden sich zwei bis vier spezialisierte Spieler.
- Bei Sprungaufschlag nehmen in der Regel drei bis vier Spieler an.
- Die Technik in der Annahme ähnelt bei Sprungaufschlägen der Technik der Feldabwehr.
- Annahme und Angriff werden ausgezeichnet verbunden.
- Durch die Stärkung des Aufschlags (größerer Aufschlagraum, variablere Techniken, Sprungaufschlag-Varianten) hat die Präzision in der Annahme etwas abgenommen, die Fehlerquote hat sich etwas erhöht.
- Es wird nur selten mit zwei Spielern in der Annahme agiert.

Durch den vermehrten Einsatz von Sprungaufschlägen und dessen Varianten (Sprung-Flatter, Seitspin), sowie die Vergrößerung des Aufschlagraums wachsen die Anforderungen an die Annahmespieler. Die Präzisionsleistung sinkt, die Fehlannahmen häufen sich und die Anzahl der im Riegel stehenden Spieler erhöht sich. Zum kritischen Punkt in der Annahmesituation (K1) avanciert der annehmende Außenangreifer. Ihn unter Druck zu setzen, ist das Ziel aller

Entwicklung des Volleyballspiels

Spitzenmannschaften. Dabei geht es nie um den direkten Annahmefehler. Das Hauptziel besteht inzwischen vor allem darin, im Block Zeit zu gewinnen.

3.4 Angriff

Der Angriff im internationalen Spitzenvolleyball läßt sich durch folgende Punkte charakterisieren:

- Er ist und bleibt das dominierende Element zum Spielgewinn.
- Er wird mit enormer "power" ausgeführt.
- Die Schlagvarianten nehmen zu.
- Dagegen wird international mit weniger Kombinationen gespielt.
- Eine Verschiebung des Schnellangriffs in die Spielfeldmitte ist zu beobachten.

Der Außen- und der Hinterfeldangriff sind die dominierenden Element im momentanen Weltvolleyball. Die teuersten Spieler der Welt sind "Punktballspieler" oder "scorer", denn nach erfolgreicher Abwehr wird (fast) nur noch über die Außen- und Hinterfeldpositionen gespielt. Die "Mittelstürmer" des Volleyballs sorgen mit ihrer enormen Durchschlagskraft und ihren Schlagvarianten für die Punkte. Aufgrund der veränderten Blockstrategien werden kaum noch "enge Kombinationen" gespielt. Das Spiel ist einfacher und effektiver geworden. Der Schnellangriff findet unabhängig vom Ort des Zuspielers in der Netzmitte statt, damit die gegnerischen Außenblockspieler nicht "helfen" können.

3.5 Block

International ist das Blockspiel durch folgende Aspekte gekennzeichnet:

- Es wird auf hohem taktischen Level gespielt.
- Gegen alle Angriffe wird mit einem Gruppenblock agiert.
- Die Kommunikation aller Spieler untereinander hat sich verbessert.
- Jede Mannschaft verfügt über unterschiedliche Optionen.
- Es wird kaum noch mit dem sogenannten "Switch Block" gespielt.

Durch den Einfluß der USA in den 80er Jahren hat sich die internationale Blockphilosophie entschieden gewandelt. Keine Spitzennation spielt noch ein bestimmtes Blocksystem. Je nach Gegnerspezifik werden verschieden Strategien genutzt ("Option-System"). Das oberste Ziel besteht dennoch darin, gegen jeden Angriff einen Doppelblock zu stellen. Ansonsten wird versucht, in Wahrscheinlichkeiten zu denken und über Signale den Verteidigern mitzuteilen, welche Räume gegen die Angriffschläge abgedeckt werden.

3.6 Feldabwehr

In der Feldverteidigung konnten folgende Beobachtungen gemacht werden:

- Es gibt höhere Prozentwerte bei den Plus- und niedrigere bei den Minusaktionen.
- Die Spieler sprechen vor jedem Spielzug ihre Aktionen ab (Gruppenabsprachen).
- Es wird mit hohem Bewußtsein, Einsatz und Willensstoßkraft gespielt.
- In der Abwehr wird mit flexiblen Systemen verteidigt.
- Die Qualität in der Abwehr wird durch (computergestütze) Vorbereitung erzielt.

Block und Feldabwehr sind zwei sich beeinflussende Komponenten eines Systems. Früher die Domäne der asiatischen Volleyballschule, kann es sich keine Spitzenmannschaft der Welt mehr leisten, "ohne Abwehr" zu spielen. Durch ein vergrößertes Handlungsrepertoire, gepaart mit enormen Beobachtungs- und Wahrnehmungsfähigkeiten, sowie verbesserter Gegnervorbereitung hat sich die Fehlerquote in diesem Bereich zugunsten der erfolgreichen Handlungen stark verbessert.

4 SCHLUSSBEMERKUNG

Das Volleyballspiel entwickelt sich in der Weltspitze mit enormer Geschwindigkeit. Beeinflußt wird diese Weiterentwicklung durch zahlreiche Faktoren. Der INTERNATIONALE VOLLEYBALL VERBAND (FIVB) bemüht sich intensiv, die Attraktivität des Spiels weiter zu steigern bzw. möglichst hoch zu halten, auch durch entsprechende Regeländerungen. Dieser Wandel des Spiels wird zweifellos zukünftig die Spielweise in den nationalen Ligen beeinflussen, und zwar in allen Spielklassen. TrainerInnen und SpielerInnen müssen bereit sein, diese Änderungen kreativ umzusetzen.

ATHANASIOS PAPAGEORGIOU/MARKUS SCHMUDE/CHRISTOS DIMITRAKOS

STRUKTURANALYSE DES QUATTRO-MIXED-VOLLEYBALLSPIELS

1 EINLEITUNG

Quattro-Mixed ist eine Variante des Sportspiels Volleyball, die vornehmlich während der Wettkampfpause von SpielerInnen aller Ligen in Turnierform gespielt wird. Das besondere Merkmal dieses Spiels ist, daß Männer nur als Hinterspieler, Frauen nur als Vorderspieler agieren und das Netz auf Damenhöhe hängt.

Ziel der vorliegenden systematischen Spiel- und SpielerInnenbeobachtung war es, die äußere Struktur und die Häufigkeit sowie die Effektivität der technischen und taktischen Elemente zu erfassen.

1.1 Regeln des Quattro-Mixed

Nach Anfragen beim WESTDEUTSCHEN, NIEDERSÄCHSISCHEN und DEUTSCHEN VOLLEYBALLVERBAND gibt es für die Spielform Quattro-Mixed sowohl in der Halle als auch beim Beach-Volleyball noch keine offiziellen Regeln. In näherer Zukunft sind diese leider auch nicht zu erwarten. An dieser Stelle ist es daher nur möglich, die speziellen Regeln des beobachteten Hallenturniers vom 3. und 4. Juni 1995 in Mondorf bei Bonn aufzuführen:

- Die Feldgröße entspricht mit 18m x 9m dem Sportspiel '6 gegen 6'.
- Die Netzhöhe beträgt 2,24m, entsprechend dem Damennetz.
- Die Mannschaften setzen sich aus zwei Frauen und zwei Männern zusammen. Frauen gelten als Vorderspieler, Männer als Hinterspieler (vgl. PAPAGEORGIOU/SPITZLEY 1995, 10).
- Die Zählweise ist mit der des '6 gegen 6' identisch. Es sind aufgrund der Turniermodi Spiele auf Zeit möglich.

- Bzgl. der Aufstellung gibt es keine Regeln. In der Annahme sind aufwendige Laufwege nicht nötig. Soll z. B. ein Mann aus der Annahme heraus zuspielen, kann er sich schon vor dem Aufschlag am Netz postieren.

- Eine mit dem '6 gegen 6' vergleichbare Rotationsregel existiert nicht. Die Reihenfolge bei der Ausführung des Aufschlags muß beibehalten werden. Jeder/jede SpielerIn muß Aufschlag machen.

1.2   Untersuchungsgut

Für die Auswertung wurden Videoaufzeichnungen gemacht. Nach einer ersten Sichtung wurde eine Stichprobe von 20 Spielen ausgewählt. Die Spielzeit betrug 10 Minuten pro Satz. Bei den 20 ausgewerteten Spielen wurden 1575 Ballwechsel beobachtet. Die Gesamtlaufzeit der ausgewählten Spiele betrugt 9533,88 Sekunden.

1.3   Methodologie der Untersuchung

Bei dieser ersten Strukturanalyse im Quattro-Mixed-Volleyballspiel wurde die Fragestellung eher allgemein gehalten, ohne spezielle Arbeitsfragen zu differenzieren.

Es wurde ein Beobachtungsinstrumentarium entwickelt. Variablen und deren Ausprägungen wurden definiert. Ausgegangen wurde dabei, auch in Anlehnung an frühere Untersuchungen, von dem Spielphasenverlauf des Sportspiels Volleyball.

An dieser Stelle sei auf GOETZ (1988) verwiesen, der in seiner Arbeit einen Beobachtungsbogen entwickelt hat. Der für diese Untersuchung verwendete Beobachtungsbogen basiert auf einer überarbeiteten Version von MOOS (1994). Dadurch ist ein Vergleich der Ergebnisse zu früheren Arbeiten gewährleistet. Die Ballwechsel wurden mittels Spielstenogramm protokolliert und direkt in die Variablenliste des Statistikprogramms SPSS eingetragen.

Hauptsächlich wurden Häufigkeiten der nominalskalierten Variablen ermittelt. Nach einer ersten Durchsicht wurden ausgewählte Variablen kreuztabuliert, um Verbindungen herauszustellen. Um bei den jeweiligen Spielaktionen Aufschlag, Annahme, Angriff, Block, Sicherung und Feldverteidigung die Qualität beurteilen zu können, wurde eine vierstufige Skala für die Effektivität verwendet. Sie wurde mittels eines Wirkungsquotienten nach ANDRESEN/ BRETTSCHNEIDER/THIERER (1980) verrechnet:

$$W_Q = \frac{2 \cdot h_O + 1{,}5 \cdot h_w + 1 \cdot h_N + 0 \cdot h_F}{n_h}$$

Wobei gilt:

h_O = Anzahl der direkten Punkte

h_W = Anzahl der wirkungsvollen Aktionen

h_N = Anzahl der wirkungslosen Aktionen

h_F = Anzahl der Fehler

n_h = Anzahl der gesamt ausgeführten Aktionen

Es wurden alle Netzüberquerungen und Spielhandlungen eines Ballwechsels notiert. Dabei wurden beide Mannschaften beobachtet und nur in weibliche und männliche SpielerInnen unterschieden.

1.4 Überprüfung der Gütekriterien

Videoaufzeichnungen sind beliebig oft reproduzierbar und haben die Möglichkeit des Standbildes und der Zeitlupe. Dadurch ist eine hohe Objektivität und Reliabilität der Beobachtung gewährleistet. Eine Überprüfung des Beobachtungsbogens bzgl. seiner Gütekriterien ergab für die Objektivität 0,908 und für die Reliabilität 0,951. Somit kann die Untersuchung als ausreichend objektiv und reliabel angesehen werden.

2 DARSTELLUNG UND KURZINTERPRETATION DER ERGEBNISSE

Die einzelnen Spielphasen werden ihrer chronologischen Reihenfolge nach präsentiert. Eine Kurzinterpretation folgt nach jedem Spielelement. Im Anschluß an die einzelnen Spielphasen werden die wichtigsten Vergleiche der Spielkomplexe I und II zusammenfassend bearbeitet.

2.1 Häufigkeiten der äußeren und zeitlichen Struktur

Insgesamt wurden 1575 Ballwechsel und 690 gespielte Punkte ausgewertet. Es wurden pro Punkt 2,28 Ballwechsel gespielt. 65 Ballwechsel wurde als die geringste, 128 als die höchste Anzahl pro gespieltem Satz registriert (vgl. Tab. 1).

Tab. 1: Zeitliche und äußere Struktur[1]

Element	Mittelwert	Maximum	Minimum
effektive Spielzeit [s]	479,149	809,11	380,89
Anteil der effektiven Zeit an der Gesamtzeit	37,46%		
Anzahl der Ballwechsel pro Spiel	78,75	128	65
Anzahl der Ballwechsel pro Punkt	2,28		
Anzahl der Netzüberquerungen	2,2	10	0
Dauer der Ballwechsel [s]	6,05	30,63	0,44
Dauer der Unterbrechungen [s]	9,28		

Die Summe der Dauer aller Ballwechsel betrug 9533,88 Sekunden. Dies entspricht einer mittleren Ballwechseldauer von 6,05 Sekunden. Im einzelnen wurden Ballwechsel bis 5 Sekunden mit 48,6%, Ballwechsel zwischen 5-17 Sekunden mit 48,6% und Ballwechsel über 17 Sekunden mit 2,8% beobachtet. Etwa ein Drittel der Ballwechsel waren nach der zweiten Netzüberquerung beendet.

Bei der Beobachtung der Spielphasen wurden 8516 Aktionen ausgewertet. Aufbau und Angriff sind mit 22,32% bzw. 19,62% annähernd gleich stark am Gesamtspielgeschehen beteiligt. Die Sicherung nimmt mit 0,23% einen verschwindend geringen Anteil am Gesamtspielgeschehen ein (vgl. Tab. 2).

---

[1] Ist nur der Mittelwert angegeben, waren die Werte für Maximum und Minimum nicht von Belang.

Tab. 2: Anteil der Spielaktionen am Gesamtspielgeschehen [Angaben in Prozent]

Spielaktion	Anteil am Gesamtspielgeschehen	Männer	Frauen
Zuspiel	22,32	10,784	89,216
Angriff	19,62	69,120	30,880
Aufschlag	18,50	54,222	45,778
Annahme	15,12	82,298	17,702
Feldverteidigung	14,76	79,236	20,764
Block	9,45	0	100
Sicherung	0,23	40	60

2.1.1 Kurzinterpretation

Die Ballwechsel haben durchschnittlich ein Dauer von 6,05 Sekunden, die Unterbrechungen im Mittel 9,28 Sekunden. Somit kann von einer volleyballtypischen Struktur gesprochen werden. Mit einer Belastungsdauer von ca. 6 Sekunden und einer Erholungsphase von ca. 9 Sekunden entspricht dies weitestgehend dem Volleyballspiel.

Die Ergebnisse bei der Betrachtung der Netzüberquerungen lassen erkennen, daß der Spielkomplex I ein Übergewicht gegenüber dem Spielkomplex II aufweist. In der Aufstellung der Spielaktionen (vgl. Tab. 2) wird deutlich, daß die Spielphasen Zuspiel und Angriff die höchsten Anteile aufweisen.

Auffallend ist, daß die Feldverteidigung mit einem Anteil von 14,76% vor dem Block einzureihen ist. Der Feldabwehr kommt damit eine größere quantitative Bedeutung zu als in vergleichbaren Varianten des Sportspiels.

2.2 Quantitäten der einzelnen Spielphasen

2.2.1 Aufschlag

Von 1575 Aufschlägen wurden 854 von Männern, 721 von Frauen ausgeführt. Sowohl bei den Frauen als auch bei den Männern dominiert der Aufschlag von oben im Stand. Sprungaufschläge bei den Frauen bzw. Aufschläge von unten bei den Männern wurden nicht beobachtet.

Ein deutlicher Unterschied zwischen Frauen und Männern ist, daß Frauen mit 12,1% den Aufschlag von oben eher aus der Zone hinter Position V schlugen, Männer mit nur 10% (vgl. Abb. 1).

Bei der Betrachtung des Aufschlagortes wurde festgestellt, daß der Aufschlag bevorzugt von der Zone hinter der Position I ausgeführt wurde.

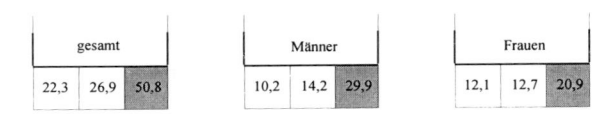

gesamt			Männer			Frauen		
22,3	26,9	50,8	10,2	14,2	29,9	12,1	12,7	20,9

Abb. 1: Verteilung des Aufschlagorts [Angaben in Prozent]

In Tab. 3 werden die Verteilungen der einzelnen Techniken bezüglich des Aufschlagortes deutlich.

Tab. 3: Aufschlagtechnik nach Aufschlagort und Geschlecht [Angaben in Prozent]

Aufschlagort	Aufschlagtechnik	Männer	Frauen
Zone 1	im Stand von oben	27,2	20,7
	im Stand von unten	-/-	0,1
	Sprungaufschlag	2,7	-/-
Zone 2	im Stand von oben	14,0	11,4
	im Stand von unten	-/-	1,3
	Sprungaufschlag	0,2	-/-
Zone 3	im Stand von oben	10,0	12,1
	im Stand von unten	-/-	-/-
	Sprungaufschlag	0,3	-/-

Sowohl bei den Männern als auch bei den Frauen wurden die Aufschläge am häufigsten in die Feldmitte und links daneben geschlagen. Bei einer weiteren Aufteilung der Zielfelder nach Geschlechtern erwies sich, daß die Männer mit je 14% und die Frauen mit 12,1 bzw. mit 9,6% in diese Sektoren spielten (vgl. Abb. 2).

Männer		
14	14	9,2
3,0	8,4	2,7

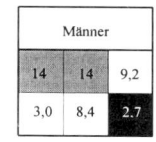

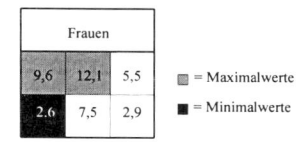

Frauen		
9,6	12,1	5,5
2,6	7,5	2,9

▨ = Maximalwerte
■ = Minimalwerte

Abb. 2: Auftreffort des Aufschlags [Angaben in Prozent]

2.2.2 Kurzinterpretation

Trotz der zu dem Zeitpunkt der Aufnahmen schon existierenden Regel, daß der Aufschlag hinter der gesamten Grundlinie ausgeführt werden darf, wurde bei den beobachteten Spielen sehr wenig Gebrauch davon gemacht. Die bekannte Zone hinter der Position I wurde bevorzugt. Eine Ausnahme bildeten hier die Frauen. Sie wählten die Zone hinter der Position V als Aufschlagort eher als die Männer. Daß bei diesem Niveau eine taktische Zielsetzung verfolgt wurde darf bezweifelt werden, da sich die Verteilung der Zielfelder in Abhängigkeit zu den Aufschlagorten nicht änderte. Nur wenige SpielerInnen verfügten über die technischen und taktischen Fähigkeiten, einen Aufschlag risikoreich oder gefährlich zu schlagen.

Bevorzugt wurde die Feldmitte angespielt. Das läßt darauf schließen, daß die Aufschläge mit großer Sicherheit geschlagen wurden, um einen Fehler zu vermeiden.

2.2.3 Annahme

Die Männer nehmen mit ca. 82% die Aufschläge an. Die häufigste Technik ist der frontale Bagger im Stand. Danach folgt der seitliche Bagger im Stand. Deutlich ist zu erkennen, daß die Techniken im Stand (87,26%) denen im Fallen (8,69%) vorgezogen wurden (vgl. Tab. 4). In der Tab. 4 werden die beobachteten Techniken im Bezug auf die Geschlechter aufgeführt.

Tab. 4: Verteilung der beobachteten Annahmetechniken

	Technik	Männer	Frauen	gesamt
im Stand	Bagger frontal	642	138	780
	Bagger seitlich	265	60	325
	oberes Zuspiel	8	0	8
	sonstige Techniken	6	5	11
im Fallen	Bagger frontal	77	15	92
	Bagger seitlich	12	5	17
	oberes Zuspiel	0	0	0
	sonstige Techniken	2	1	3
in der Bewegung	Bagger frontal	11	0	11
	Bagger seitlich	20	1	21
	oberes Zuspiel	0	0	0
	sonstige Techniken	3	0	3
sonstiges	Bagger frontal	7	0	7
	Bagger seitlich	7	3	10
	oberes Zuspiel	0	0	0
	sonstige Techniken	0	0	0

Bei 1575 beobachteten Riegelformationen in der Annahmesituation wurde am häufigsten der 3er-Riegel mit einer Frau angewendet. Danach folgen der 2er-Riegel ohne Frau und der 3er-Riegel mit zwei Frauen, sowie der 2er-Riegel mit einer Frau. In der Darstellung der Riegel stellen die weißen Dreiecke Männer, die schwarzen Dreiecke Frauen dar. Die SpielerInnen mit einem weißen Punkt stellen AnnahmespielerInnen dar.

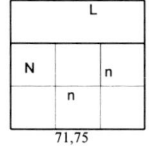

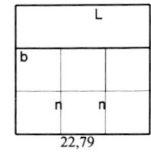

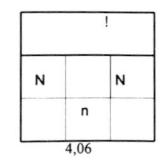

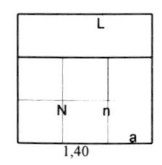

Abb. 3: Riegelformationen [Anteile in Prozent]

2.2.4 Kurzinterpretation

Damit die Frau als potentielle Netzangreiferin zur Verfügung steht, ist es sinnvoll, daß hauptsächlich die Männer annehmen, was auch den Beobachtungen entspricht.

Die beobachteten Riegelformationen zeigten auf, daß bei der vorliegenden Untersuchung mit einem Anteil von 71,75% der 3er-Riegel mit einer Frau angewendet wurde. Zum einen liegt das an der Tatsache, daß der 3er-Riegel ohnehin eine sichere Alternative ist, zum anderen vermutlich daran, daß sich in dem beobachteten Leistungsniveau keine gesonderten Annahmespezialisten befinden. Eine Veränderung des Riegels als Reaktion auf den jeweiligen Aufschlag war nicht festzustellen.

Stellt man die aufgetretenen Riegel und die beobachteten Zielfelder des Aufschlags gegenüber ergibt sich folgendes Bild.

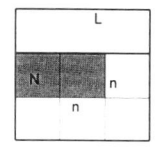

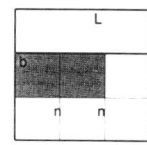

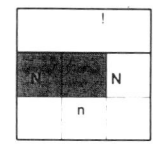

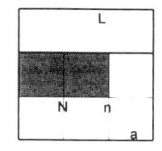

Abb. 4: Riegelformationen mit Aufschlagtreffort

Bei allen vier Riegelformationen ist die Feldmitte nicht abgedeckt. Im 2er-Riegel sind sogar beide am häufigsten angespielten Zielfelder nicht von einem/einer AnnahmespielerIn abgedeckt.

2.3 Zuspiel

Bei der Darstellung der Ergebnisse der Zuspieltechniken wurden nur die Techniken berücksichtigt, die mindestens einen Anteil von 1% aufwiesen. Das Zuspiel im Stand nimmt bei beiden Geschlechtern den Hauptanteil ein. Dabei wird das beidhändige obere Zuspiel bevorzugt. Das Spiel im Sprung wurde nur aus der Annahme heraus beobachtet oder wenn Frauen in Netznähe einen Lob, eine Finte oder einen Schlag statt eines Zuspiels ausführten (vgl. Tab. 5). Im einzelnen ergaben sich folgende Häufigkeiten:

Tab. 5: Zuspieltechnik nach Geschlecht [absolut]

Zuspieltechniken		Männer	Frauen
im Stand	beidhändiges oberes Zuspiel	110	1069
	Bagger	20	244
sonstige	Bagger	11	41
im Sprung	beidhändiges oberes Zuspiel	-	32
	Lob/Finte	-	131

Bei der Beobachtung des Zuspielortes wurde folgende Aufteilung zu Grunde gelegt.

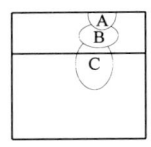

Abb. 5: Unterteilung des Zuspielortes (vgl. PAPAGEORGIOU/SPITZLEY 1996, 57)

Es wurde beobachtet, daß über die Hälfte (59,62%) aller Aktionen in den Zonen A und B stattfanden. Mit nur 5,05% wurde in der Zone C gespielt. Die übrigen Zuspiele fanden in keiner der beobachteten Zonen statt oder wurden als Hilfsaktion ausgeführt. Dabei wurde jeder achte Ball von einem/einer SpielerIn gespielt, die augenscheinlich nicht als ZuspielerIn agieren sollte.

Das Hilfszuspiel nimmt mit 72% aller von Männern ausgeführten Zuspielaktionen den größten Anteil ein. Die Frauen führten mit etwa gleichen Anteilen die Zuspielaktionen aus Zone C aus bzw. agierten mit einem Hilfszuspiel. Mit 34% führten sie mit Abstand die meisten Zuspiele aus der Zone A aus (vgl. Tab. 6).

Quattro-Mixed-Volleyballspiel 25

Tab. 6: Zuspielort nach Geschlecht [Angaben in Prozent]

Zuspielort	Männer	Frauen
Zone A	9	34
Zone B	9,5	30,76
Zone C	2	5,42
keine der Zonen	7,5	22,86
Hilfsaktion	72	6,96
gesamt	100	100

Hauptsächlich wurden beim Zuspiel halbhohe und hohe Pässe beobachtet (96,10%). Dabei wurde jeder dritte Paß in den Sektor vor der Position I gespielt. Dicht darauf folgt der Sektor vor der Position VI. Der Sektor der Position IV, in dem ausschließlich Frauen angriffen, wurde bei jedem fünften Paß angespielt.

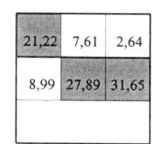

21,22	7,61	2,64
8,99	27,89	31,65

Abb. 6: Verteilung des Zuspielziels [Angaben in Prozent]

2.3.1 Kurzinterpretation

Die Tatsache, daß ca. 91,5% aller Zuspielaktionen von Frauen ausgeführt wurden, zeigt deutlich die Rollenverteilung auf. Der geringe Anteil der Männer setzt sich aus Zuspielaktionen aus der Annahme heraus, sowie den Hilfsaktionen, um ungenaue Annahmen bzw. Abwehrhandlungen zu kompensieren, zusammen.

Bei den beobachteten SpielerInnen, die aus dem unteren bis mittleren Leistungsniveau kommen, sind die Techniken im Stand leistungsgerecht, um dem Zuspiel die nötige Paßgenauigkeit zu verleihen. Bei den Bällen, die im Sprung erfaßt wurden, handelte es sich fast ausschließlich um Nothandlungen, die nicht anders gespielt werden konnten. Damit ist diese Technik nur als Notlösung und nicht als individualtechnische bzw. -taktische Fertigkeit anzusehen.

Der Zielort des Zuspiels repräsentiert die typischen Verteilungsmöglichkeiten. In der Hauptsache spielt eine Frau zu und für den Angriff bleiben zwei Spieler im Hinterfeld, sowie eine Spielerin im Vorderfeld übrig.

2.4 Angriff

Bei den Männern waren nur drei Techniken zu beobachten: der Drive, der Lob/gesetzter Ball sowie der Dankeball. Bei den Frauen zeigt sich eine ähnlich klare Verteilung. Erst an dritter Stelle wurde der Drehschlag beobachtet (vgl. Tab. 7).

Tab. 7: Angriffstechniken nach Geschlecht [Angaben in Prozent]

Angriffstechnik	Männer	Frauen
Drive	55,00	16,83
Drehschlag	0	1,43
Spike frontal	0	0,28
Lob/gesetzter Ball	8,10	8,36
Dankeball	6,02	3,98
gesamt	69,12	30,88

Bei sämtlichen Variablen, die die Sicherung betrafen, ergaben sich zu geringe Anteile (<1%), als daß sie in die Ergebnisse einflossen.

Als Angriffsrichtung wurde hauptsächlich innerhalb der verlängerten Sektorengrenzen (ca. 50%) geschlagen (vgl. Abb. 7). Dabei schlugen die Männer eher nach links, die Frauen hingegen eher nach rechts über die Sektorengrenze.

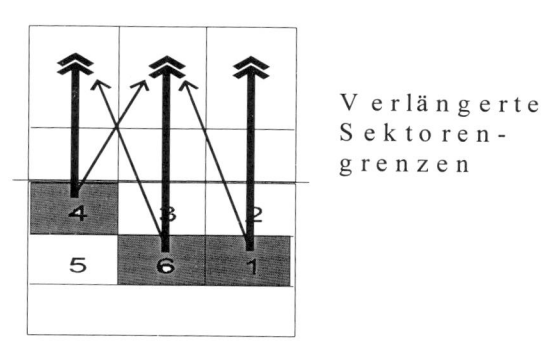

Abb. 7: Angriffsorte mit den Hauptschlagrichtungen

Verlängerte Sektorengrenzen

2.4.1 Kurzinterpretation

Im Vergleich zum Zuspiel ergibt sich beim Angriff das umgekehrte Bild. Die Männer nehmen mehr als doppelt so oft an der Angriffssituation teil als die Frauen.

Da die Männer in der Hauptsache von den Positionen I und VI angreifen, bleibt ihnen die Schlagrichtung nach rechts über zwei Sektorengrenzen hinweg verwehrt. Ähnliches gilt für die Frauen, die von Position IV angreifen.

Deutlich ist zu erkennen, daß die Feldmitte das bevorzugte Ziel darstellte, da sich dort drei Hauptschlagrichtungen treffen. Die hohe Zahl der Angriffe, die in die Feldmitte gespielt wurden zeigt auf, daß die Angriffe keine individualtaktische Zielsetzung verfolgten, sondern mit den vorhandenen technischen Möglichkeiten in das Feld gespielt wurden. Dabei stand die Sicherheit der Spielhandlung an erster Stelle.

2.5 Block und Feldverteidigung

Durch die Einschränkungen in den Regeln agieren nur die Frauen als Blockspielerinnen. Von der Gesamtanzahl der Blockmöglichkeiten wurden lediglich 46,06% genutzt. Der Einerblock war dabei mit 88,5%, der Zweierblock mit 11,5% vertreten. Bei der Betrachtung des Blockortes wurde mit einem Anteil von 37,43% die Position III bevorzugt. Die anderen folgten mit Anteilen von 35,08% auf der Position II und 27,49% auf der Position IV.

Die Männer agierten in der Feldabwehr mit einem Anteil von 79,24% viermal so oft wie die Frauen mit 20,76%. Die Männer bevorzugten die Techniken im Stand. Jede dritte Abwehr wurde im Bagger frontal gespielt. Bei den Frauen war ein ähnliches Abwehrverhalten zu beobachten (vgl. Tab. 8).

Tab. 8: Verteilung der ballgebundenen Abwehrtechniken [absolut]

	Technik	Männer	Frauen	gesamt
im Stand	Bagger frontal	336	119	455
	Bagger seitlich	195	23	218
	oberes Zuspiel	82	18	100
	sonstige Techniken	69	3	72
im Fallen	Bagger frontal	72	6	78
	Bagger seitlich	60	3	63
	sonstige Techniken	86	4	90
in der Bewegung	Bagger frontal	4	0	4
	Bagger seitlich	34	0	34
	oberes Zuspiel	1	0	1
	sonstige Techniken	27	2	29
sonstige	oberes Zuspiel	3	0	3
	sonstige Techniken	9	0	9

Die Beobachtungen der Feldverteidigungsformationen ergaben, daß bei über der Hälfte der Aufstellungen ohne Block agiert wurde. Dabei zog sich zu gleichen Anteilen eine Netzspielerin so weit vom Netz zurück, daß sie in der Ferndistanz (> 3m) abwehrte, bzw. daß beide Netzspielerinnen in der Nahdistanz abwehrten.

Die Feldabwehrformationen mit einem Einerblock fielen mit 40,55% ins Gewicht. Dabei zog sich die freie Netzspielerin in die Ferndistanz zurück. Mit einem Anteil von nur 5,34% wurden Formationen mit einem Doppelblock beobachtet. Hierbei wehrten die Männer ausschließlich in der Ferndistanz ab (vgl. Tab. 9).

Tab. 9: Formationen der Feldverteidigung

Nr.	Block	Anzahl der Nahsicherungs spielerInnen	Anzahl der Fernsicherungs spielerInnen	Anteil [%]
1.	kein Block	1	3	26,61
2.		2	2	24,78
3.		0	4	2,32
4.		3	1	0,40
5.	Einerblock	0	3	21,07
6.		1	2	17,80
7.		2	1	1,68
8.	Doppelblock	0	2	5,34

Der Ort der Feldverteidigung wurde mit Hilfe der ballgebundenen Aktion erfaßt. Nahezu ein Drittel aller Abwehraktionen fanden in der Feldmitte statt. Mit fast gleichen Anteilen wurde in den Zonen rechts und links der Feldmitte abgewehrt. Mit den wenigsten Anteilen wurde im hinteren Feld, nahe der Grundlinie, eine Abwehrhandlung durchgeführt (vgl. Abb. 8).

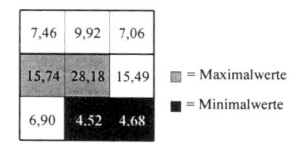

7,46	9,92	7,06
15,74	28,18	15,49
6,90	4,52	4,68

■ = Maximalwerte
■ = Minimalwerte

Abb. 8: Ort der ballgebundenen Feldverteidigung

2.5.1 Kurzinterpretation

Die Beobachtungen der Blockart und des Blockortes zeigten auf, daß eine Spielerin den Einerblock auf Position II und III ausführte und dieselbe Spielerin in der Aktion danach als Stellspielerin agierte. Dies stellt eine große Belastung für diese Position dar. Das Zuspiel von der jeweils blockfreien Spielerin oder situationsgebunden von einem Mann durchführen zu lassen, erscheint taktisch sinnvoller.

Es war nicht zu erkennen, daß die Abwehrformation von dem jeweiligen Angriff abhängig gemacht wurde. Gegen einen Netzangriff einer Spielerin wurde genau in derselben Formation verteidigt, wie gegen einen Hinterfeldangriff. Ebenso wurde eine Abstimmung zwischen dem Block und der Feldverteidigung vermißt. Die genannten Beobachtungen zeigen das mangelnde taktische Verständnis der SpielerInnen.

Zwischen den Abwehrformationen und den ballgebundenen Aktionen war eine Diskrepanz festzustellen. Um dies deutlich zu machen, wird Abb. 8 in eine Grafik der beobachteten Formationen (vgl. Tab. 9) eingetragen. (Dabei repräsentiert das weiße Rechteck die Minimalwerte.)

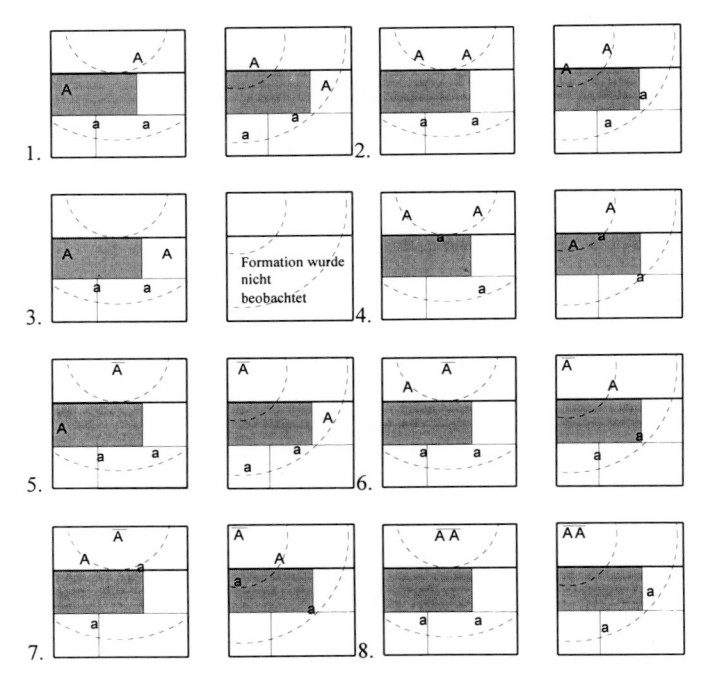

Abb. 9: Abwehrformationen und Ort der ballgebundenen Feldverteidigung

2.6 Vergleich der Spielphasen Zuspiel und Angriff in den Spielkomplexen I und II

Anhand der Anzahl der Netzüberquerungen ist ein deutliches Übergewicht des KI gegenüber dem KII zu erkennen. Beim Zuspiel war zu beobachten, daß um so länger ein Ballwechsel dauerte, desto eher ein/eine anderer/andere ZuspielerIn agierte. Bei den übrigen Spielphasen wurden keine grundlegenden Unterschiede zwischen den Spielkomplexen I und II festgestellt. Der K I unterscheidet sich der Struktur nach nicht von dem K II. Daraus ist abzuleiten, daß zum einen die Annahme nicht optimal war, so daß der erste Angriffsaufbau eine andere Struktur hätte aufweisen können; zum anderen, daß ein Vergleich der Block- und Feldabwehr bezüglich des K I und des K II nicht notwendig erschien, da die Situationen sich nicht grundlegend unterschieden.

2.7 Effektivitäten der einzelnen Spielphasen

Zugunsten der Lesbarkeit des nachfolgenden Textes werden alle Wirkungsquotienten der beobachteten Techniken in der Tab. 10 zusammengefaßt und vorangestellt.

Tab. 10: Effektivitäten der einzelnen Techniken

Spielphase	Technik		Männer	Frauen
Aufschlag	im Stand	von oben	1,153	0,9
		von unten	-/-	1,022
	Sprungaufschlag		0,847	-/-
Annahme	im Stand	Bagger frontal	1,425	1,246
		Bagger seitlich	1,132	1,008
	im Fallen	Bagger frontal	1,039	1.233
		Bagger seitlich	0,625	1,200
Angriff	Drive		0,64	0,19
	Lob/gesetzter Ball		0,12	0,11
	Dankeball		0,07	0,04
	Drehschlag		-/-	0,02
	Spike		-/-	0,01
Abwehr	im Stand	Bagger frontal	0,53	0,16
		Bagger seitlich	0,22	0,02
		oberes Zuspiel	0,17	0,04
	im Fallen	sonstige Techniken	0,03	-/-

An dieser Stelle zeigt sich schon, daß die Männer bis auf zwei Ausnahmen (Annahme im Fallen), die besseren Wirkungsquotienten aufweisen.

2.7.1 Aufschlag

Bei den Männern ist der Aufschlag von oben im Stand zu annähernd gleichen Anteilen wirkungsvoll und wirkungslos. Der Aufschlag im Stand von unten, der ausschließlich von den Frauen gespielt wurde, ist selten als fehlerhaft beobachtet worden. Es ist deutlich zu erkennen, daß die Frauen mit dem sicheren Aufschlag im Stand von unten und auch mit dem Aufschlag im Stand von oben jeweils effektiver sind, als die Männer mit dem Sprungaufschlag. Für die Frauen ist damit die Zielsetzung, mit Hilfe des Flatteraufschlags[2] eine Feldhälfte zu treffen, erfüllt.

Anhand des geringen Wirkungsquotienten des Sprungaufschlags ist es fraglich, ob die Spieler dieses Niveaus technisch in der Lage sind, einen Sprungaufschlag auszuführen.

2.7.2 Annahme

Jede dritte Annahme wurde als wirkungslos, jede achte Annahme als Fehler notiert. Die Annahmeeffektivität bzgl. der gespielten Riegel zeigt auf, daß der am meisten verwendete 3er-Riegel mit einer Frau sich im Vergleich als am wirkungsvollsten erwies. Bei den Männern ist der Bagger im Stand effektiv. Die Frauen hingegen bevorzugen den Bagger frontal, ungeachtet ob im Stand oder im Fallen. Insgesamt gesehen ist die Annahme der Frauen effektiver.

Zusätzlich soll an dieser Stelle die Effektivität der Riegel betrachtet werden.

$$W_{Q:\text{ 3er-Riegel mit 1 Frau}} = 1{,}450$$

$$W_{Q:\text{ 2er-Riegel ohne Frau}} = 1{,}391$$

$$W_{Q:\text{ 3er-Riegel mit 2 Frauen}} = 1{,}211$$

$$W_{Q:\text{ 2er-Riegel mit 1 Frau}} = 1{,}179$$

---

[2] Der Flatteraufschlag ist nicht auf die Technik von oben beschränkt, so daß auch von unten durchaus von einem Flatteraufschlag die Rede sein kann.

Es ist zu bedenken, daß für die zwei letzten Riegelformationen ausgesprochene Annahmespezialisten/-spezialistinnen zur Verfügung stehen müssen, die ein hohes Maß an technischer und taktischer Handlungsfähigkeit sowie Antizipation aufweisen müssen.

2.7.3 Angriff

Der Drive als Hinterfeldangriff ist nicht nur der am meisten verwendete Angriff, sondern mit Abstand auch der effektivste. Der Lob/gesetzte Ball ist bei beiden Geschlechtern gleich effektiv. Dankeball, Drehschlag und auch der Spike spielen im Angriff der Frauen eine Rolle.

Für die Angriffsrichtungen ergaben sich im einzelnen folgende Wirkungsquotienten:

$W_{Q: \text{nach links über zwei Sektorengrenzen}} = 0,06$

$W_{Q: \text{nach links über eine Sektorengrenze}} = 0,25$

$W_{Q: \text{innerhalb der Sektorengrenzen}} = 0,53$

$W_{Q: \text{nach rechts über eine Sektorengrenze}} = 0,28$

$W_{Q: \text{nach rechts über zwei Sektorengrenzen}} = 0,08$

Es ist zu vermuten, daß aber hauptsächlich die mangelnden technischen und taktischen Fähigkeiten der SpielerInnen als Ursache für dieses Ergebnis anzusehen sind.

2.7.4 Block und Feldverteidigung

Die Blockeffektivitäten, mit Hilfe des Wirkungsquotienten ermittelt, ergeben folgendes:

$W_{Q: \text{Position II}} = 0,08$

$W_{Q: \text{Position III}} = 0,11$ $W_{Q: \text{Einerblock}} = 0,24$

$W_{Q: \text{Position IV}} = 0,08$ $W_{Q: \text{Doppelblock}} = 0,03$

Es bleibt zu erörtern, ob die Spielerinnen in der Abwehr nicht effektiver agieren könnten. Zusätzlich zu dieser Betrachtung der ballgebundenen Aktionen wurde der Wirkungsquotient bzgl. der Feldabwehrformationen berechnet. Die Numerierung entspricht der aus Abb. 9.

$W_{Q:\,2.} = 0{,}35$ $W_{Q:\,8.} = 0{,}03$

$W_{Q:\,1.} = 0{,}29$ $W_{Q:\,3.} = 0{,}02$

$W_{Q:\,5.} = 0{,}16$ $W_{Q:\,7.} = 0{,}02$

$W_{Q:\,6.} = 0{,}16$ $W_{Q:\,4.} = 0{,}01$

Es ist deutlich, daß die Abwehrformationen ohne Block effektiver agierten, als die Aufstellungen mit einem Einer- oder Doppelblock. Die Formation mit einem Doppelblock ist nicht effektiv und damit für diese Spielart nicht empfehlenswert.

Bei den Techniken der Feldverteidigung zogen die Männer die Techniken im Stand denen im Fallen, in der Bewegung oder sonstigen vor. Bei den Männern waren alle Techniken im Stand effektiver, als die Techniken im Fallen. Eindeutig ist, daß bei beiden Geschlechtern der frontale Bagger im Stand die sicherste und damit auch effektivste Technik in der Abwehr darstellte.

3 FAZIT

Die Anteile der Spielaktionen am Gesamtspielgeschehen sind vergleichbar mit bekannten Strukturen (vgl. Tab. 11).

Tab. 11: Anteile am Gesamtspielgeschehen [Angaben in Prozent]

Spielaktion	6 gegen 6	Quattro-Mixed
Zuspiel	28	22
Angriff	17	20
Aufschlag	15	19
Annahme	14	15
Block	14	9
Feldverteidigung/Sicherung	12	15

Quattro-Mixed-Volleyballspiel

Ähnliche Verteilungen finden sich auch in Untersuchungen zum Freizeit- und Jugendmixedbereich. Trotz des geänderten Modus waren beim Quattro-Mixed bzgl. der äußeren Struktur keine grundlegenden Änderungen gegenüber den bekannten Spielarten festzustellen.

Die beobachtete Spielart weist eine geschlechtsspezifische und technische Struktur auf, die sich wie folgt zusammenfassen läßt:

Annahme mit Bagger frontal im Stand durch einen Mann; oberes beidhändiges Zuspiel im Stand innerhalb des 3m-Raumes von einer Frau; Angriff mit longline geschlagenem Drive von Position I oder VI durch einen Mann; Einerblock auf Position III durch eine Frau (regeltechnisch bedingt); Feldabwehr mit Bagger frontal oder Hilfstechniken in der Feldmitte durch einen Mann; etc.

Die Spielvariante wird durch die Netzhöhe und die geschlechtsspezifischen Regeln den Frauen eher gerecht, als das normale Mixed '6 gegen 6'. Durch die Netzhöhe sind sie als vollwertige Angreiferinnen anzusehen. Für die Männer stellt sich das Quattro-Mixed weniger sprung-, als abwehrintensiv heraus.

In Bezug auf die Taktik ist das Quattro-Mixed nicht sehr anspruchsvoll. Vornehmlich die Annahmesituation gilt es als Vorteil herauszuarbeiten. Hier würde sich ein männlicher Zuspieler hervorheben, der das Potential der AngreiferInnen ausschöpfen kann. Die Spielart begünstigt die Ausbildung von Spezialisten, was im unteren und mittleren Leistungs- sowie im Jugendbereich nicht förderlich ist.

Eine optimale Mannschaft für das Quattro-Mixed stellt sich zusammen aus:

Frauen:
- Universalistin mit Annahme- und Außenangreiferqualitäten
- Mittelblockerin mit Schnellangreiferqualitäten

Männer:
- Universalist mit Zuspielqualitäten
- Annahmespieler mit Abwehr- und Hinterfeldangriffqualitäten

Grundsätzlich sind die Regeln, wie sie auf dem beobachteten Turnier verwendet wurden, als adäquat zu bezeichnen. Durch den eingeschränkten Handlungsspielraum der Männer kommt es zu keiner deutlichen Dominanz durch Sprunghöhe und Schlaghärte.

Um die Spielart Quattro-Mixed im Freizeit- und Breitensportbereich interessanter zu gestalten, gilt es, weitere Möglichkeiten aufzuzeigen, um die geschlechtsspezifischen Unterschiede wie Kraft, Schnelligkeit und Größe weiter zu reduzieren. Im folgenden werden Lösungsmöglichkeiten angeboten, durch Einschränkung des Handlungsspielraumes oder durch organisatorische Maßnahmen das Quattro-Mixed interessanter zu gestalten. Weitere Variationen erhält man durch Vermischung der einzelnen Vorschläge (vgl. PAPAGEORGIOU/SPITZLEY 1995, 23ff).

Einschränkung des Handlungsspielraumes:

- Schlüsselfunktionen (z.B. Zuspiel) wird von dem leistungsstärksten Spieler übernommen, um ihn aus der Angriffssituation herauszunehmen
- Männer dürfen nur mit ihrem 'schwächeren' Arm angreifen
- Männer dürfen nur diagonal oder sehr diagonal angreifen

Organisatorische Maßnahmen:

- Verlegung der 3m-Linie auf 4m, mit Beibehaltung der bestehenden Regeln
- Spiel am schrägen Netz (2,43 - 2,24m) - Dabei wird das Spielfeld längs geteilt, wobei die Männer nur auf der Seite mit dem höheren Netz, die Frauen auf der Seite mit dem tieferen Netz spielen. Innerhalb der Geschlechter wird rotiert.
- Spiel mit zwei Sätzen auf Zeit mit verschiedenen Netzhöhen - Ein Satz wird mit dem Netz auf Herrenhöhe, der folgende Satz mit dem Netz auf Damenhöhe gespielt. Dabei agieren die Männer in der ersten Variante als Vorderspieler, die Frauen in der zweiten Variante. Zusätzlich kann bei dieser Lösungsmöglichkeit auch noch eine Einschränkung des Handlungsspielraumes vorgenommen werden, so daß z.B. die Frauen bei Herrennetz als Zuspielerinnen agieren müssen und umgekehrt.

5 AUSBLICK

Das Quattro-Mixed, wie es untersucht wurde, ist vornehmlich dem Freizeit- und Breitensportbereich zuzuordnen.

Für das Quattro-Mixed aus ökonomischer Sicht spricht die geringe Anzahl an SpielerInnen. So würden aufwendige Transporte zu Spielen und Turnieren wegen der geringen SpielerInnenanzahl entfallen. Dem entgegen stehen die enormen Kosten für die benötigte Halle, die mit einem Spielbetrieb mit 4er-Mannschaften nicht zu decken sind. Auch die starke Konkurrenz der in den letzten Jahren immer mehr in den Vordergrund tretenden Beachszene macht die Verbreitung des Quattro-Mixed in der Saisonpause oder als Meisterschaftsrunde schwierig.

SpielerInnen aus dem mittleren oder oberen Leistungsbereich genießen zunehmend den neuen Trend, daß Volleyball auch als Outdoor-Sportart zu betreiben ist. Demnach scheint die Zukunft für das Quattro-Mixed in der Halle für diesen Bereich in der Saisonpause fraglich.

Zum anderen wiederum hat das Quattro-Mixed, so wie es untersucht wurde, schon über 10 Jahre Bestand. Die Anzahl der Hallenturniere, die jährlich angeboten werden, ist allerdings in den letzten Jahren geringfügig rückläufig.

LITERATURVERZEICHNIS

ANDRESEN, R./BRETTSCHNEIDER, W.-D./THIERER, R.: Untersuchung zur Angriffsleistung im Volleyball. In: ANDRESEN, R./HAGEDORN, G. (Hrsg.): Beobachten und Messen im Sportspiel. Berlin 1980, 64-82.

GOETZ, G.: Systematische Spieler- und Spielbeobachtung im Sportspiel Volleyball in der Saison 1986/87 der 1. Herrenbundesliga an den Beispielen VdS Berlin, Hamburger SV und 1860 München unter besonderer Berücksichtigung des Zuspiels. Diplomarbeit DSHS. Köln 1988.

MOOS, S.: Erfassung und Analyse technischer und taktischer Spielelemente bei den olympischen Volleyballturnieren der Männer und Frauen in Barcelona 1992. Diplomarbeit DSHS. Köln 1994.

PAPAGEORGIOU, A./SPITZLEY, W.: Handbuch für Volleyball. Grundlagenausbildung. Aachen 1995.

PAPAGEORGIOU, A./SPITZLEY, W. Handbuch für Leistungsvolleyball. Aachen 1996.

SCHMUDE, M. Erfassung und Analyse der Struktur des Quattro-Mixed-Volleyballspiels. Diplomarbeit DSHS. Köln 1997.

Dr. Eckhard Wichmann, Universität Magdeburg

ECKHARD WICHMANN/ANDREAS HOHMANN

BEOBACHTUNGSMETHODEN ZUR ERMITTLUNG DER INDIVIDUELLEN SPIELLEISTUNG[1]

1   EINLEITUNG

Während des Bremen-Cups 1995 und 1996 wurden systematische Spielbeobachtungen bei Damen-Nationalmannschaften durchgeführt. Ermittelt wurden die individuellen Leistungsanteile der Spielerinnen am Gesamterfolg der Mannschaft. Zu diesem Zweck wurde ein Methodenvergleich zwischen dem Spielwirksamkeitsindex (vgl. BRACHT/CZWALINA 1984), der Spielleistungskennziffer (vgl. FRÖHNER 1991; 1994) und einer FIVB - Kennziffer (vgl. FRÖHNER 1997) durchgeführt. Des weiteren wurde ein Expertenrating mit Hilfe eines Paarvergleichs erstellt, sowie die Punkterfolgswahrscheinlichkeit (vgl. LAMES 1994) ermittelt. Ziel dieses Methodenvergleichs war, theoretisch zu begründen und empirisch nachzuweisen, welche wissenschaftliche Güte die Kriteriumsvariablen aufweisen und für welche spezifischen Aufgaben sie am besten geeignet sind.

In der vorliegenden Studie wurde das Methodeninventar zur Wettkampfanalyse bei einer Regionalligamannschaft genutzt. Dabei stand jedoch die mehr anwendungsbezogene Frage im Vordergrund, ob mit Hilfe von wettkampfdiagnostischen Informationen eine Effektivitätssteigerung durch eine EDV- und videogestützte Trainings- und Wettkampfvorbereitung erreicht werden kann.

In der Spielsaison 1996/97 wurde eine Spielanalyse und eine computergestützte Auswertung über die gesamte Saison bei der Regionalligamannschaft Nord-Ost der Herren des USC Magdeburg durchgeführt. In einem Methodenverbund wurden drei Beobachtungsverfahren eingesetzt und ausgewertet: das Expertenrating, der Spielwirksamkeitsindex und die Punkterfolgswahrscheinlichkeit.

---

[1]   Wettkampfanalyse einer Regionalligamannschaft der Herren im Volleyball während der Saison 1996/97.

2 BEOBACHTUNGSMETHODEN

2.1 Expertenrating

Die komplexe individuelle Spielleistung wurde mit Hilfe des *Paarvergleichsverfahrens* direkt vor Ort erhoben. Dazu wurde eine Einstuf-Dominanzmatrix verwendet, in der die Spieler beider Mannschaften durch den Trainer erfaßt wurden. Anschließend wurde bei dieser Form der subjektiven Eindrucksanalyse die Leistung eines Spielers über die Anzahl der Bevorzugungen bestimmt. Maßstab war dabei, welcher Spieler entsprechend der Spielposition und der Spielfunktion einen höheren Beitrag an der komplexen Spielleistung erbracht hat. Dabei wurden zwei Spieler vergleichend als „besser" oder „schlechter" eingestuft. Bei der Bewertung des individuellen Spielverhaltens wurden folgende drei Teilbereiche berücksichtigt:

1. Spielverhalten in der **Abwehr** (Annahme, Block, Blocksicherung, Feldabwehr);
2. Spielverhalten im **Angriff** (Aufschlag, Zuspiel, Angriff, Angriffssicherung);
3. Spielverhalten **ohne Ball** (Stellungsspiel und Laufwege).

Die ermittelte Rangfolge der einzelnen Spieler wurde anschließend in Prozentränge transformiert und somit in eine intervallskalierte Bewertung überführt. Durch dieses Verfahren wurde lediglich die relative Leistung eines Spielers im Vergleich beider Mannschaften bestimmt, nicht aber die absolute Leistung.

2.2 Spielwirksamkeitsindex

Um den Beitrag der individuellen Spielwirksamkeit eines Spielers an der kollektiven Mannschaftsleistung zu bestimmen, wurde der Spielwirksamkeitsindex nach BRACHT/CZWALINA (1984) ermittelt. In das Original-Bewertungsschema wurde von HOHMANN/DAUM/DIERKS (1996) eine weitere Spielhandlung *„Assist"* eingeführt, da die Wettspielleistung des Zuspielers ansonsten nur unzureichend erfaßt wird. U.E. ist dieses Verfahren besonders geeignet, weil es sich sowohl auf mittlerem Leistungsniveau (vgl. BRACHT/CZWALINA 1984), als auch im Hochleistungsbereich (vgl. HOHMANN/DAUM/DIERKS 1996) bewährt hat, und somit einen Vergleich der individuellen Spielwirksamkeit auf unterschiedlichen Leistungsebenen zuläßt.

2.3 Punkterfolgswahrscheinlichkeit

Bei der Punkterfolgswahrscheinlichkeit im Volleyball (vgl. LAMES 1994) handelt es sich um einen mathematisch-modelltheoretischen Ansatz der Leistungsdiagnostik. Dieses Verfahren beschreibt ein Sportspiel durch eine sogenannte Übergangsmatrix. Dazu wurden entsprechend der Handlungsstruktur des Volleyballspiels für die einzelnen Techniken Aufschlag, Annah-

Ermittlung der individuellen Spielleistung

mebagger, Zuspiel, Angriffsschlag, Block und Feldabwehr, sogenannte „Zustände" definiert und bis zum Punktgewinn bzw. Aufschlagwechsel erfaßt.

Betrachtet man die Ballwechsel getrennt für Mannschaft A und Mannschaft B, so läßt sich das Spiel wie folgt beschreiben: Der Aufschlag von Mannschaft A wird meist durch einen Annahmebagger von Mannschaft B zum Zuspieler von Mannschaft B gebracht. Der häufig folgende Angriffsschlag kann zu einem Punkt für Mannschaft B führen, beziehungsweise zum Block oder einer Feldabwehr durch Mannschaft A, usw. In der *Übergangsmatrix* wird registriert, wie das Spiel von jedem einzelnen Zustand zu einem nächsten weitergeht.

Tab. 1: Übergangsmatrix des Spiels „USC Magdeburg – Rot. Prenzlauer Berg Berlin"

	ABA	ABB	FAA	FAB	ZUA	ZUB	ANA	ANB	BLA	BLB	PUA	PUB
AUA		92,2									1,4	6,4
AUB	86,5										10,3	3,2
ABA				3,7	80,7		8,3	4,6				2,8
ABB			1,5			87,7	3,8	1,5			5,4	
FAA				2,6	60,5		9,2					27,6
FAB			4,1			67,1	2,7	9,6			16,4	
ZUA							98,5					1,5
ZUB					0,6			98,2			1,2	
ANA				23,6				1,3		38,9	27,4	8,9
ANB			32,2				0,6		39,0		8,5	19,8
BLA			11,6	24,6							24,6	39,1
BLB			9,8	21,3			1,6				50,8	16,4

Die absoluten Häufigkeiten der eben beschriebenen Übergänge werden registriert, indem man jeden einzelnen Übergang während des gesamten Spiels erfaßt. Bildet man nun die prozentuale Häufigkeit, so erhält man Übergangswahrscheinlichkeiten für die einzelnen Zustände. In Tab. 1 geht der Aufschlag von A zu 92,2% in eine Annahme von B über und führt mit 1,4% zum Punkt für A (Ass). Mit 6,4% kommt es durch die Aufschlagfehler „Netz" oder „Aus" zu einem Ballwechsel für Mannschaft B.

Der Beitrag eines Spielers zum mannschaftlichen Spielerfolg läßt sich anschließend simulativ bestimmen. In dieser Untersuchung wird die Differenz zwischen der Punkterfolgswahrscheinlichkeit in jenen Ballwechseln, bei denen der Spieler mitgewirkt hat, und der Gesamt-Punkterfolgswahrscheinlichkeit des Teams bestimmt. Diese Differenz ist um so größer, je „wichtiger" der Spieler für die Mannschaft ist, d. h. je bedeutsamer seine Spielanteile für den Mannschaftserfolg sind.

3 UNTERSUCHUNGSERGEBNISSE

3.1 Saisonanalyse der Regionalliga - Herren

Die Herrenmannschaft des USC Magdeburg spielte in der Saison 1995/96 erstmals in der 2. Bundesliga, konnte sich aber nicht in dieser Spielklasse durchsetzen und mußte wieder absteigen. Ohne Mannschaftsveränderung (keine Abgänge, keine Zugänge) und bei normaler Trainings- und Wettkampfvorbereitung begann die Regionalligasaison 1996/97 (vgl. Tab. 2).

Tab. 2: Spielansetzungen der Regionalliga Nord-Ost Herren

Hinrunde

1	21.09.96	USC Magdeburg	TSV Spandau Berlin	**2 : 3**
2	28.09.96	Berliner SV 92	USC Magdeburg	**3 : 2**
3	05.10.96	Post SV II Berlin	USC Magdeburg	**3 : 1**
4	06.10.96	USC Magdeburg	MTV Berlin	**1 : 3**
5	13.10.96	USC Magdeburg	Berliner TSC II	**3 : 2**
6	19.10.96	USC Magdeburg	USV Potsdam	**1 : 3**
7	27.10.96	USV Cottbus	USC Magdebug	**0 : 3**
8	16.11.96	USC Magdeburg	HSG Merseburg	**3 : 2**
9	23.11.96	VfK Süd West Berlin	USC Magdeburg	**3 : 0**
10	30.11.96	USC Magdeburg	Rot.Prenzl.Berg Berlin	**3 : 1**

Ermittlung der individuellen Spielleistung

Rückrunde

11	08.12.96	TSV Spandau Berlin	USC Magdeburg	3 : 1
12	14.12.96	USC Magdeburg	Berliner SV 92	2 : 3
13	21.12.96	USC Magdeburg	Post SV II Berlin	3 : 1
14	22.12.96	MTV Berlin	USC Magdeburg	1 : 3
15	11.01.97	Berliner TSC II	USC Magdeburg	0 : 3
16	18.01.97	USV Potsdam	USC Magdebug	1 : 3
17	26.01.97	USC Magdeburg	USV Cottbus	3 : 1
18	08.02.97	HSG Merseberg	USC Magdeburg	0 : 3
19	22.02.97	USC Magdebug	VfK Süd West Berlin	3 : 0
20	08.03.97	Rot.Prenzl.Berg Berlin	USC Magdeburg	3 : 2

Nach sechs Spieltagen stand der USC Magdeburg mit 2:10 Punkten auf dem vorletzten Tabellenplatz (vgl. Abb. 1). Zu diesem Zeitpunkt wurde mit der systematischen Spielbeobachtung begonnen. Dabei wurden Video-Aufzeichnungen vorgenommen und eine computergestützte Auswertung der Spiele durchgeführt.

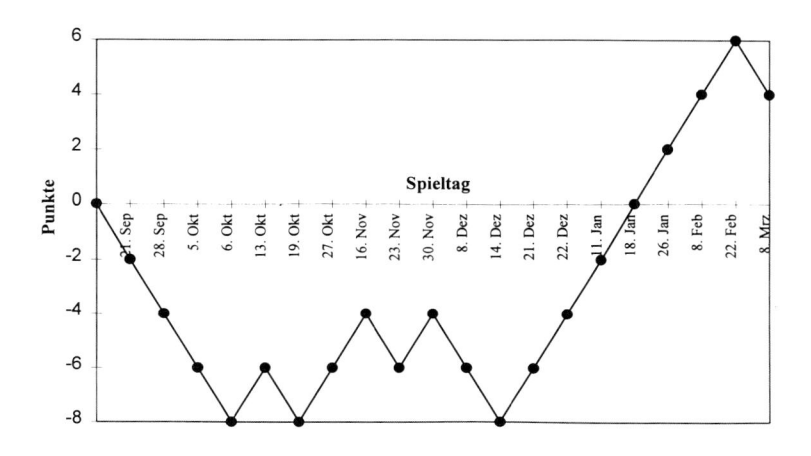

Abb. 1: Spielsaison 1996/97 der Herrenmannschaft des USC Magdeburg

In der *Hinrunde* erfolgte eine Auswertung mit dem Trainer und dem Zuspieler der Mannschaft. Individuelle Fehler und gruppentaktische Schwächen der eigenen Mannschaft wurden ausgewertet und im Trainingsprozeß und der Wettspielvorbereitung berücksichtigt. In der *Rückrunde* bezog sich die Spielvorbereitung auch auf die Spieltaktik des Gegners. Die Leistungsbeiträge einzelner Spieler und erfolgreiche gruppentaktische Spielhandlungen wurden mit Hilfe der Videoinformationen analysiert und bei der direkten Spielvorbereitung berücksichtigt. Die Spiele am 26.01. und 08.02.97 wurden nicht analysiert, weil es sich um die beiden Aufsteiger handelte.

Die Inspektion der mannschaftlichen *Punkterfolgwahrscheinlichkeit* (vgl. Abb. 2) zeigt, daß in der Rückrunde die prozentuale Punkterfolgswahrscheinlichkeit geringfügig ansteigt.

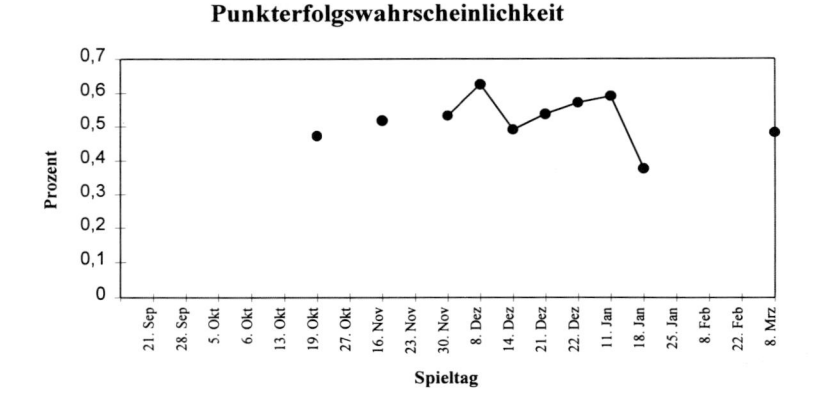

Abb. 2: Punkterfolgswahrscheinlichkeit in den Wettspielen des USC Magdeburg

Die unterstellte Leistungssteigerung wird durch die Verlaufscharakteristik des *Spielwirksamkeitsindices* in der Rückrunde der Spielsaison bestätigt (vgl. Abb. 3).

Ermittlung der individuellen Spielleistung 45

Spielwirksamkeitsindex

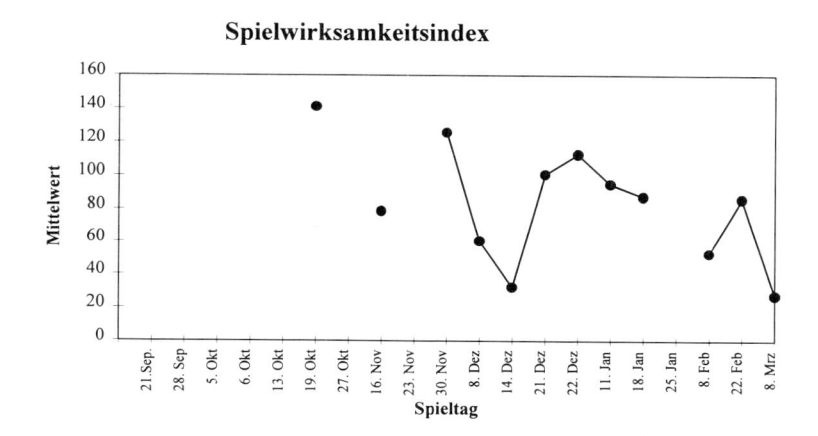

[Diagramm: Mittelwert auf der y-Achse (0-160), Spieltag auf der x-Achse (21. Sep. bis 8. Mrz)]

Abb. 3: Spielwirksamkeitsindex für die Punktspiele des USC Magdeburg

Im Spiel am 18.01.97 ist ein Abfall der Werte im Vergleich zu den vorangegangenen Spielen zu erkennen. Dies ist u. E. auf eine nachweislich schwache Spielleistung des Gegners zurückzuführen. Für den 3 : 0 Sieg am 08.02.97 gegen den Aufsteiger HSG Merseburg reichte eine geringe Spielleistung aus, um erfolgreich zu sein. Der Mittelwert des Spielwirksamkeitsindex für das Spiel gegen den Tabellenführer VfK Süd West Berlin ist nicht stark ausgeprägt. Der klare 3 : 0 Erfolg der Magdeburger ist u. E. auch dadurch bedingt, daß die Mannschaft aus Berlin zu diesem Zeitpunkt bereits als Aufsteiger in die 2. Bundesliga feststand. In der Rückrunde konnten sieben Spiele in Folge gewonnen werden. Diese Erfolgsserie ist u. E. auf die Videoinformationen über die Gegner aus der Hinrunde und die nachfolgend verbesserte strategisch-taktische Einstellung der Mannschaft zurückzuführen. Nach schwachem Saisonstart konnte punktgleich mit dem Drittplazierten ein 4. Platz in der Abschlußtabelle erreicht werden.

3.2 Anteile der individuellen Spielleistung am mannschaftlichen Gesamterfolg während der Saison 1996/97

Sowohl durch die Punkterfolgswahrscheinlichkeit (8,61%; vgl. Tab. 3) als auch durch den Spielwirksamkeitsindex (124,5 Punkte; vgl. Tab. 4) wird belegt, daß der *Zuspieler* des USC Magdeburg den eindeutig höchsten individuellen Leistungsbeitrag am Gesamterfolg der Mannschaft während der Spielsaison hatte. Vergleicht man Spielwirksamkeitsindex und

Punkterfolgswahrscheinlichkeit in bezug auf die individuellen Leistungsbeiträge der Spieler, so findet man eine hohe Übereinstimmung in der Rangfolge.

Tab. 3: Individuelle Leistungsbeiträge zur mannschaftlichen Punkterfolgswahrscheinlichkeit des USC Magdeburg in der Spielsaison 1996/97

Spielposition	Spieler	Beitrag
Zuspieler	Ki	8,61%
Angriff/Block	Th	0,69%
Abwehr	Mi	0,61%
Abwehr	Oe	0,12%
Angriff/Block	Dr	-0,42%
Angriff/Block	Sch	-0,50%
Angriff/Block	Oel	-0,75%
Abwehr	Ro	-1,07%
Angriff/Block	Ho	-1,78%

Tab. 4: Individuelle Leistungsbeiträge zum mannschaftlichen Spielwirksamkeitsindex des USC Magdeburg in der Spielsaison 1996/97

Spielposition	Spieler	Beitrag
Zuspieler	Ki	124,5 Punkte
Angriff/Block	Th	111,9 Punkte
Abwehr	Oe	92,2 Punkte
Abwehr	Mi	78,9 Punkte
Angriff/Block	Sch	78,2 Punkte
Abwehr	Ro	54,4 Punkte
Angriff/Block	Dr	35,7 Punkte
Angriff/Block	Ho	7,6 Punkte
Angriff/Block	Oel	- 5,7 Punkte

Ermittlung der individuellen Spielleistung 47

Die Spielpositionen *Angriff* und *Abwehr* unterscheiden sich bezüglich der individuellen Leistungsbeiträge bei der Punkterfolgswahrscheinlichkeit nicht wesentlich voneinander. Lediglich die Spielposition Abwehr weist bei der Punkterfolgswahrscheinlichkeit etwas höhere Prozentwerte auf und zeigt tendenziell einen etwas höheren Einfluß auf den Gesamterfolg der Mannschaft.

In etwas anderer Weise treten die Unterschiede zwischen den Spielpositionen beim Spielwirksamkeitsindex hervor (vgl Abb. 4). Bei Verwendung dieser Kennziffer ergibt

sich für das Zuspiel (100 P.) und die Abwehr (92,2 P.) ein deutlich höherer Leistungsbeitrag als für die Spielposition Angriff/Block (78,9 P.).

Die für die Spieler des USC Magdeburg ermittelten SWI-Werte treffen auch für den Mittelwert aller gegnerischen Mannschaften der Regionalliga Nord-Ost zu.

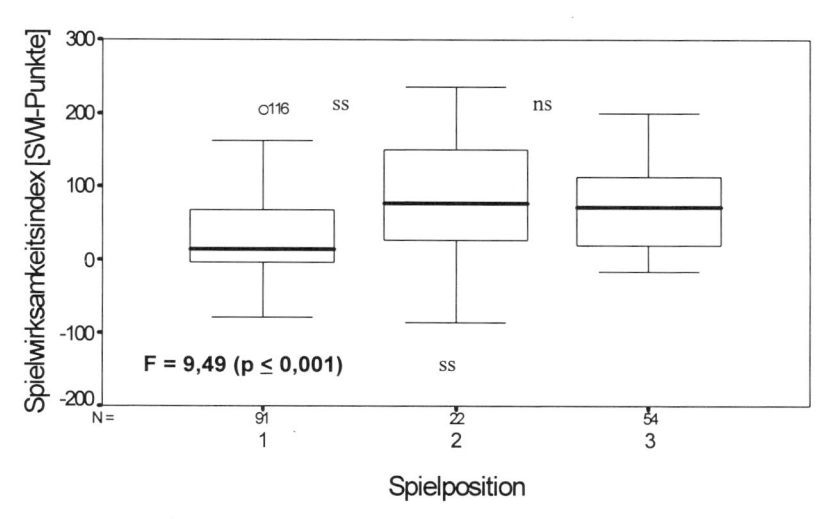

Abb. 4: Ausprägung des Spielwirksamkeitsindex in bezug auf die Spielposition

3.3 Korrelation von Spielwirksamkeitsindex und Punkterfolgswahrscheinlichkeit mit dem Expertenrating

Bei den drei von uns ausgewählten Beobachtungsmethoden sind wir davon ausgegangen, daß die Untersuchungsergebnisse[2] während der Spielsaison zu übereinstimmenden Aussagen führen werden. Dies hat sich jedoch nicht bestätigt. Das Rating korreliert mit dem Spielwirsamkeitsindex nur mit r = .61. Sowohl beim Vergleich Rating / Punkterfolgswahrscheinlichkeit r = .33 als auch beim Vergleich Spielwirksamkeitsindex/Punkterfolgswahrscheinlichkeit r = .36 kommt es zu keiner Übereinstimmung. Dies entspricht den Befunden von HOHMANN/ DAUM und DIERKS (1997) sowie von HOHMANN/DAUM und WICHMANN (1997). Bei der Leistungsbeurteilung eines Sportlers scheinen Experten also offensichtlich eher zu bilanzieren als zu simulieren.

4 FAZIT

Die strategisch-taktische Wettspielvorbereitung durch video- und computergestützte Spielvorbereitungsmaßnahmen hat sich positiv auf die individuelle Spielleistung und die Mannschaftsleistung ausgewirkt. Eine Effektivitätssteigerung konnte speziell für die Interventionen in der zweiten Hälfte der Spielsaison nachgewiesen werden (vgl. HOHMANN/WICHMANN 1997). Die Kennziffern Punkterfolgswahrscheinlichkeit und Spielwirksamkeitsindex erbrachten übereinstimmende Aussagen lediglich in bezug auf die Spielposition, nicht aber auf die individuellen Leistungsanteile der Regionalliga-Volleyballer.

---

[2] Für die Berechnungen wurden nur die Spieler berücksichtigt, die mehr als 30 Ballkontakte während eines Spieles hatten.

LITERATUR

BRACHT, B./CZWALINA, C.: Zum Spielwert individueller Spieleraktionen im Volleyball. In: Christmann, E. (Hrsg.): Volleyball trainieren. 9. Symposium des Deutschen Volleyballverbandes. Ahrensburg 1984, 195-209.

FRÖHNER, B.: Zum komplexen Einsatz von Video- und Computertechnik zur Analyse und Dokumentation technisch-taktischer Handlungen im Volleyball. In: Perl, J. (Hrsg.): Video und Computer im Leistungssport der Sportspiele. Köln 1991, 42-57.

FRÖHNER, B.: Aktuelle Computertechnologie zur systematischen Untersuchung des technisch-taktischen Handelns im Volleyball aus individueller und mannschaftlicher Sicht. In: Schriftenreihe zur angewandten Trainingswissenschaft 1. 1994, 49-67.

FRÖHNER, B.: Kennziffer im Spielanalysesystem des FIVB. In: HOSSNER, E. J./ROTH, K. (Hrsg.): Sport - Spiel - Forschung. Zwischen Trainerbank und Lehrstuhl. Hamburg 1997, 110-111.

HOHMANN, A./DAUM, M./DIERKS, B.: Zu quantitativen Kriterien der individuellen Volleyballeistung. In: HOFFMANN, B./KOCH, P. (Hrsg.): Integrative Aspekte in Theorie und Praxis der Rückschlagspiele. Hamburg 1997, 109-120.

HOHMANN, A./WICHMANN, E.: Zur Effektivität strategisch-taktischer Trainingsinterventionen im Volleyball. Bayreuth 1997, 182.

LAMES, M.: Systematische Spielbeobachtung. Münster 1994.

HOHMANN, A./DAUM, M./WICHMANN, E.: Vergleich der quantitativen Kriterien der individuellen Volleyballeistung. In: HOSSNER, E. J./ROTH, K. (Hrsg.): Sport - Spiel - Forschung. Zwischen Trainerbank und Lehrstuhl. Hamburg 1997, 114-117.

TeilnehmerInnen beim 23. DVV – Symposium 1997 in Edenkoben/Pfalz

ATHANASIOS PAPAGEORGIOU/STEFAN HÖMBERG/ VOLKER SCHMITZ/CHRISTOS DIMITRAKOS

DIE NEUE AUFSCHLAGREGEL

UMSETZUNG AUF INTERNATIONALEM LEISTUNGSNIVEAU

1 EINLEITUNG

Die vorliegende Untersuchung stellt eine Ergänzung der Arbeiten von DOMBROWSKI (1997) und GÖRKE (1996) zum Aufschlagverhalten in den 1. Bundesligen dar, deren Ergebnisse bereits auf dem 21. Symposium des DVV 1995 in Saarbrücken vorgestellt wurden. Untersucht wird, inwieweit die Regeländerungen zum Aufschlag aus dem Jahre 1994 das Aufschlagverhalten auf internationalem Leistungsniveau beeinflussen. Die betreffende Regeländerung beinhaltete sowohl die Erweiterung der Breite der Aufgabezone von 3m auf 9m als auch die Befreiung des Aufschlagspielers von der Einhaltung der Positionsfolge - so darf er bei der Ausführung der Aufgabe auch links von Pos. VI oder V stehen.

Die Zielsetzungen der Untersuchung waren folgende:

- Die Bestimmung des Aufschlagortes (Standort des Aufschlägers bzw. bei Sprungaufschlag der Absprungort).
- Die Bestimmung des Aufschlagziels.
- Die Bestimmung der Aufschlageffektivität.
- Die Bestimmung der Wahl des Aufschlagortes in Abhängigkeit von der Abwehrposition des Aufschlägers.
- Der Vergleich mit den betreffenden Ergebnissen für das nationale Spitzenniveau.

2 METHODIK

Die Darstellung der methodischen Grundlagen der systematischen Spielbeobachtung sind bekannt und müssen daher an dieser Stelle nicht erörtert werden. Es werden lediglich kurz das Untersuchungsgut und das benutzte Verfahren dargestellt.

2.1 Untersuchungsgut

Beobachtet wurden Spiele der Damen-Europameisterschaft 1995 (Holland) und Herrenspiele verschiedener Wettbewerbe (EM 1995, Worldcup 1995, Asienmeisterschaft 1995, Olympiaqualifikation 1995). Untersucht wurden bei den Frauen 40 Spiele, d.h., 131 Sätze mit 3885 Aufschlägen folgender Mannschaften: Holland, Kroatien, Italien, Türkei, Tschechien, Rußland, Weißrußland, Bulgarien, Deutschland, Lettland, Ukraine.

Untersucht wurden bei den Männern 32 Spiele, d.h., 98 Sätze mit 3208 Aufschlägen folgender Mannschaften: Japan, China, Deutschland, Australien, Jugoslawien, Korea, Rußland, Holland, Griechenland, Lettland, Italien, Polen.

2.2 Untersuchungsverfahren

Die Ergebnisse wurden über eine filmisch gebundene (Videotechnik), systematische Spielbeobachtung ermittelt. Beobachtet wurden die Spielzüge vom Aufschlag bis zum gegnerischen Zuspiel, bzw. bis zum Aufschlag- oder Annahmefehler.

2.2.1 Beobachtungsbogen

Zur graphisch und schriftlich gebundenen Datenerfassung wurde ein Beobachtungsbogen mit unterschiedlichen Beobachtungskategorien entwickelt.

2.2.1.1 Einteilung der Aufschlagorte

Um detaillierte Aussagen über das Aufschlagverhalten machen zu können, wurden die Aufschlagorte und Zielzonen in kleine Bereiche eingeteilt. Die gewählte Einteilung orientierte sich an in Voruntersuchungen gewonnenen Erkenntnissen.

Die Aufschlagorte wurden hinsichtlich der Tiefe der Aufschlagzone in 3 Distanzen eingeteilt (Abb. 1):

- Kurzdistanz: 0 - 3 m
- Mitteldistanz: 3 - 6 m
- Langdistanz: über 6 m

Für die Aufschläge aus kurzer und mittlerer Distanz wurde die Aufschlagzone in der Breite in sechs 1,5m breite Flächen unterteilt (Abb. 1).

Für die Aufschläge aus langer Distanz wurden drei 3 m breite Flächen gewählt, da die erhobene Datenmenge pro Feld sonst zu klein geworden wäre.

Die Aufschlagorte werden mit den Zahlen 1-15 gekennzeichnet.

Die neue Aufschlagregel

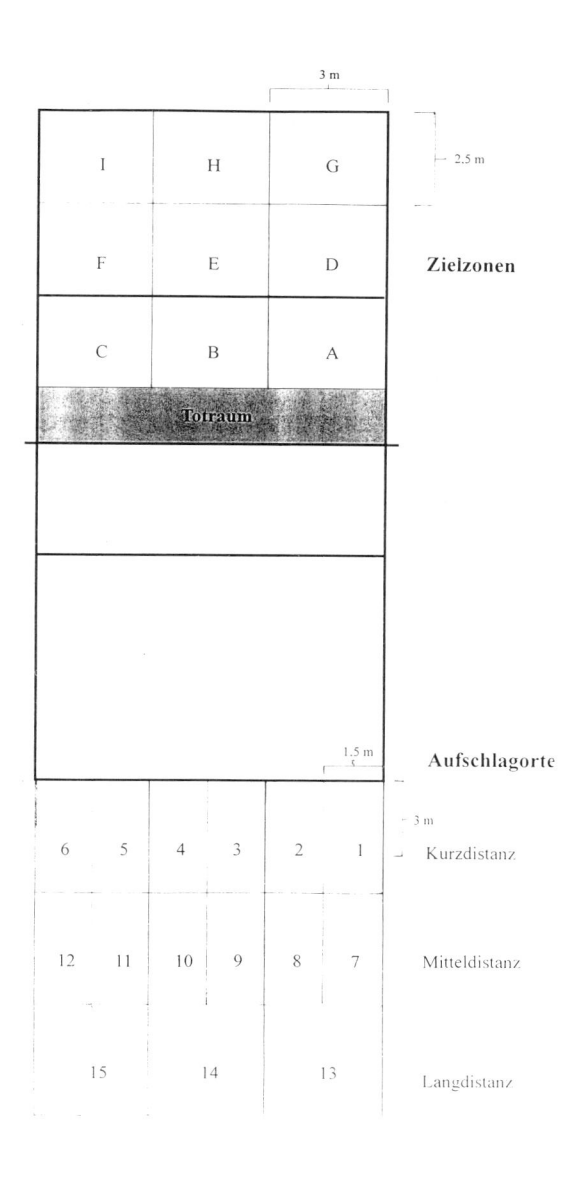

Abb. 1: Beobachtungsbogen zur graphisch gebundenen Datenerfassung

2.2.1.2 Einteilung der Aufschlagzielzonen

Das Spielfeld wurde in neun Zielzonen der Größe 3 m x 2,5 m eingeteilt. Direkt hinter dem Netz wurde ein Totraum von 1,5 m angenommen, der erfahrungsgemäß nicht von Aufschlägen getroffen wird. Die Zielzonen sind mit den Buchstaben A-I gekennzeichnet (Abb. 1).

2.2.1.3 Beobachtungskategorien

Abbildung 2 zeigt die berücksichtigten Beobachtungskategorien.

Beobachtungsbogen

Spielbegegnung: .... Beobachtetes Team: .... Datum: ....

Ort	Art	Ziel	Fehler	Abwehr	Riegel	Zuspiel	Annahme V/H	Effektivität	Bemerkungen
1	2	3	4	5	6	7	8	9	10

1. Aufschlagort (Position des Aufschlägers im Moment des Aufschlags - Aufschlagzorte 1-15).
2. Art des Aufschlags (Flatter- oder Sprungaufschlag).
3. Ziel des Aufschlags (Position des Annahmespielers während der Ballannahme/ Auftreffort des Balles bei As - Aufschlagzielzonen A-I).
4. Art des Fehlers (5 sekunden, Übertritt, Netz, Aus etc.).
5. Eingenommene Abwehrposition des Aufschlägers - Pos. I-VI.
6. Anzahl der Annahmespieler (2er- 5er-Riegel).
7. Position des Zuspielers - Pos. I-VI.
8. Position des Annahmespielers (Vorder- oder Hinterspieler).
9. Annahmequalität (0 = As/ direkter Annahmefehler; 1 = Fremdzuspiel; 2 = nur Zuspiel auf Außenpositionen möglich; 3 = Einsatz des Schnellangreifers möglich; 4 = optimale Annahme).
10. Bemerkungen (z.B. As, Annahmespieler fällt für Angriff aus, etc.)

Abb. 2: Beobachtungsbogen zur schriftlich gebundenen Erfassung der Beobachtungskategorien

Eingetragen wurden zunächst die durch die Rotation vorgegebene Zuspielerpositionen, dann chronologisch die Punkte 1-6, 8 und 9.

Die neue Aufschlagregel 55

3 ERGEBNISSE

3.1 Aufschlagart

Es werden ausschließlich Flatter- und Sprungaufschläge durchgeführt. Bei den Frauen werden lediglich 8% Sprungaufschläge ausgeführt, 92% entfallen auf Flatteraufschläge. Der Sprungaufschlaganteil bei den Männern beträgt 46% (54% Flatteraufschläge; Abb. 3).

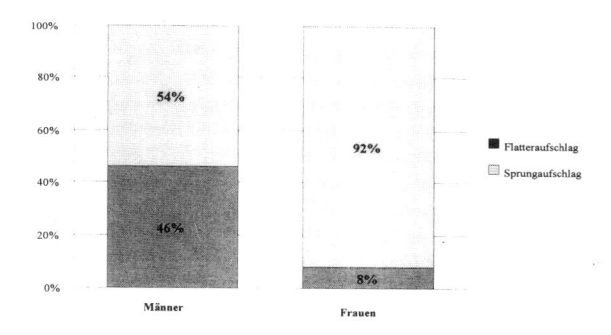

Abb. 3: Aufschlagart

3.2 Aufschlagort

Die Verteilung der Aufschlagorte wurde sowohl hinsichtlich der Tiefe der Aufschlagzone als auch hinsichtlich ihrer Breite ermittelt. Um die Ergebnisdarstellung zu vereinfachen, werden die unter Punkt 2.2.1.2 beschriebenen Zonen zu jeweils drei Bereichen zusammengefaßt:

- Die Kurzdistanz umfaßt die Aufschlagorte 1-6, die Mitteldistanz die Orte 7-12 und die Langdistanz die Orte 13-15.

- Der Bereich „hinter Pos. I" umfaßt alle aus den Aufschlagorten 1, 2, 7, 8 und 13 ausgeführten Aufschläge. Entsprechend enthält der Bereich „hinter Pos. VI" die Aufschlagorte 3, 4, 9, 10 und 14 und der Bereich „hinter Pos. V" die Aufschlagorte 5, 6, 11, 12 und 15 (vgl. Abb. 1).

3.2.1 Verteilung der Aufschlagorte hinsichtlich der Tiefe der Aufschlagzone

Hinsichtlich der Tiefe der Aufschlagzone lassen sich folgende Tendenzen feststellen (Abb. 4a+b):

- Sämtliche Sprungaufschläge werden bei Frauen und Männern aus der Kurzdistanz geschlagen.
- Nahezu 60% aller Aufschläge erfolgen bei den Männern aus der Kurzdistanz, bei den Frauen lediglich rund 40%.
- Mehr als die Hälfte aller Aufschläge werden bei den Frauen aus der Mitteldistanz geschlagen.
- Der Anteil der Aufschläge aus langer Distanz zur Grundlinie ist gering.

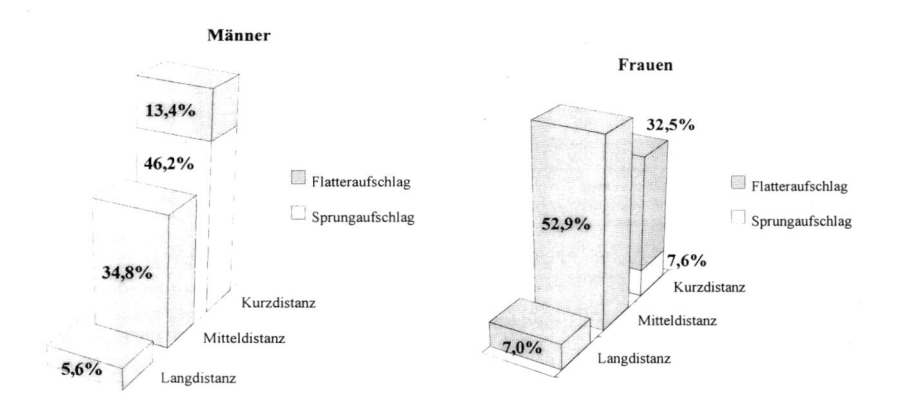

Abb. 4a+b: Verteilung der Aufschläge aus kurzer, mittlerer und langer Distanz bei Männern und Frauen

3.2.2 Verteilung der Aufschlagorte hinsichtlich der Breite der Aufschlagzone

Hinsichtlich der Breite der Aufschlagzone zeigt sich (Abb. 5a+b):

- Sowohl bei den Frauen mit nahezu 50% als auch bei den Männern mit 57% werden rund die Hälfte aller Aufschläge aus der „alten" Aufschlagzone „hinter Pos. I" geschlagen.
- Bei den Männern werden die Aufschlagorte „hinter Pos. VI" mit 24,7% und „hinter Pos. V" mit 18,3% zu etwa gleichen Anteilen genutzt.

Die neue Aufschlagregel

- Bei den Frauen ist der Anteil der Aufschläge aus den Aufschlagorten „hinter Pos. V" mit 3,4% gegenüber 21% „hinter Pos. VI" niedrig.
- Hinsichtlich der Verteilung der Aufschlagarten aus den unterschiedlichen Aufschlagorten zeigen sich keine signifikanten Unterschiede zur Gesamttendenz: Sowohl Flatter- als auch Sprungaufschläge werden überwiegend aus den früheren Aufschlagorten „hinter Pos. I" geschlagen. Bei den Frauen fällt der mit 0,1% sehr geringe Anteil der Sprungaufschläge aus den Aufschlagorten „hinter Pos. V" auf.

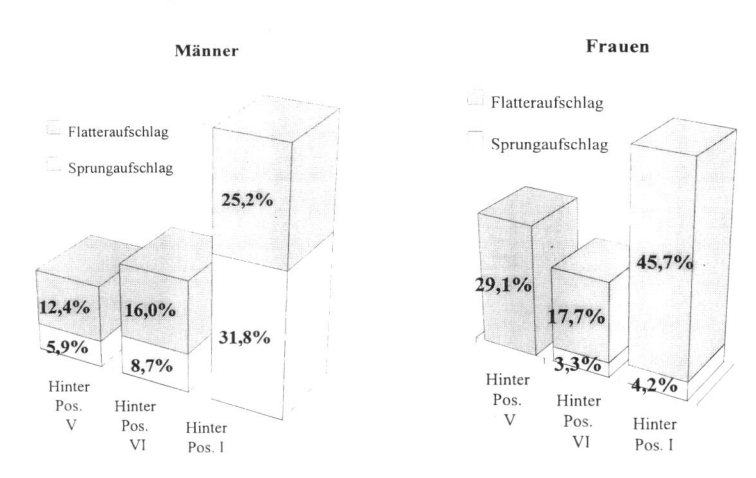

Männer   **Frauen**

Flatteraufschlag   Flatteraufschlag
Sprungaufschlag   Sprungaufschlag

Männer: 12,4% / 5,9% (Hinter Pos. V), 16,0% / 8,7% (Hinter Pos. VI), 25,2% / 31,8% (Hinter Pos. I)

Frauen: 29,1% / 3,3% (Hinter Pos. V), 17,7% / 4,2% (Hinter Pos. VI), 45,7% (Hinter Pos. I)

Abb. 5a+b: Verteilung der Aufschläge hinter Pos. I, VI und V bei Männern und Frauen

3.3 Aufschlagziele

Die Abbildungen 6a und 6b zeigen die prozentuale Verteilung der Aufschläge in den Aufschlagzielzonen. Bei den Männern (Abb. 6a) wird der Hauptanteil der Aufschläge in die Spielfeldmitte (Zielzone E) geschlagen (33,3%). Der zweithöchste Anteil liegt mit 15,8 % in Zielzone H. Der Anteil der Aufschlagfehler beträgt 13%. Faßt man die Zonen hinsichtlich der Spielfeldtiefe zusammen, lassen sich folgende Aussagen machen:

- Nur 6,3% der Aufschläge werden kurz geschlagen (Zielzonen A, B und C).
- In die Zielzonen D, E und F werden mit 48,8% fast die Hälfte aller Aufschläge geschlagen.
- Aufschläge in das letzte Spielfelddrittel (Zielzonen G, H und I) haben einen Anteil von 31,9%.

Bei den Frauen (Abb. 6b) zeigt sich eine ähnliche Verteilung. Der Großteil der Aufschläge wird in die Spielfeldmitte geschlagen (34%). Der Anteil der Aufschlagfehler beträgt 10,8%. Zusammengefasst ergibt sich folgendes Ergebnis:

- Der Anteil der kurzen Aufschläge (Zielzonen A, B und C) ist mit 5,4% sehr niedrig.
- Die meisten Aufschläge (52,6%) werden in das mittlere Spielfelddrittel geschlagen (Zielzonen D, E und F).
- Der Anteil der „langen" Aufschläge beträgt 31,2%.

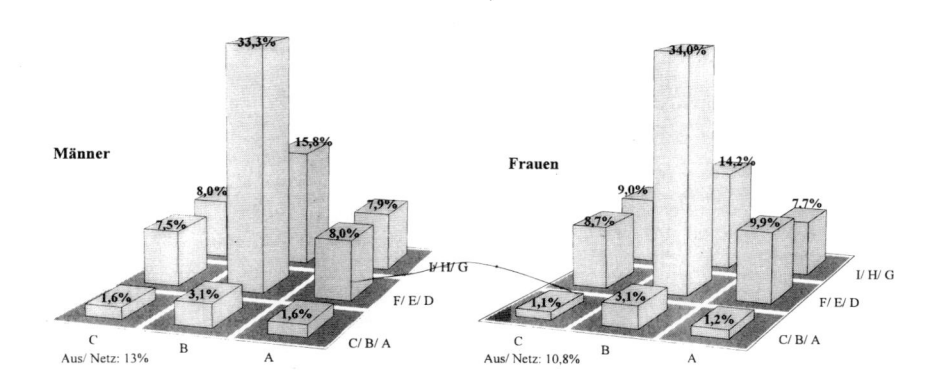

Abb. 6a+b: Zielzonen der Aufschläge bei Männern und Frauen (gesamt)

3.3.1 Ziele von Aufschlägen aus bestimmten Aufschlagorten

Die Aufschlagorte werden hier in kleinere Einheiten zusammengefasst, zusätzlich wird in Flatter- und Sprungaufschläge differenziert. Die Ergebnisse werden für Frauen und Männer jeweils nebeneinander dargestellt.

3.3.1.1 Zielzonen der Sprungaufschläge

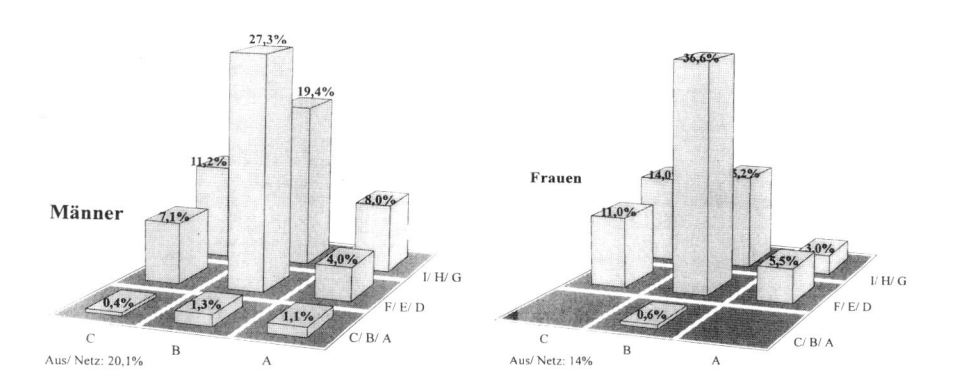

Abb. 7a+b: Zielzonen der Sprungaufschläge aus den Aufschlagorten 1 und 2 bei Männern und Frauen

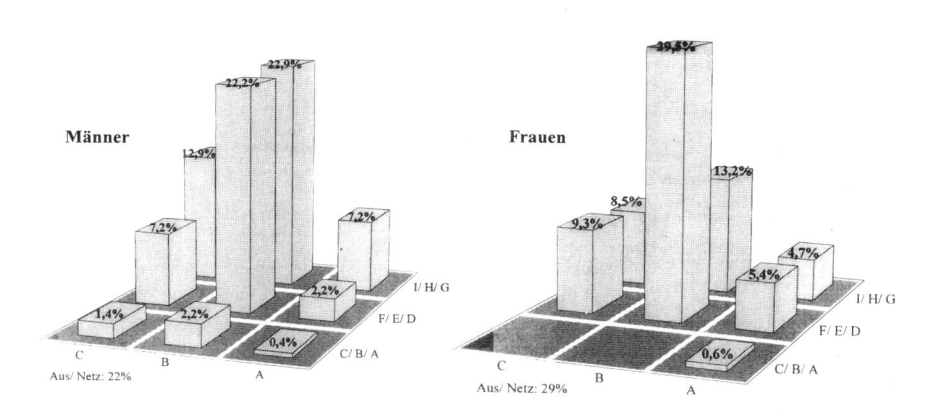

Abb. 8a+b: Zielzonen der Sprungaufschläge aus den Aufschlagorten 3 und 4 bei Männern und Frauen

Männer

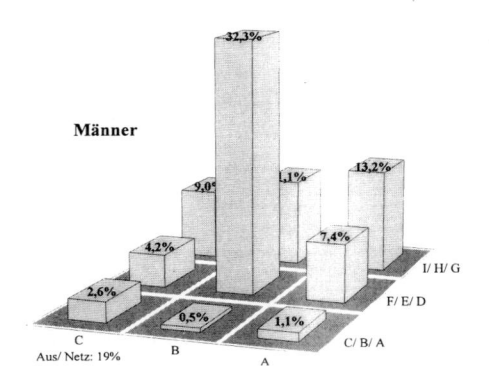

[Bargraph showing values: 32,3%; 9,0%; 1,1%; 13,2%; 4,2%; 7,4%; 2,6%; 0,5%; 1,1%; Aus/Netz: 19%; axes labeled C, B, A and C/B/A, F/E/D, I/H/G]

Abb. 9: Zielzonen der Sprungaufschläge aus den Aufschlagorten 5 und 6

Der Großteil der Sprungaufschläge wird sowohl bei den Männern als auch bei den Frauen in die Zonen E und H geschlagen (Abb. 7, 8 und 9):

- Insbesondere bei den Frauen ist der Anteil der Aufschläge in die Spielfeldmitte (E) mit rund 30% bzw. rund 37% aus den Aufschlagorten 1-4 sehr hoch (Abb. 7b und 8b).

- Der Anteil der diagonalen Aufschläge, die aus den Orten 1-4 in die Zonen F und I geschlagen werden, ist mit rund 7 bis 14% ebenfalls ca. doppelt so hoch wie derjenige der Longlineaufschläge (2%-8%; Abb. 7 und 8).

- Bei den Aufschlägen aus Aufschlagort 5/6 (aus diesem Aufschlagort wurde nur von den Männern aufgeschlagen) zeigt sich ebenfalls, daß Diagonalaufschläge bevorzugt werden. Hier werden - neben dem sehr hohen Anteil von Aufschlägen in die Zonen E und H (hier bei 43,4%) - überwiegend Aufschläge in die Zonen D (7,4%) und G (13,2%) geschlagen (Abb. 9).

- Bei den Männern liegt der Anteil der Aufschlagfehler aus allen Aufschlagorten bei rund 20%, bei den Frauen aus den Orten 3 und 4 bei 30%.

3.3.1.2 Zielzonen der Flatteraufschläge aus kurzer Distanz

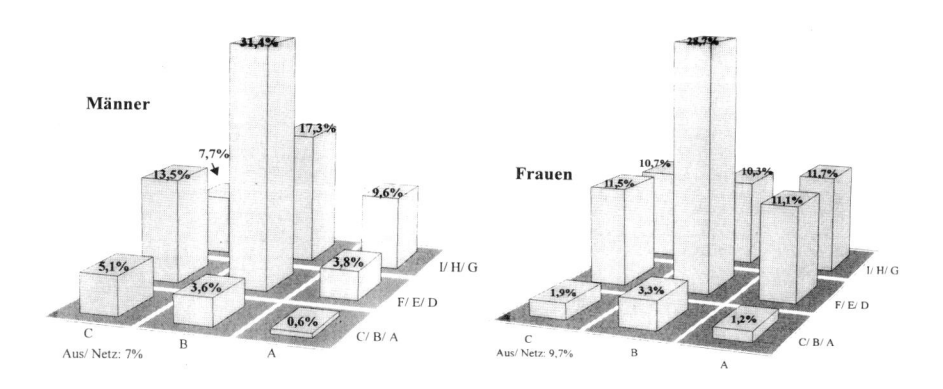

Abb. 10a+b: Zielzonen der Flatteraufschläge aus den Aufschlagorten 1 und 2 bei Männern und Frauen

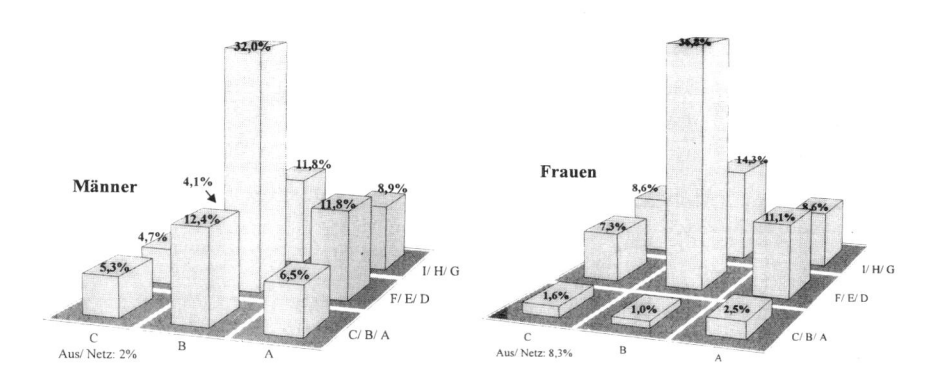

Abb. 11a+b: Zielzonen der Flatteraufschläge aus den Aufschlagorten 3 und 4 bei Männern und Frauen

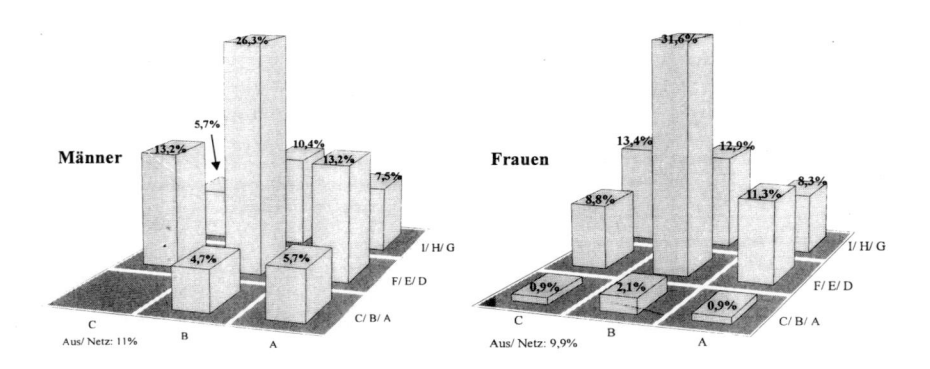

Abb. 12a+b: Zielzonen der Flatteraufschläge aus den Aufschlagorten 5 und 6 bei Männern und Frauen

Bei den Flatteraufschlägen aus kurzer Distanz ist die Zone E ebenfalls das häufigste Ziel der Spieler und Spielerinnen (Abb. 10, 11 und 12).

Bei den Frauen zeigt sich, daß Longline- und Diagonalaufschläge zu gleichen Anteilen eingesetzt werden: Aufschläge aus den Orten 1 und 2 werden zu ca. 22% der Aufschläge diagonal (Zielzonen F und I) und zu ca. 23% longline (Zielzonen D und G) geschlagen (Abb. 10b). Eine ähnliche Verteilung ergibt sich bei Aufschlägen aus den Aufschlagorten 5 und 6 (Abb. 12b).

Aus der Mitte der Aufschlagzone (Orte 3/4) ist der Anteil der Aufschläge in die Spielfeldmitte (Orte E und H) mit rund 50% am höchsten.

Die Männer führen mehr kurze Aufschläge aus allen Aufschlagorten aus (Abb. 10a, 11a, 12a). Dies trifft insbesondere bei Aufschlägen aus den Orten 3 und 4 zu (rund 24%).

Aus Aufschlagort 1/2 schlagen die Männer - mit Ausnahme des Zielbereichs „Spielfeldmitte" - bevorzugt diagonal auf (Abb. 10a). Ebenso ist der Anteil der Diagonalaufschläge in die Zonen A, D und G bei Aufschlägen aus den Aufschlagorten 5 und 6 mit 26,4% höher als derjenige der Longlineaufschläge (18,9%; Abb. 12a).

Der Anteil der Aufschlagfehler beträgt rund 10%, bei den Aufschlägen aus den Orten 3/4 der Männer sinkt die Fehlerquote auf 2%.

3.3.1.3 Zielzonen der Flatteraufschläge aus mittlerer Distanz

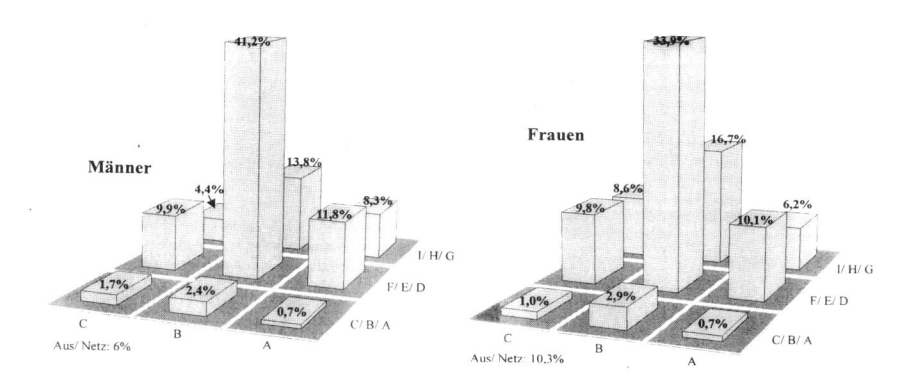

Abb. 13a+b: Zielzonen der Flatteraufschläge aus den Aufschlagorten 7 und 8 bei Männern und Frauen

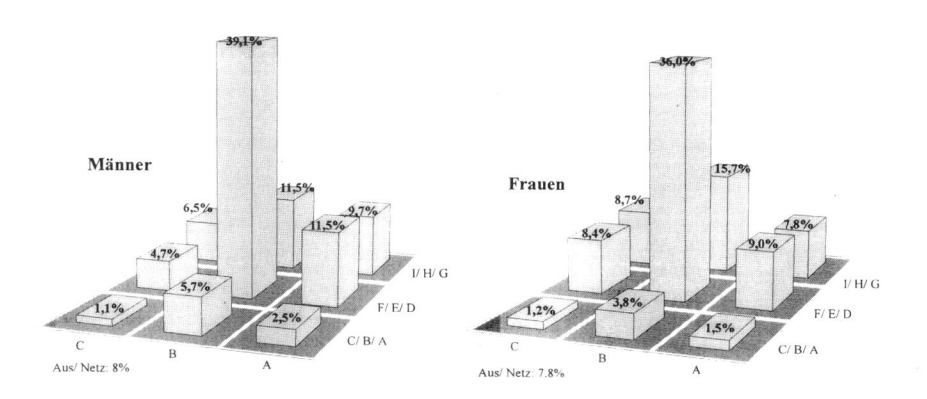

Abb. 14a+b: Zielzonen der Flatteraufschläge aus den Aufschlagorten 9 und 10 bei Männern und Frauen

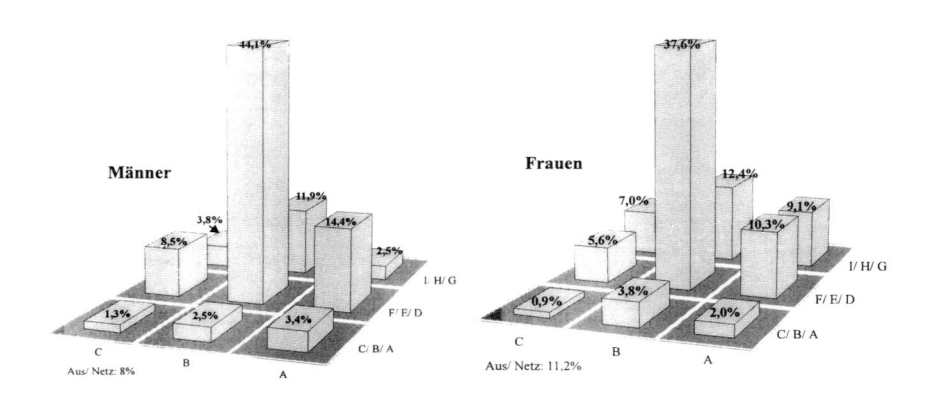

Abb. 15a+b: Zielzonen der Flatteraufschläge aus den Aufschlagorten 11 und 12 bei Männern und Frauen

Der Anteil der Aufschläge in die Spielfeldmitte (Zone E), geschlagen aus der Mitteldistanz, ist sowohl bei Frauen als auch bei Männern mit 34%-44% höher als bei den Aufschlägen aus Kurzdistanz (Abb. 13, 14 und 15).

Die Zone H wird ebenfalls mit durchschnittlich 12%-16% häufig angespielt (Abb. 13, 14 und 15).

Bei den Aufschlägen aus Aufschlagort 11/12 zeigt sich eine Bevorzugung von Diagonal- gegenüber Longlineaufschlägen (Abb. 15a+b). Diese Tendenz ist bei den Aufschlägen aus den Orten 7 und 8 nicht gegeben, hier sind Longline- und Diagonalaufschläge gleichmäßig verteilt (Abb. 13a+b)

Der Anteil der Aufschlagfehler schwankt je nach Aufschlagort zwischen 6% und 10%.

3.3.1.4 Zielzonen der Flatteraufschläge aus langer Distanz

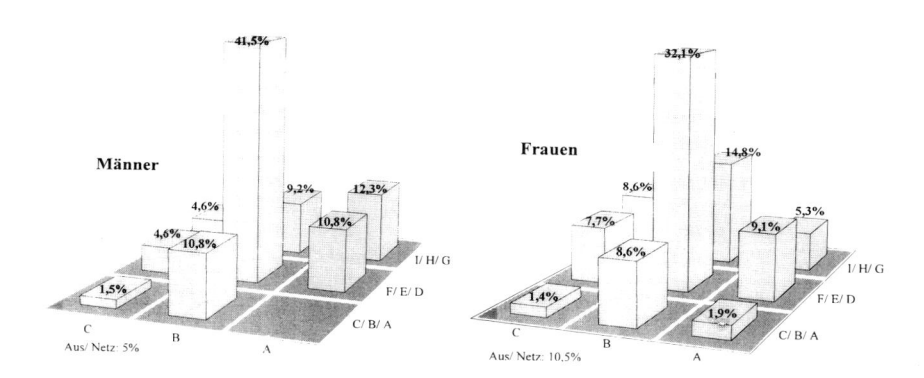

Abb. 16a+b: Zielzonen der Flatteraufschläge aus Aufschlagort 13 bei Männern und Frauen

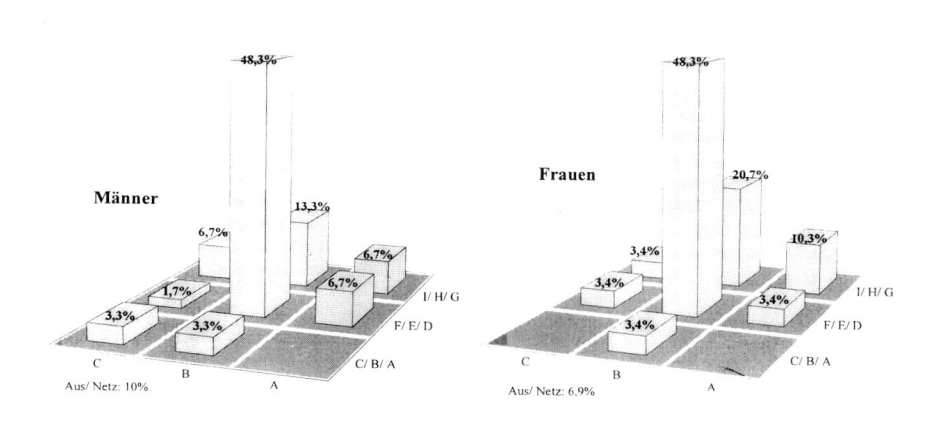

Abb. 17a+b: Zielzonen der Flatteraufschläge aus Aufschlagort 14 bei Männern und Frauen

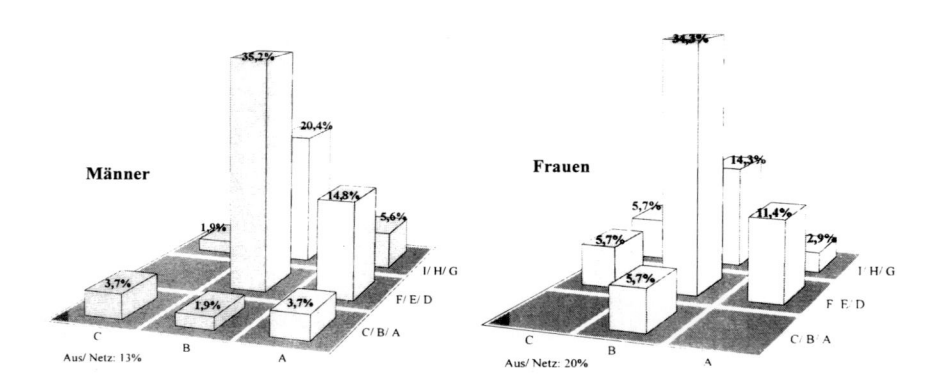

Abb. 18a+b: Zielzonen der Flatteraufschläge aus Aufschlagort 15 bei Männern und Frauen

Aus der Langdistanz zeigt sich - gegenüber Aufschlägen aus der Mittel- und Kurzdistanz - eine höhere Konzentration der Aufschlagziele auf die Mitte des Spielfeldes in die Zonen E und H (Abb. 16, 17 und 18). Auffällig ist zudem der Anteil der kurzen Aufschläge in die Zone B von rund 10%.

Bei den Männern wird tendenziell eher in die rechte Spielfeldhälfte aufgeschlagen, d.h., in die Zonen D und G (Abb. 16a, 17a und 18a).

Aus dem Aufschlagort 15 weisen sowohl Männer als auch Frauen eine Tendenz zu Diagonalaufschlägen in Richtung Zone D auf.

Der Anteil der Aufschlagfehler ist bei Aufschlägen aus Ort 15 höher als bei Aufschlägen aus den Orten 14 und 13.

3.4 Aufschlageffektivität

Die Aufschlageffektivität läßt sich anhand einer systematischen Beobachtung der Annahmequalität ermitteln. Hierzu wurde eine fünfstufige Skala benutzt (vgl. auch Tabelle 3).

Bei den Männern lassen rund 70% der Annahmehandlungen den Einsatz eines Schnellangreifers zu (Qualität 4 = optimale Annahme, Qualität 3 = gute Annahme). Bei den Frauen sind rund 62% aller 1. Pässe von guter und optimaler Qualität. Die Anteile der Qualitäten 2 (nur

Die neue Aufschlagregel 67

Paß über Außenpositionen möglich), 1 (Fremdzuspiel erforderlich) und 0 (Ass/Annahmefehler) sind bei Frauen und Männern etwa gleich. Die Abbildungen 19a und b zeigen sowohl das Gesamtergebnis als auch die Differenzierung in Paßqualitäten bei der Annahme von Flatter- und Sprungaufschlägen.

Bei den Männern ist der Anteil der durch Sprungaufschläge erzielten Asse höher. Die Sprungaufschläge sind überdies insgesamt effektiver, d.h., es werden mehr Annahmen der Kategorien 2 und 3 und weniger gute bzw. optimale 1. Pässe gespielt (Abb. 19a).

Der Vergleich von Sprung- und Flatteraufschlägen bei den Frauen zeigt, daß mit ca. 20% weitaus mehr Asse durch Sprung- als durch Flatteraufschläge (8%) erzielt werden, die Sprungaufschläge aber auch häufiger sehr gut angenommen werden (Abb. 19b).

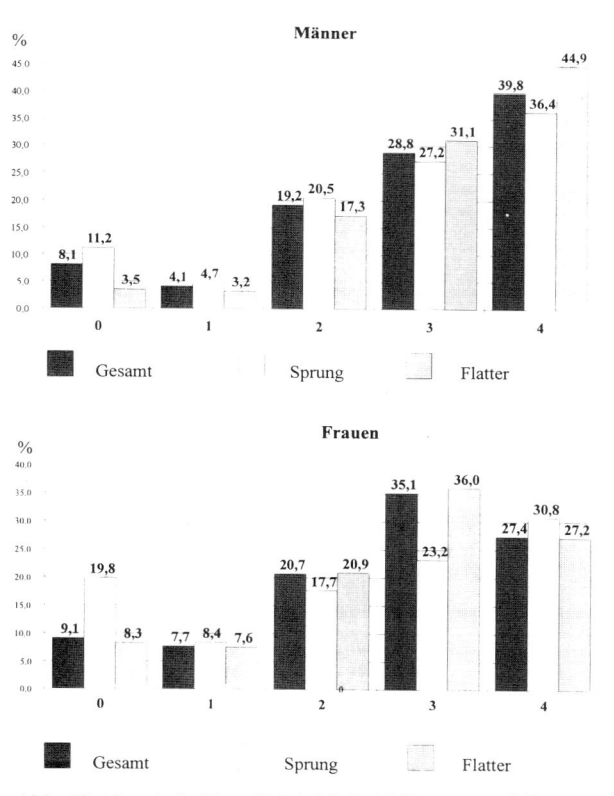

Abb. 19a+b: Aufschlageffektivität bei Männern und Frauen

3.4.1 Aufschlageffektivität bei einer Aufschlagort-Aufschlagziel-Betrachtung

Hier wurde untersucht, von welchem Aufschlagort aus am effektivsten in eine bestimmte Zielzone aufgeschlagen wurde. Die nachfolgenden Grafiken haben nur beschreibenden Charakter, da die Anzahl der Aufschläge von einigen Aufschlagorten in bestimmte Zielzonen zu gering war. Ein Signifikanztest konnte dementsprechend nicht durchgeführt werden. Der durch einen Pfeil gekennzeichnete Aufschlag, der aus dem jeweiligen Aufschlagort am effektivsten war, gibt somit nur eine Tendenz wieder.

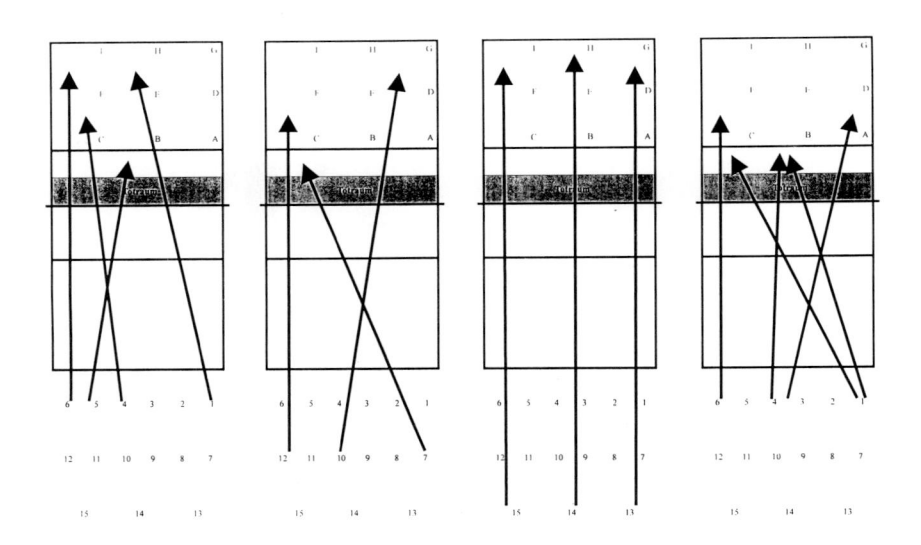

Abb. 20a-d: Die effektivsten Aufschläge bei den Männern

Bei den Männern erzielt der Longlineaufschlag auf der linken Spielfeldseite sowohl als Flatteraufschlag aus allen Distanzen als auch als Sprungaufschlag die größte Wirkung (Abb. 20a-d). Aus der Kurz- und Mitteldistanz (Abb. 20a+b) sind Aufschläge in die Zielzonen A, B und C direkt hinter dem Netz sehr effektiv, aus der Langdistanz sind die lang geschlagenen Longlineaufschläge die effektivsten (Abb. 20c). Kurz ausgeführte Sprungaufschläge sind sehr wirkungsvoll (Abb. 20d).

Die neue Aufschlagregel 69

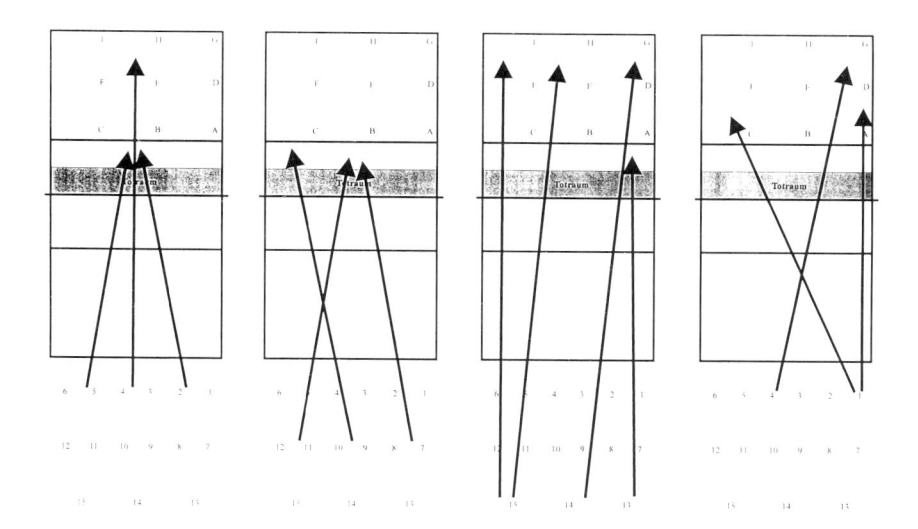

Abb. 21a-d: Die effektivsten Aufschläge bei den Frauen

Aus der Kurzdistanz schlagen die Frauen die wirkungsvollsten Flatteraufschläge kurz hinter das Netz in Zone B sowie lang in Zone H. Die effektivsten Aufschläge aus der Mitteldistanz werden kurz in die Zonen B und C geschlagen. Lange Aufschläge, diagonal und longline in die Zielzonen I, H und G sind die erfolgreichsten Flatteraufschläge aus der Langdistanz. Der extrem diagonale Sprungaufschlag von Aufschlagort 1 in die Zielzone F sowie Sprungaufschläge in die Zonen D und G erzielen die größte Effektivität.

Es wird nochmals darauf hingewiesen, daß aufgrund der geringen Anzahl der Aufschläge von einem bestimmten Aufschlagort in eine bestimmte Zielzone die ermittelten Effektivitäts-Mittelwerte zumeist einer kleinen Stichprobe entstammen und daher nur beschreibende Aussagekraft haben.

3.5 Sonstige Ergebnisse

3.5.1 Riegelformationen

Bei den Männern werden 98% der Sprungaufschläge im 3er-Riegel angenommen, 2% im 2er-Riegel. Alle Flatteraufschläge werden im 2er-Riegel angenommen.

Der 3er-Riegel wird bei den Frauen zu 90% als Annahmeformation angewendet. Jeweils 5% der Aufschläge werden im 4er-Riegel bzw. im 2er-Riegel angenommen.

3.5.2 Vergleich der Annahme durch Vorder- und Hinterspieler

Im 3er-Riegel wird zu 23% durch Vorderspieler angenommen, im 2er-Riegel beträgt der Anteil der Annahme durch einen Vorderspieler 39%. Sowohl bei der Annahme im 2er-Riegel als auch im 3er-Riegel ergeben sich nur geringfügige Unterschiede in der Annahmequalität zwischen Vorder- und Hinterspieler.

Die Vorderspielerinnen nehmen in allen drei Riegelformationen rund 15% der Aufschläge an. Die Annahmequalität der Vorderspielerinnen ist im 2er-Riegel deutlich besser, im 4er-Riegel deutlich schlechter als die der Hinterspielerinnen.

3.5.3 Wechsel auf die Abwehrposition nach Aufschlag

Hier sollte ermittelt werden, ob die freie Wahl des Aufschlagortes hinter der Grundlinie durch die vom Abwehrspieler einzunehmende Abwehrposition beeinflusst wird, d.h., ob der Spieler zugunsten des kürzeren Laufweges den möglicherweise taktisch sinnvollen Aufschlag aus einem bestimmten Aufschlagort vernachlässigt.

Bei Aufschlägen aus der Kurzdistanz wechseln die Männer zu überwiegenden Anteilen entweder auf die direkt vor ihnen liegende Position oder - von den Aufschlagorten 6/5 bzw. 1/2 - schräg nach vorn, auf die Abwehrposition VI (Abb. 22a).

Die neue Aufschlagregel 71

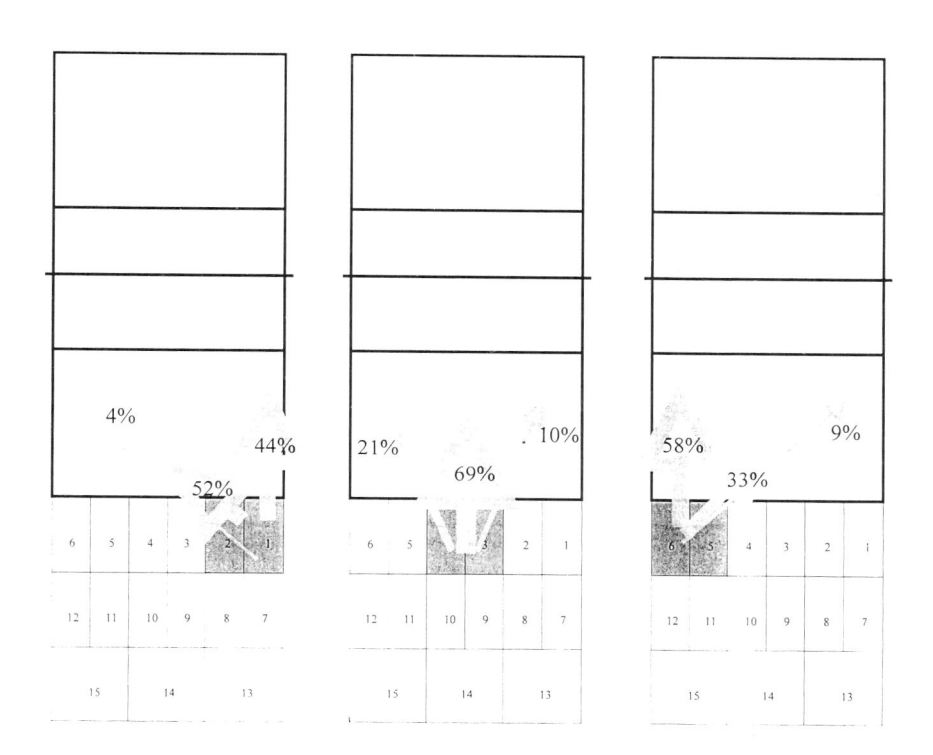

Abb. 22a: Wechsel nach Aufschlägen aus der Kurzdistanz

Nach Aufschläge aus der Mitteldistanz zeigt sich ebenfalls die Tendenz, auf die direkt vor dem Aufschläger liegende Abwehrposition oder, wiederum von den seitlichen Aufschlagorten aus, auf die Pos. VI zu wechseln (Abb. 22b).

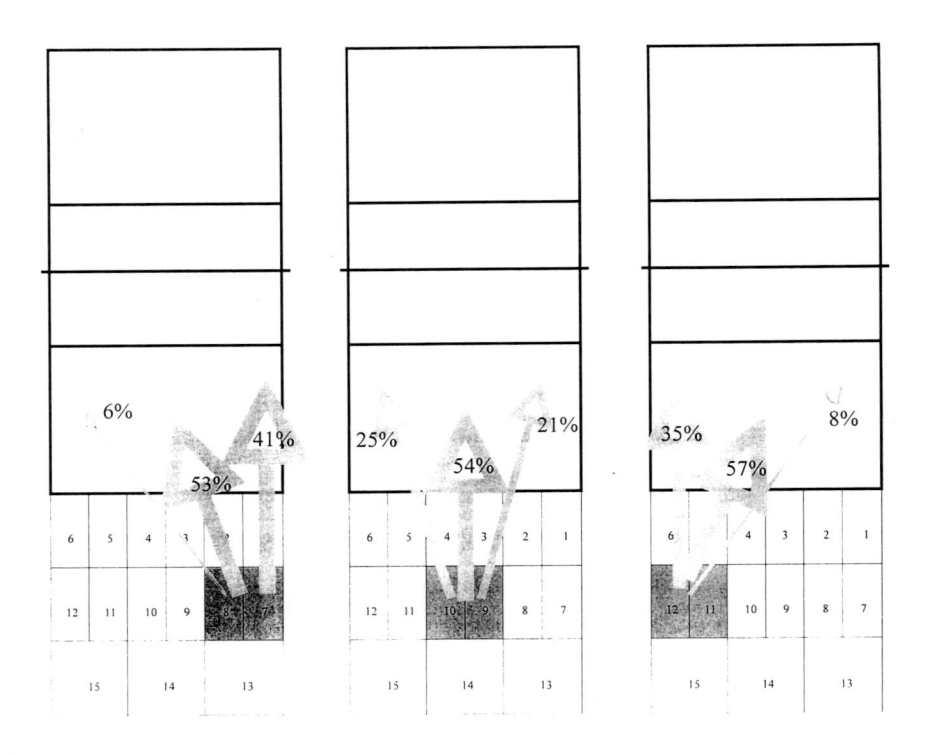

Abb. 22b: Wechsel nach Aufschlägen aus der Mitteldistanz

Die Abwehrposition VI ist die deutlich bevorzugte Position nach Aufschlägen aus der Langdistanz. Lediglich nach Aufschlägen aus Aufschlagort 14 wechseln 40% der Aufschläger auf die Pos. V (Abb. 22c).

Die neue Aufschlagregel 73

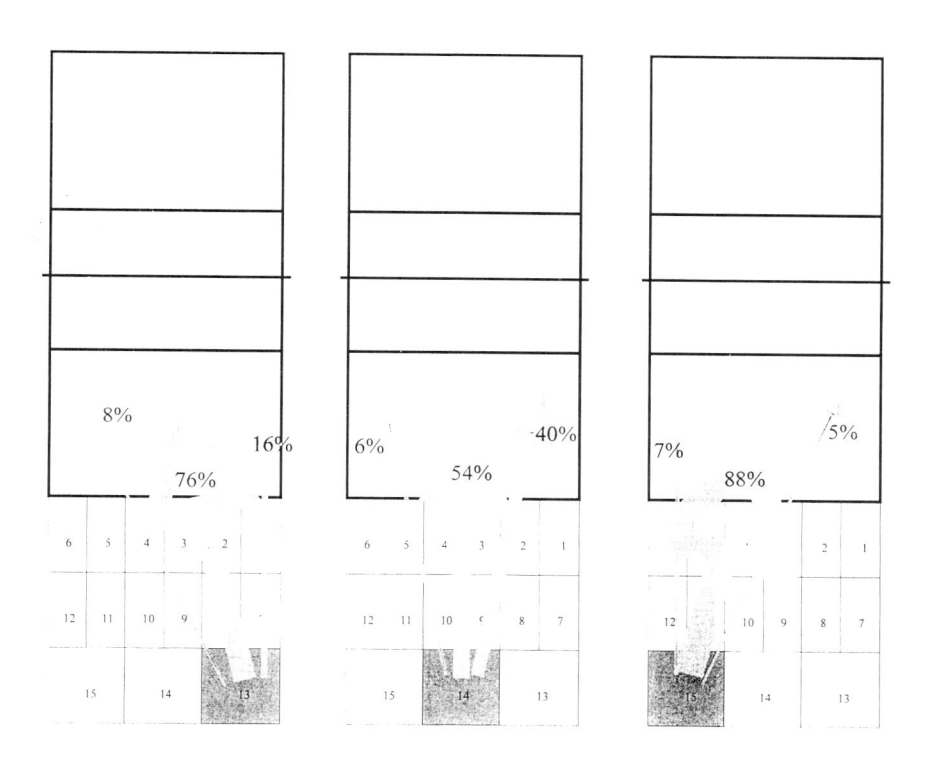

Abb. 22c: Wechsel nach Aufschlägen aus der Langdistanz

Die Frauen nehmen ebenfalls bei Aufschlägen aus der Kurzdistanz bevorzugt die direkt vor ihnen liegende Abwehrposition ein. Ebenso zeigt sich, daß rund 25% der Spielerinnen aus den Aufschlagorten 5/6 bzw. 1/2 auf die Abwehrposition VI wechseln (Abb. 23a).

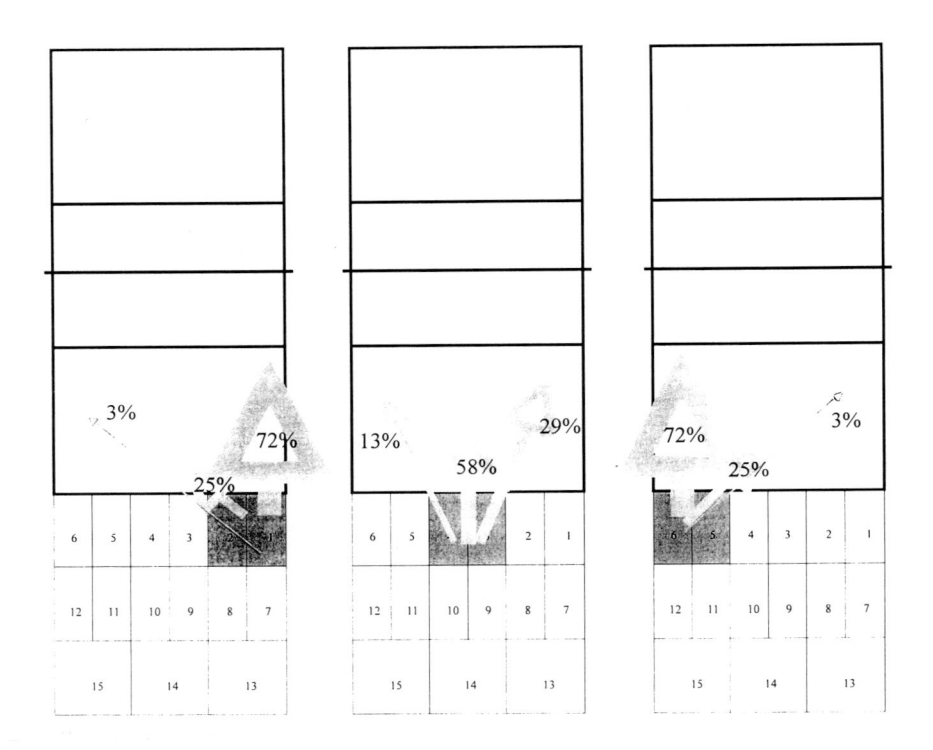

Abb. 23a: Wechsel nach Aufschlägen aus der Kurzdistanz

Ein vergleichbares Bild zeigt sich bei Aufschlägen aus der Mitteldistanz. Hier wechseln die Spielerinnen überwiegend auf die Abwehrposition direkt vor ihnen oder auf die Pos. VI (Abb. 23b).

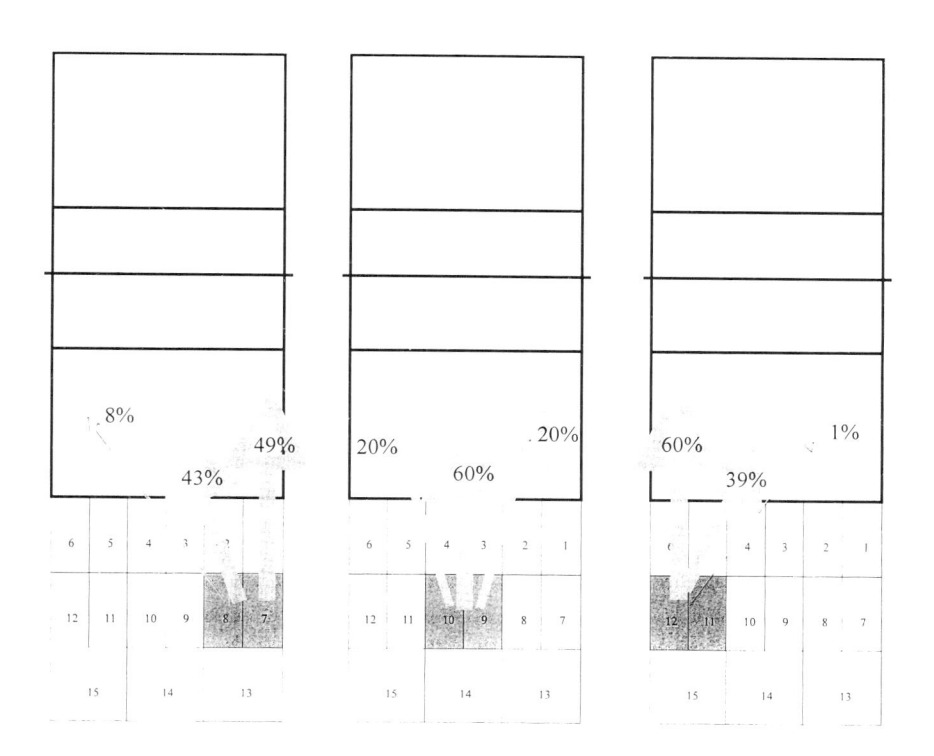

Abb. 23b: Wechsel nach Aufschlägen aus der Mitteldistanz

Bei Aufschlägen aus der Langdistanz wechseln die Spielerinnen aus Aufschlagort 15 bevorzugt auf die Abwehrpositionen V (61%) und VI (32%). Aus Aufschlagort 14 wird der kurze Weg zur Pos. VI zu 56% genutzt, zur Pos. I wechseln 33% und zur Pos. V 11%. Den langen Weg von Aufschlagort 13 zur Abwehrposition V wählen - im Gegensatz zum sonstigen Trend - nahezu 30% der Spielerinnen. Zur Pos. VI wechseln hier 53%, zur Pos. I 17% der Aufschlägerinnen.

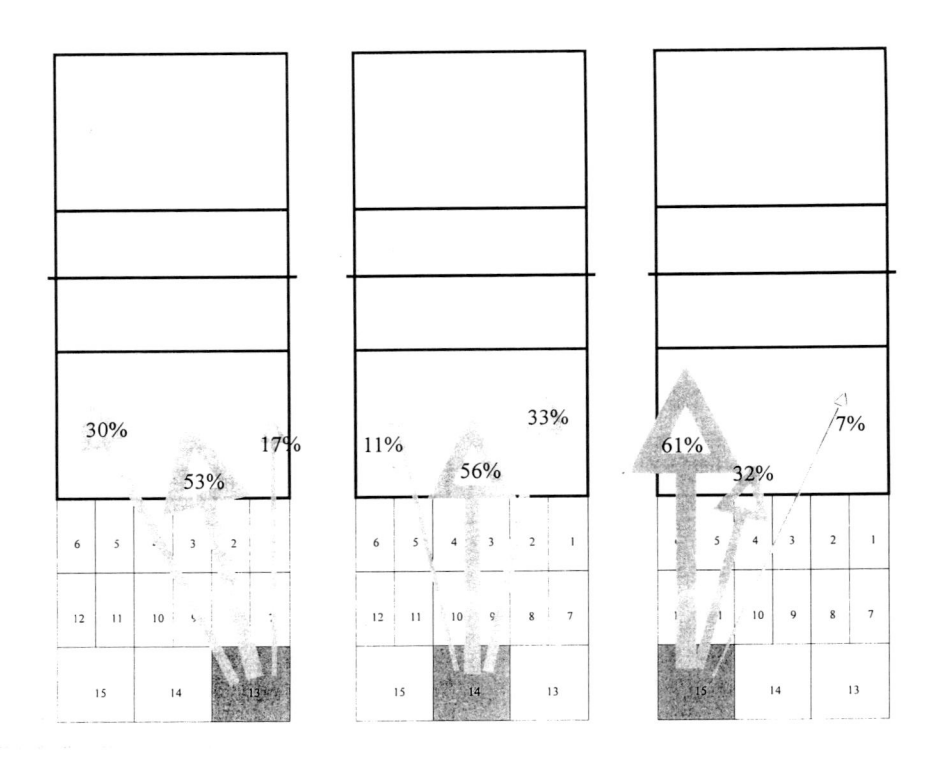

Abb. 23c: Wechsel nach Aufschlägen aus der Langdistanz

Abschließend läßt sich feststellen, daß ein Zusammenhang zwischen gewähltem Aufschlagort und eingenommener Abwehrposition besteht. Lange Laufwege sind wesentlich seltener als die kurzen Wechsel vom Aufschlagort zur Abwehrposition.

4 VERGLEICH DER ERGEBNISSE MIT DER NATIONALEN SPITZE

Es werden die wichtigsten Ergebnisse hervorgehoben und sofern möglich, mit den Ergebnissen von DOMBROWSKI (1997) und GÖRKE (1996), zum Aufschlagverhalten der nationalen Spitze der Männer und Frauen, verglichen. Alle nachfolgend aufgeführten Ergebnisse zur na-

Die neue Aufschlagregel

tionalen Spitze entstammen den genannten Arbeiten, so daß auf eine Kenntlichmachung im weiteren Text verzichtet wird.

4.1 Aufschlagart und -ort

Die Tabelle 1 zeigt den Vergleich des internationalen mit dem nationalen Leistungsniveau. Sowohl national als auch international wird der Sprungaufschlag bei den Männern wesentlich häufiger eingesetzt. Der Anteil der Sprungaufschläge ist international höher.

Tab. 1: Vergleich internationales – nationales Leistungsniveau (Aufschlagart)

Aufschlagart	International		National	
	Frauen	Männer	Frauen	Männer
Sprungaufschlag	8%	46%	4%	35%
Flatteraufschlag	92%	54%	96%	65%

Der Gesamtvergleich (Tab. 2) zeigt nochmals deutlich, daß national und international hinsichtlich der Tiefe der Aufschlagzone, die Anteile der Aufschläge aus der Kurz-, Mittel- und Langdistanz ähnlich sind. Die Spieler des nationalen Spitzenniveaus schlagen mit 23,4% - zugunsten eines höheren Anteils von Aufschlägen aus der Langdistanz (18,9%) - seltener aus der Mitteldistanz auf als die Männer des internationalen Niveaus.

Hinsichtlich der Breite der Aufschlagzone, zeigt sich eine deutliche Bevorzugung der früheren Aufschlagzone sowohl bei den Frauen - national und international - als auch bei den Männern des internationalen Niveaus.

Tab. 2: Vergleich internationales – nationales Leistungsniveau (Aufschlagorte)

Aufschlagorte	International		National	
	Frauen	Männer	Frauen	Männer
Kurzdistanz (Orte 1-6)	40,1%	59,6%	42,2%	57,7%
Mitteldistanz (Orte 7-12)	52,9%	34,8%	50,3%	23,4%
Langdistanz: (Orte 13-15)	7,0%	5,6%	7,5%	18,9%
Hinter Pos. I (1, 2, 7, 8, 13)	49,9%	57%	49%	38,8%
Hinter Pos. VI (3, 4, 9, 10, 14)	21%	24,7%	32,8%	37,3%
Hinter Pos. V (5, 6, 11, 12, 15)	29,1%	18,3%	18,2%	23,9%
Bevorzugte Aufschlagorte	7 + 12	1 + 7	8	2 + 3

4.2 Aufschlagziel

Der Vergleich mit den Ergebnissen der nationalen Spitze ist leider nicht möglich, da die Arbeiten von DOMBROWSKI und GÖRKE, für die Erfassung der Aufschläge aus Langdistanz andere Zielzonen definiert und die Aufschlagfehler nicht in der Auswertung der Aufschlagziele berücksichtigt haben. Eine Vergleichbarkeit mit den Ergebnissen der vorliegenden Untersuchung ist somit nicht gegeben.

Männer und Frauen auf internationalem Niveau schlagen überwiegend in die Spielfeldmitte (Zielzone E) auf. Nimmt man die prozentualen Anteile der Aufschläge in die Zielzone H in der hinteren Spielfeldmitte hinzu, ergibt sich ein Anteil von rund 50% Aufschläge in das mittlere „Längsdrittel". Sprungaufschläge werden noch häufiger in die Spielfeldmitte geschlagen, wobei insgesamt diagonale Sprungaufschläge bevorzugt werden.

4.3 Aufschlageffektivität

Tabelle 3 ermöglicht den Vergleich der Aufschlageffektivität auf nationalem und internationalem Niveau. Wie unter Punkt 3.4 beschrieben, wird eine fünfstufige Qualitätsskala für die Beurteilung der Annahmehandlungen und somit der Aufschlagqualität zugrundegelegt.

Tab. 3: Vergleich internationales – nationales Leistungsniveau (Aufschlageffektivität)

Annahmequalität	International		National	
	Frauen	Männer	Frauen	Männer
0 = Ass/ Annahmefehler	9%	8%	10%	8%
1 = Fremdzuspiel erforderlich	8%	4%	8%	4%
2 = nur Paß über die Außenpositionen möglich	21%	19%	24%	13%
3 = Einsatz des Schnellangreifers möglich	35%	29%	26%	22%
4 = optimale Annahme, Zuspieler kann netznah im Sprung agieren und alle Angreifer einsetzen.	27%	40%	31%	53%

Faßt man die Annahmen guter Qualität (Kategorie 3 und 4) zusammen, ergibt sich ein einheitliches Ergebnis hinsichtlich der Aufschlageffektivität auf nationalem und internationalem Niveau. Auffällig ist allerdings der mit 63% wesentlich höhere Anteil von optimalen Pässen

auf nationalem Spitzenniveau der Männer gegenüber 40% bei den Männern des internationalen Niveaus.
Der Anteil der Aufschlagfehler ist sowohl national (Frauen 11,1%; Männer 14%) als auch international (Frauen 11%; Männer 13%) nahezu identisch.
Sprungaufschläge sind national und international erfolgreicher als Flatteraufschläge (Tab. 4), zeigen jedoch ebenso wie Flatteraufschläge im Vergleich der untersuchten Leistungsniveaus kaum deutliche Abweichungen hinsichtlich ihrer Wirksamkeit. Lediglich die Flatteraufschläge sind bei den Männern des internationalen Niveaus wirkungsvoller als in der Herren-Bundesliga.

Tab. 4: Vergleich internationales – nationales Leistungsniveau (Aufschlageffektivität)

Aufschlageffektivität (Mittelwerte der Effektivität bez. auf 5stufige Skala)	International		National	
	Frauen	Männer	Frauen	Männer
Sprungaufschlag	2,49	2,35	2,49	2,76
Flatteraufschlag	2,61	2,65	2,61	3,22
Differenz	0,12	0,3	0,12	0,46

Wie schon unter Punkt 3.4 beschrieben, macht die geringe Anzahl der Aufschläge von einem bestimmten Aufschlagort in eine bestimmte Zielzone aussagekräftige Mittelwertvergleiche nahezu unmöglich. Daher sollen an dieser Stelle nur Tendenzen bez. der Aufschlageffektivität in Abhängigkeit von Aufschlagort und Zielzone des internationalen Niveaus in Stichpunkten zusammengefaßt werden:

- Sprungaufschläge sind bei den Männern dann effektiv, wenn sie nicht diagonal geschlagen werden.
- Taktische Sprungaufschläge in den vorderen Bereich sind bei den Männern erfolgversprechend.
- Kurze, taktische Aufschläge in Zielzone B sind sowohl bei den Frauen als auch bei den Männern sehr wirkungsvoll.
- Flatteraufschläge sind als Longlineaufschläge und als kurze Aufschläge aus der Mitteldistanz sehr wirksam.

4.4 Riegelformationen

Tabelle 5 verdeutlicht, daß die Anteile von 2er- und 3er-Riegel bei den Männern national und international vergleichbar sind.

Tab. 5: Vergleich internationales – nationales Leistungsniveau (Riegelformationen)

Riegelformationen		International		National	
		Frauen	Männer	Frauen	Männer
Sprungaufschlag	2er-Riegel	k. A.	2%	-	2%
	3er-Riegel	k. A.	98%	95,3%	98%
	4er-Riegel	k. A.	-	4,7%	-
Flatteraufschlag	2er-Riegel	k. A.	100%	1,4%	97,9%
	3er-Riegel	k. A.	-	84,3%	2,1%
	4er-Riegel	k. A.	-	14,3%	-

4.5 Wechsel auf Abwehrposition nach Aufschlag

International wie national werden kurze Laufwege vom Aufschlag zur Abwehrposition bevorzugt. Diese Wechsel deuten darauf hin, daß die neuen Aufschlagorte nicht taktisch genutzt werden, sondern eher, um leichter die Abwehrposition zu erreichen.

5 EMPFEHLUNGEN FÜR DIE TRAININGS- UND WETTKAMPFPRAXIS

Aus den ermittelten Ergebnissen lassen sich folgende Trainingsempfehlungen ableiten:

- Im Training sollte das Ausnutzen der gesamten Breite der Aufschlagzone erarbeitet werden!
- Das Training muß Longline-Flatteraufschläge aus allen, insbesondere aber aus den Aufschlagorten 6, 5, 11, 12 und 15 berücksichtigen!
- Zielgenaue Flatteraufschläge an die Spielfeldränder sollten ebenso trainiert werden wie kurze, taktische Aufschläge!
- Mehr Spielerinnen sollten den Sprungaufschlag erlernen und trainieren!
- Der Aufschlagort sollte unabhängig von der danach einzunehmenden Abwehrposition unter Berücksichtigung des jeweils effektivsten Aufschlags gewählt werden!

LITERATURVERZEICHNIS

AURBACH, G.: Pilotuntersuchung zur Beobachtung und Analyse von Annahmespezialisten im Sportspiel Volleyball am Beispiel der Herren-Bundesligamannschaft des Hamburger Sportvereins. Diplomarbeit, DSHS Köln. Köln 1992.

BRETTSCHNEIDER, W.-D.: Entwicklung und Anwendung eines Instruments zur Spielbeobachtung im Sportspiel Volleyball. In: ANDRESEN, R./ HAGEDORN, G. (Hrsg.): Beobachten und Messen im Sportspiel. Berlin 1980, 52-63.

BRETTSCHNEIDER, W.-D./THIERER, R.: Spielbeobachtung. In: CHRISTMANN, E./ FAGO, K. (Hrsg.): Volleyball Handbuch. Reinbek 1987, 139-152.

CZWALINA, C.: Systematische Spielbeobachtung in den Sportspielen. Ahrensburg 1988.

DOMBROWSKI, S.: Untersuchung im Sportspiel Volleyball zur Umsetzung der neuen Aufschlagregeln in der 1. Bundesliga der Männer in der Saison 1994/95. Diplomarbeit, DSHS Köln. Köln 1997.

GERBRANDS, T./ MURPHY, P.: Consequences of changing the indoor serving-rule - A theoretical approach. In: INTERNATIONAL VOLLEYTECH 1/95, S. 20-25.

GÖRKE, K.: Untersuchung im Sportspiel Volleyball in der Saison 1994/95 zur Umsetzung der Regeländerung im Bereich des Aufschlags in der 1. Bundesliga der Frauen. Diplomarbeit, DSHS Köln. Köln 1996.

LIPPERT, A.: Systematische Spieler- und Spielbeobachtung im Sportspiel Volleyball in der Saison 1991/92 der ersten vier Mannschaften in der 1. Bundesliga der Frauen. Diplomarbeit, DSHS Köln. Köln 1992.

PAPAGEORGIOU, A./SPITZLEY, W.: Handbuch für Leistungvolleyball. Aachen 1994.

PAPAGEORGIOU, A./DOMBROWSKI, S./GÖRKE, K.: Die neue Aufschlagregel - Umsetzung in den 1. Bundesligen. In: DANNENMANN, F. (Red.): Volleyball '95 - Das Spiel im Jubiläumsjahr. Hamburg 1996, 141-170.

SCHMITZ, V.: Eine Untersuchung über die Umsetzung der neuen Aufschlagregel im Volleyball bei Männern und Frauen auf internationalem Leistungsniveau und der Vergleich zur nationalen Ebene. Diplomarbeit, DSHS Köln. Köln 1996.

Teilnehmer folgen interessiert den Ausführungen der ReferentInnen

ATHANASIOS PAPAGEORGIOU/ HENDRIK LÜCK/CHRISTOS DIMITRAKOS

ZUSPIELERBEOBACHTUNG IM VOLLEYBALL

1 EINLEITUNG

Die standardisierte Spielbeobachtung im Volleyball gehört zumindest in Leistungsmannschaften des oberen Niveaus zu einer systematischen Wettkampfvorbereitung. Da dieses Sportspiel überwiegend aus Standardsituationen besteht, ist zudem eine relativ leicht zu erlernende Beobachtungsmethode anwendbar. In den letzten Jahren wurden mehrere Beobachtungssysteme verschiedener Autoren veröffentlicht.

Grundlage für die Erstellung des nachfolgend vorgestellten Bogens war die in Anlehnung an PAPAGEORGIOU/BINKOWSKI (1989) von PAPAGEORGIOU/EHREN/KOSEL (1990) überarbeitete Gegnerbeobachtung im Volleyball.

Diese systematische Beobachtung ist in sechs Teile gegliedert. Der zweite Teil zur Beobachtung der Annahme, des Angriffs und der Angriffskombinationen diente als Basis für die Entwicklung der nachfolgend beschriebenen Beobachtungsmethode. Da sich die Beobachtung von PAPAGEORGIOU/EHREN/KOSEL (1990) nur auf eine Handlungskette von drei Merkmalen bezog und eine differenzierte Unterscheidung der das Zuspiel beeinflussenden Faktoren fehlte, wurde das folgende Beobachtungssystem entwickelt. Der hier vorliegende Beobachtungsbogen ist also als Weiterentwicklung zur Erfassung des individuellen Zuspielerverhaltens einzustufen.

Die Beobachtung, daß fast alle Zuspieler stereotype Verhaltensweisen aufweisen, welche bei genauerer Betrachtung und systematischer Auswertung die Erstellung wirksamer Strategien ermöglichen, erfordert eine strukturierte schriftliche und graphische Spielbeobachtung, bei der neben anderen Spielelementen speziell die Besonderheiten des Zuspielers übersichtlich erfaßt und analysiert werden können. Eine Zuspielerbeobachtung, welche nur sehr grob in Bezug zur vorausgegangenen und nachfolgenden Handlung gesetzt wird, stellt keine ausreichende Grundlage zur Erstellung einer Block- und Feldabwehrtaktik, sowie einer Aufschlagstrategie dar.

Die genaue Erfassung des Annahmeortes, der Flughöhe der Annahme und der gegnerischen Aufschlagart ist beispielsweise notwendig, um Zusammenhänge zwischen vorausgegangener und nachfolgender Aktion und Zuspiel erkennen zu können.

Während im ursprünglichen Beobachtungsbogen die gegnerische Aufschlagposition, die Aufschlagart, die Annahmequalität in Bezug auf die jeweilige Flugkurve und die taktische Effektivität des Zuspiels nicht erfaßt werden, bietet der neue Bogen die Möglichkeit, die beobachtete Zuspieltaktik und die bereits erwähnten Eigenheiten eines Zuspielers differenziert zu erfassen. Damit kann die eigene Mannschaft optimal auf den Gegner vorbereitet werden. Außerdem kann der eigene Zuspieler beobachtet und Eigenheiten, sofern sie vorhanden sind, können eliminiert werden. Desweiteren können Schwächen in Annahme und Angriff sehr genau beobachtet werden, da die Position des Aufschlägers und die Aufschlagart neben den allgemein üblichen Merkmalen Annahmeort und -seite berücksichtigt werden. Die gewählte Darstellungsweise ermöglicht dem Spielbeobachter eine nach kurzer Einarbeitung leicht anwendbare Spielanalyse.

Teil A des Spielbeobachtungsbogen (Annahmequalität / Mittelblockerverhalten / Angreiferverhalten / Angriffsqualität / Zuspielerverhalten) kann mit etwas Übung problemlos nicht nur nach, sondern auch während des Wettkampfes angewendet werden kann. Bei der Anwendung von Teil B des Bogens bedarfs es wegen der Fülle der zu erfassenden Informationen einer Videobeobachtung. Dabei ist es zwingend notwendig, daß der Videorekorder über Zeitlupen- und Standbildfunktion verfügt.

Der neu entwickelte Beobachtungsbogen mit zusätzlichem Schwerpunkt der Erfassung des Zuspielerverhaltens wurde als 2. Teil „Annahme, Angriff, Angriffskombinationen" in die von PAPAGEORGIOU u. a. (1989; 1990) entwickelte Gegnerbeobachtung eingefügt. Erstmals wurde das Verfahren bei der Vorbereitung der Deutschen Nationalmannschaft auf die Olympiaqualifikation 1995 in München, sowie bei der Vorbereitung auf die EM-Qualifikation 1996/97 angewendet. Über 30 Videobeobachtungen wurden in diesem Rahmen durchgeführt. Dabei wurde die optische Gliederung revidiert und die Beobachtungskriterien leicht verändert; so entstand die hier vorliegende Fassung.

Neben den Änderungen im Teil B: „Annahme, Angriff, Angriffskombinationen" wurde auch der Beobachtungsbogen Teil A: „Spielbeobachtung während des Wettkampfes", sowie Teil C: „Positionswechsel von Vorder- und Hinterspieler / Block und Feldabwehr" erweitert.

2 ERLÄUTERUNGEN ZUR ANWENDUNG DES SPIELBEOBACHTUNGSBOGENS

BEOBACHTUNGSBOGEN TEIL B:
"ANNAHME/ANGRIFF/ANGRIFFSKOMBINATIONEN"

Um speziell das Zuspielerverhalten besser kategorisieren und in Bezug zu vorausgegangenen Handlungen setzen, besonders aber um evtl. Eigenheiten des Zuspielers in Abhängigkeit von bestimmten Situationen erfassen und damit mit hoher Wahrscheinlichkeit voraussagen zu können, wurde der Beobachtungsbogen Teil B : Annahme / Angriff / Angriffskombinationen vor allem im Bereich der Handlungskette „Aufschlag, Annahme, Zuspiel, Angriff, Block" erweitert.

2.1 Gegenüberstellung des alten und neuen überarbeiteten Beobachtungsbogens, Teil B

2.1.1 Der alte Beobachtungsbogen, Teil B

B. Annahme / Angriff / Angriffskombinationen

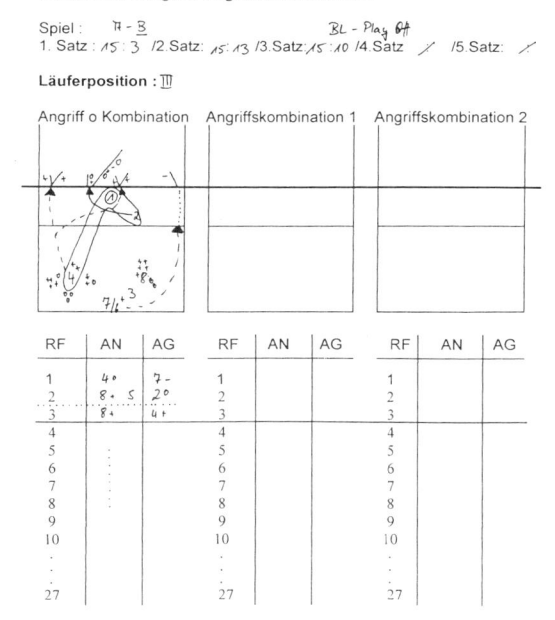

Spiel : H - 3   BL - Play Off
1. Satz : 15 : 3   /2.Satz: 15:13   /3.Satz:15:10   /4.Satz /   /5.Satz: /

Läuferposition : III

Angriff o Kombination			Angriffskombination 1			Angriffskombination 2		
RF	AN	AG	RF	AN	AG	RF	AN	AG
1	4°	7 -	1			1		
2	8+ 5	2°	2			2		
3	8+	4+	3			3		
4			4			4		
5			5			5		
6			6			6		
7			7			7		
8			8			8		
9			9			9		
10			10			10		
.			.			.		
27			27			27		

Abb. 1: Der alte Beobachtungsbogen Teil B

Genaue Informationen zur Handhabung des alten Bogens sind bei PAPAGEORGIOU/ EHREN/KOSEL (1990) zu finden.

2.1.2 Der neue Beobachtungsbogen, Teil B

B:	ANNAHME / ANGRIFF / ANGRIFFSKOMBINATIONEN				
Spiel :			Art des Spiels:		
1. Satz :	/2.Satz:	/3.Satz	/4.Satz:	/5.Satz	Läufer-Position :

Angriff 1

	RF	1 2 3 4 5 6 7 8 9 10 11 12 13 14 15 16 17 18 19 20 21 22 23 24 25
	Auf -Pos	
	Auf Art	
	An Ort	
	An Spnr	
	An Quali	
	Angr. Spnr	
	Angrverh tats.Eff	
	takt. Eff	
	Zuspieler im Block	

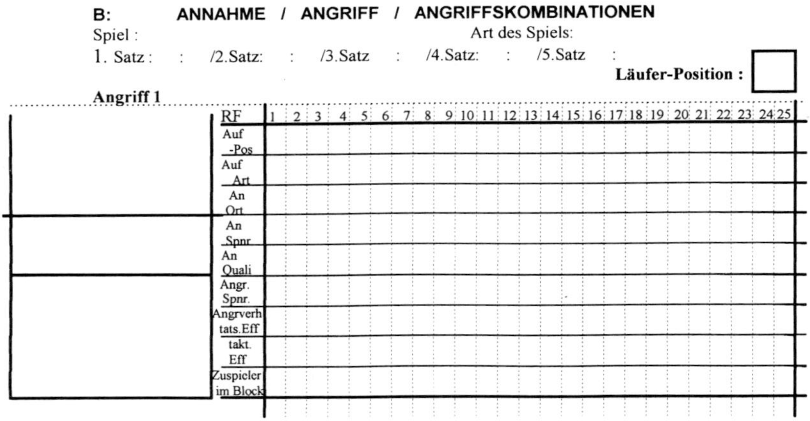

Abb. 2: Der neue Beobachtungsbogen Teil B

2.1.3 Vorteile des weiterentwickelten Beobachtungsbogens

Im alten Beobachtungsbogen Teil B wird die graphische Darstellung (vgl. Abb. 1) genauso gehandhabt wie die im neuen, überarbeiteten Teil B. Hinsichtlich der Erfassung der Handlungsfolgen ergeben sich jedoch folgende Unterschiede:

1. Während im alten Beobachtungsbogen lediglich die Trikotnummer des Annahmespielers mit einer dreistufigen Qualitätsbeurteilung der Annahme verbunden wird, bietet der neue Bogen die Möglichkeit, sowohl Aufschlagart des Gegners, als auch Annahmeort, Trikotnummer des Annahmespielers sowie eine differenzierte Qualitätsbeurteilung bzgl. Flugkurve (flach, optimal, hoch) und Zielgenauigkeit der Aufschlagannahme (+, -, 0, I) vorzunehmen.

2. In der zweiten Spalte des alten Bogens wird die Trikotnummer des Angreifers vermerkt, sowie seine Angriffsqualität erfaßt. Der neue Bogen hingegen bietet bei der Beurteilung des Angriffes und somit der Zuspieltaktik zusätzlich die Möglichkeit einer mehrstufig unterteilten Angriffsbewertung bzgl. der tatsächlichen Effektivität (vierstufig), sowie der

taktischen Effektivität („Gegen wie viele Blockspieler muß der Angreifer agieren?"). Weiterhin zeigt der neue Bogen, wie oft und wann der gegnerische Zuspieler am Block beteiligt ist.

3. Durch optische Hilfsmittel im neuen Bogen (z. B. Einkreisen der Trikotnummern bei mehrmals nacheinander stattfindenden Angriffen durch den gleichen Spieler) wird bei zunehmender Informationsfülle die Auswertung vereinfacht.

Der neue Beobachtungsbogen stellt also nicht nur bezüglich der optischen Anordnung der beobachteten Situationen, sondern auch und vor allem hinsichtlich der genaueren und umfangreicheren Erfassung der einzelnen Spielhandlungen, sowie deren Verknüpfung zu einer Handlungskette eine Weiterentwicklung dar.

2.2 Erklärungen zur Bearbeitung des weiterentwickelten Beobachtungsbogens Teil B

2.2.1 Der Graphikteil

Unter der Rubrik „Spiel" werden die beiden gegeneinander spielenden Mannschaften eingetragen, die beobachtete Mannschaft wird zuerst genannt. Das Ergebnis in Sätzen wird daneben eingetragen. „Art des Spiels" bezeichnet die Art der Begegnung, (z. B. 1.Bundesliga Herren/Rückrunde). Für jede Zuspielerposition (I, VI, V, II, III oder IV) wird ein Beobachtungsbogen verwendet, so daß man bei mehreren Beobachtungen immer die einzelnen Aufstellungen miteinander vergleichen kann.

Die Position des Zuspielers wird im Kästchen oben rechts eingetragen. Zur Erfassung aller gespielten Angriffskombinationen (sowohl spezieller als auch allgemeiner) dienen die drei auf dem Blatt dargestellten Felder. Werden mehr als drei Angriffskombinationen pro Zuspielerposition gespielt, so wird ein weiteres Blatt für diese Aufstellung hinzugenommen und an das erste geheftet. Die Annahmeaufstellung der beobachteten Mannschaft wird folgendermaßen graphisch erfaßt:

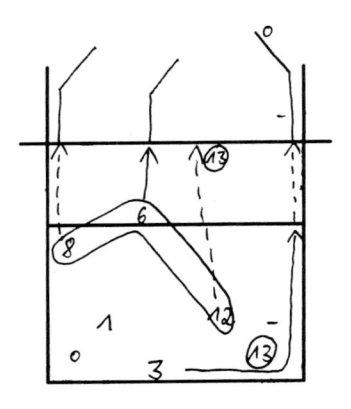

Abb. 3: Annahmeformationen

1. Die Vorderspieler werden alle umrandet, so daß ein Schlauch entsteht.
2. Der Zuspieler wird eingekreist.
3. Die Annahmequalität wird dreistufig unterteilt. Die dafür vorgesehenen Zeichen (+,0,-) werden am wahrscheinlichen Auftreffpunkt des gegnerischen Aufschlages eingetragen.
4. Die Laufwege der Angreifer werden durch Pfeile markiert, wobei der Angreifer über zweites bzw. drittes Tempo eine gestrichelte Linie und die bzw. der Angreifer über 1. Tempo eine durchgezogene Linie erhalten. Der Laufweg der Hinterfeldangreifer wird durch eine bis zur Vorderzone durchgezogene und in der Vorderzone gestrichelt fortlaufende Linie dargestellt.
5. Die Angriffe über Position 4, 2 und 1 werden mit 2 möglichen Richtungslinien (longline oder diagonal), die über Position 3 und 6 mit 3 möglichen Richtungslinien auf der gegnerischen Seite dargestellt.
6. Die Qualitätsbeurteilung des Angriffes im Graphikteil wird in +, o und - rechts oder links an die jeweilige Schlagrichtungslinie gezeichnet. Um die Länge des Angriffsschlages festzuhalten, erfolgt der Eintrag links von der Angriffslinie bei einem Angriffsschlag über 6 Meter Länge und rechts, wenn der geschlagene Ball eine Strecke von unter 6 Meter Länge zurücklegt. Die Zeichen werden eingekreist, wenn der Angreifer den Ball fintiert.
7. Der Zuspieler wird nach der Aufschlagannahme nochmals als siebte Trikotnummer auf seiner Netzposition eingetragen.

Der Graphikbogen ermöglicht eine übersichtliche, auch für den unerfahrenen Spielbeobachter leicht zu durchschauende Teilanalyse der beobachteten Mannschaft (z. B. schlechtere Annahmespieler, Hauptschlagrichtung von Angreifern, Häufigkeit von Hinterfeldangriffen, Feststellen des Kombinationsangreifers, etc.)

Kausalitäten bezüglich des beobachteten Zuspielers sind allein aus der Felderübersicht jedoch nur bedingt zu entnehmen, da hier die vorausgegangene und nachfolgende Aktion nicht in direkte Beziehung zur Zuspielhandlung gesetzt wird.

Um alle Besonderheiten bzw. stereotype Verhaltensweisen des Zuspielers erfassen zu können, muß also das Zuspiel mit der vorausgegangenen und nachfolgenden Aktionen in Beziehung gesetzt werden (Abb.4).

Mit folgenden exemplarischen Fragestellungen sollen evtl. auftretende „Wenn...,dann...''-Beziehungen noch mehr verdeutlicht werden:

- Wie handelt der Zuspieler, wenn er die Annahme flach bekommt, - setzt er den Schnellangreifer dennoch oder gar verstärkt ein oder setzt er nur Angreifer über zweites oder drittes Tempo ein?

- Setzt der Zuspieler den annehmenden Angreifer besonders oft ein ?

- Gibt der Zuspieler dem in der vorangegangenen Aktion fehlerhaft handelnden Angreifer direkt daran anschließend noch eine zweite oder dritte Chance,- gibt es keinen, einen oder mehrere Angreifer, mit denen er dies macht ?

Obige Handlungs- bzw. Verhaltensweisen kann man nur erfassen, wenn man die in den gesamten beobachteten Spielen auftretenden Situationen des Handlungskomplexes I (Annahme-Zuspiel-Angriff) als Handlungsfolgen erfaßt und auswertet. Hierbei spielen insbesondere die extremen Situationen (wie z. B. sehr schlechte Annahme, sehr flache Annahme, Schnellangreifer nimmt an, etc.) eine entscheidende Rolle.

Die oben beschriebenen Handlungsfolgen können neben den graphischen Darstellungen nach folgendem System aufgezeichnet werden.

2.2.2 Die Handlungsgfolgeerfassung

RF	1	2	3	4	5	6	7	8	9	10	11	12	13	14	15	16	17	18	19	20	21	22	23	24	25	26
Auf-Pos	1	1		1																						
Auf Art	2	2		2																						
An Ort	5	1		1																						
An Spnr	1	12		12																						
An Quali	0	-		0																						
Angr. Spnr.	3			8																						
Angrverh tats.Eff	0 17			100																						
takt. Eff	2			2																						
Zuspieler im Block				X																						

Abb. 4: Die Handlungsfolgeerfassung

2.2.2.1 Auf-Pos - Aufschlägerposition

Die Position des Aufschlägers richtet sich nach den drei Hinterfeldpositionen 1, 6 und 5, wobei die Verlängerung dieser Positionen nach hinten ausschlaggebend ist. Befindet sich der Aufschläger z. B. in der traditionellen Aufschlagzone hinter der Position 1, so lautet die einzutragende Zahl „1". Die Entfernung des Aufschlägers von der Grundlinie ergibt sich aus der nächsten Zahl „Art des Aufschlages"(Punkt 2.2.2.2).

2.2.2.2 Auf-Art - Aufschlagart

Art des Aufschlages : Wir unterscheiden vier Arten von Aufschlägen im oberen Leistungsbereich : Aufgaben aus langer, kurzer und aus mittlerer Distanz, sowie Sprungaufgaben.

Diese werden wie folgt codiert :

S - Sprungaufgabe

1 - kurze taktische Aufgabe (0-3m hinter der Grundlinie)

2 - taktische Aufgabe aus mittlerer Distanz (3-6m hinter der Grundlinie)

3 - lange taktische Aufgabe (ab 6m hinter der Grundlinie)

2.2.2.3 An-Ort - Annahmeort

In dieser Spalte wird der Auftreffort des Aufschlages eingetragen. Dazu wird das Spielfeld in vier Zonen unterteilt, die waagerecht zum Netz angeordnet sind:

1. „Tote Zone" : Untersuchungen ergaben, daß im oberen Leistungsbereich eine Zone von ca. 1,5m hinter dem Netz vernachlässigt werden kann, weil dort kaum ein Aufschlag auftrifft.
2. Zone 1,5- 4m ab Netz
3. Zone 4 - 6,5m ab Netz
4. Zone 6,5 - 9m ab Netz

Graphische Darstellung und Aufteilung der Zonen :

Totzone			
9	8	7	2.Zone
4	3	2	3.Zone
5	6	1	4.Zone

Abb. 5: Auftreffort des Aufschlages

Die senkrechte Unterteilung der 2. bis 4. Zone ergibt 9 Felder, die je 2,5 x 3 m groß sind und wie oben durchnumeriert werden.

2.2.2.4 An-Spnr - Annahmespielernummer

Hier wird die Trikotnummer des annehmenden Spielers vermerkt. Sie wird eingekreist, wenn der Annahmespieler auch den Angriff durchführt.

2.2.2.5 An-Quali - Annahmequalität

Die Qualität der Aufschlagannahme wird wie folgt unterschieden :

−
- direkter Fehler (z. B. Ball fliegt ins Aus oder die gegnerische Mannschaft erhält direkt nach der Annahme die Initiative zum Angriff)

|
- der Angreifer wird über Feldzuspiel eingesetzt, bzw. es kann nur über 3.Tempo angegriffen werden (Initiative zum Angriff bleibt bei der annehmenden Mannschaft)

0
- der Zuspieler kann aus dem Sprung oder Stand nur zwei Angreifer einsetzen (max. 2. Tempo), der Zuspieler kommt als Angreifer nicht in Frage

+ • der Zuspieler stellt aus dem Stand oder Sprung und kann alle 3 bzw. 2 Vorderspieler einsetzen (1./2./3. Tempo spielbar); eine Bedrohung durch den in der Vorderreihe stehenden Zuspieler ist durch Finte oder Angriffsschlag gegeben

Flugkurve des Balles

Hier wird durch folgende Zeichen die Flugkurve des Balles vom Annahmespieler zum Zuspieler beschrieben, entscheidend ist der Kulminationspunkt der Kurve : Kein Eintrag - Normal (bis 3m über Netzkante)

Strich unter dem Zeichen der Annahmequalität, z. B. $\underline{\pm}$ - flaches Anspiel (Annahme unterhalb der Netzkante)

Strich über dem Zeichen der Annahmequalität, z. B. $\overline{0}$ - hohes Anspiel (Annahme über 3 m über Netzkante)

2.2.2.6 Angr-Spnr - Trikotnummer des Angreifers

Hier wird die Trikotnummer des angreifenden Spielers vermerkt. Die Zahl wird eingekreist, wenn er in *einer* Rotation einen oder mehrere Pässe hintereinander erhält.

2.2.2.7 Angrverh-tats. Eff- Angreiferverhalten und tatsächliche Effektivität des Angriffes

Hier wird das Verhalten des eingesetzten Angreifers und die Effektivität des Angriffes bewertet, indem die Paßart mit einem Zeichen für die Qualität des Angriffes verbunden wird.

Der Erfolg des Angreifers wird nach folgenden Symbolen aufgegliedert:

+ • direkter Erfolg (Ball geht direkt auf den Boden, Fehler in der Abwehr, etc.)
0 • Ball bleibt im Spiel
− • direkter Fehler (Netzberührung, Angriff wird blockiert, Ball wird Aus geschlagen)

Um die Auswertung des Bogens zu vereinfachen, empfiehlt es sich, die Paßcodierung der eigenen Mannschaft zu übernehmen, beispielhaft soll hier jedoch folgender Zahlencode erläutert werden :

    1 - Aufsteiger vor Zuspieler

    2 - Aufsteiger hinter Zuspieler

    3 - 2m Schuß vor Zuspieler

    7 - 3-4m Schuß

    8 - Stoppball

weggesprungener Angriff vor Zuspieler - z. B. $1^{+>}$

weggesprungener Angriff hinter Zuspieler - z. B. $2^{+>}$

hingesprungener Angriff vor Zuspieler - z. B. $3^{0<}$

hingesprungener Angriff hinter Zuspieler - z. B. $2^{-<}$

15 - Angriff nach einbeinigem Absprung hinter Zuspieler als Aufsteiger

19 - Angriff nach einbeinigem Absprung hinter Zuspieler als 2m-Schuß oder Meter außen

4 - Kombinationsangriff vor Zuspieler

5 - Kombinationsangriff hinter Zuspieler

0 - schneller Paß auf Position 4

10 - halbhoher Paß auf Position 4

100 - hoher Paß auf Position 4

6 - schneller Paß auf Position 2

16 - halbhoher Paß auf Position 2

60 - hoher Paß auf Position 2

9 - Zuspieler fintiert den Ball (z. B. Lob oder leichter Driveschlag)

91 - Zuspieler greift durch Angriffsschlag an

17 - Hinterfeldangriff über Position 1

18 - Hinterfeldangriff über Position 6

20 - Hinterfeldangriff über Position 5

Wird das gesamte Zeichen eingekreist, so hat der Angreifer den Ball fintiert (z. B. Lob).

2.2.2.8 takt-Eff - Taktische Effektivität

Die taktische Effektivität bezieht sich auf die Anzahl der Blockspieler gegen die der Angreifer agieren muß. Wenn also der Zuspieler eine sehr hohe taktische Effektivität hat (Zeichen: „0" für Angriff ohne gegnerischen Block), so kann er hervorragend den gegnerischen Block ausspielen und umgekehrt.

Es werden folgende Zahlen zur Bestimmung verwendet:

3 - Angreifer muß gegen 3er-Block agieren

2 - Angreifer muß gegen 2er-Block agieren

1 - Angreifer muß gegen 1er-Block agieren

0 - Angreifer kann ohne Block agieren

2.2.2.9 Zuspieler im Block

Die Beteiligung des gegnerischen Zuspielers am Block wird wie folgt vermerkt :

    X – gegnerischer Zuspieler ist am Block beteiligt

    kein Eintrag - gegnerischer Zuspieler ist nicht am Block beteiligt

2.2.2.10 Sonstiges

- Eine doppelte Linie wird senkrecht nach der letzten Eintragung in allen Tabellen auf allen Bögen eingetragen, wenn der Satz beendet wurde.
- Eine kurze Linie vor der Reihenfolgenummer (RF) bedeutet, daß diese Handlungsfolge erst in einer nicht aufeinanderfolgenden Rotation auftrat (gegnerische Mannschaft erlangte erst im vorausgegangenen Ballwechsel das Aufschlagrecht).
- Bekommt der Angreifer nach einem ersten Angriff noch einen oder mehrere Bälle gestellt, so wird das erste und jedes weitere aufeinanderfolgende Zeichen in der Spalte Angr.Spnr. eingekreist.
- Jede Spalte (senkrecht), in der die Annahme nicht mit der Qualität + bewertet wurde, wird mit Bleistift grau schraffiert.
- Rotationsbesonderheiten werden links neben oder unter die jeweilige Graphik geschrieben (z. B. Änderung der Aufstellung nach Auswechslung, etc.).
- Alle Einträge werden in der Farbe des jeweiligen Satzes vorgenommen, wobei in jedem Satz ab dem 10. Punkt für kritische Situationen und im gesamten Tie-break die Farbe rot verwendet wird.
- Wird eine Kombination initiiert, so erfolgt der Eintrag in der der zuvor beobachteten Situation nachfolgenden Spalte, z. B. letzter Eintrag erfolgte in der Rubrik „Angriffskombination 1" in Spalte 7, jetzt wird eine andere Kombination gespielt, der Eintrag erfolgt in Rubrik „Angriffskombination 2" oder „Angriffskombination 3" in Spalte 8.
- Alle weiteren Eintragungen werden wie auf dem Deckblatt gehandhabt.

3 ÄNDERUNGEN DES BEOBACHTUNGSBOGENS TEIL A
Annahmequalität/Mittelblockerverhalten/Angreiferverhalten/Angriffsqualität/ Zuspieleverhalten

Für Erklärungen zur Anwendung dieses Bogens wird auf die eingangs angegebene Quelle verwiesen.

Zuspielerbeobachtung im Volleyball

NR		Pos. IV	Pos. III	Pos. II	Hinterfeld Pos. I	Pos. 6
8	D	5⁺ 3⁺ 3⁻				
	L					
3	D					
	L				2⁻	
	D					
	L					
	D					
	L					
	D					
	L					
Abwehr	D				3⁺	
	L					3⁺

Abb. 6: Veränderter Bogen Teil A, Kategorie: Zweit- und Außenangreifer

Durch die zunehmende Bedeutung des Hinterfeldangriffes im oberen Leistungsbereich wurde die Kategorie Zweit- bzw. Außenangreifer folgendermaßen verändert: Die Spalte Hinterfeld wurde unterteilt in Hinterfeldangriff von Pos. 6 und 1.

Desweiteren wurde die Rubrik Angriff aus der Abwehr vergrößert, da sich zeigte, daß eine übersichtliche Darstellung der aus der Abwehr initiierten Angriffe ermöglicht und somit eine schnelle und gezielte Infomationsweitergabe vom Spielbeobachter zum Trainer erleichtert wurde (Abb. 6).

4   ÄNDERUNGEN DES BEOBACHTUNGSBOGENS TEIL C(1 +2)

Dieser Teil der Spielbeobachtung dient zur Erfassung der Positionswechsel von Vorder- und Hinterspieler (C(1)), sowie der Block- und Feldabwehrformationen bei Einer- bzw. Zweierblock (C(2)) :

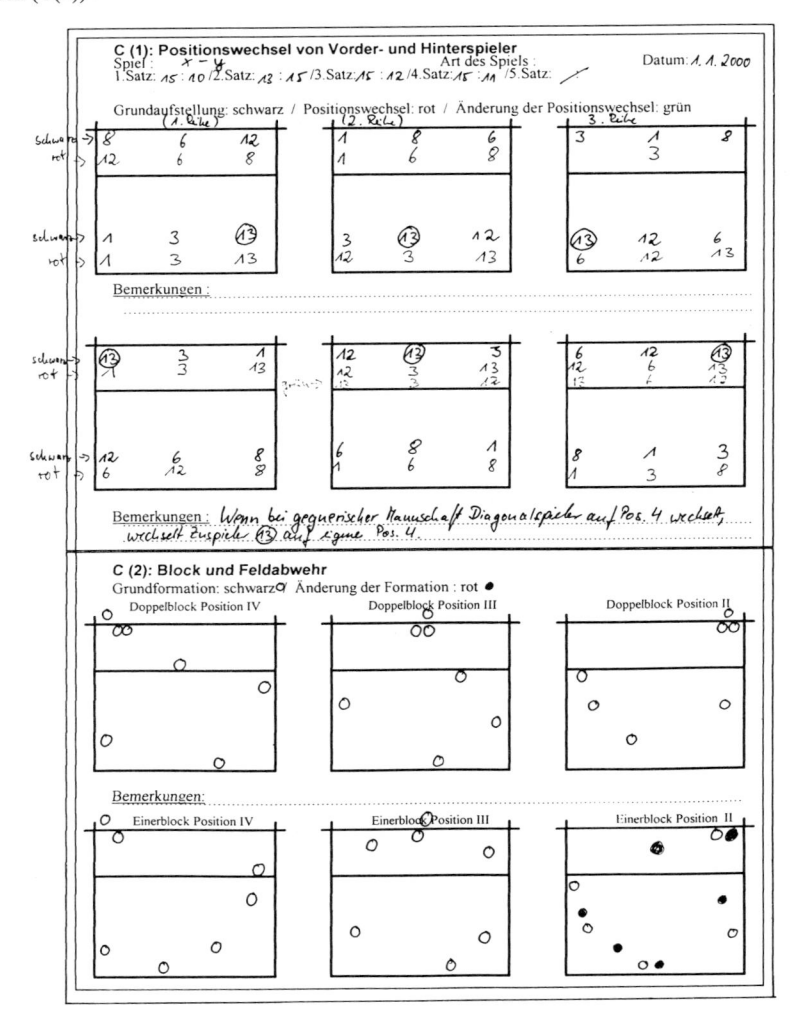

Abb. 7: Der neue Beobachtungsbogen Teil C(1) und C(2)

4.1 Beobachtungsbogen Teil C (1): Positionswechsel von Vorder- und Hinterspielern

Hier wird für jede Rotation die Aufstellung der Mannschaft, ohne die spezielle Annahme- oder Abwehrformation zu betrachten, erfaßt (KII-Situation).

Die Eintragungen „Spiel:", „1. Satz:", usw. werden wie im Beobachtungsbogen Teil B gehandhabt.

Die Grundaufstellung wird in schwarzer Farbe eingetragen, die nach eigenem Aufschlag stattfindenden Positionswechsel in roter Farbe und Abweichungen bzw. Änderungen der Positionswechsel in grüner Farbe, wobei die Eintragungen in den verschiedenen Farben immer untereinander erfolgen.

Neben der Verbesserung der optischen Darstellungsweise besteht der Hauptunterschied zum alten Beobachtungbogen in der zusätzlichen Erfassung von Änderungen der Positionswechsel.

4.2 Beobachtungsbogen Teil C (2): Block- und Feldabwehr

Hier werden die Abwehrformationen der beobachteten Mannschaft für Doppel- und Einerblocksituationen auf Pos. IV, III und II vermerkt. Die Grundformation, also die meist angewendete Formation wird in schwarzer Farbe, Änderungen dazu in roter Farbe dargestellt.

In den Feldern Bemerkungen sollen Eigenheiten der Mannschaft, die nicht aus zuvor durchgeführter Beobachtung hervorgehen, eingetragen werden.

Die Weiterentwicklung in diesem Teil des Bogens besteht in der neu hinzugekommenen Unterscheidung zwischen Einer- und Doppelblocksituationen, sowie der Erfassung der Änderungen der Grundformationen in roter Farbe.

5 ZUR VORGEHENSWEISE

5.1 Bearbeitungsreihenfolge der Bögen

Beobachtet man alle drei Bögen per Video, so ist es ratsam, zunächst die Bögen des Teil B auszufüllen, um danach Bogen A und zum Schluß Bogen C(1+2) zu bearbeiten. Hat man die Möglichkeit, das zu beobachtende Spiel live zu verfolgen, sollte man mit Bogen A beginnen und Bogen B und C per Video nachbeobachten.

Die Wahrscheinlichkeit der zuverlässigen Prognose des Verhaltens der gegnerischen Mannschaft, insbesondere des Zuspielers, steigt mit der Anzahl der beobachteten Spiele. Empfehlenswert ist es, mindestens drei aktuelle Spiele als Beobachtungsgrundlage heranzuziehen.

5.2 Zur Auswertung des Spielbeobachtungsbogens Teil B

Annahme/Angriff/Angriffskombinationen

Um Eigenheiten des Zuspielers herauszufinden, sollte man sich je nach Umsetzungsfähigkeit der Spieler der eigenen Mannschaft und Spielniveau Fragestellungen überlegen, anhand derer man die Beobachtungsdaten auswertet.

Zur Verdeutlichung sollen im weiteren Text Fragen gestellt und in Bezug zu den oben erläuterten Rubriken (z. B. AnOrt, AnQuali, usw.) gesetzt werden. Als „gegnerisch" werden immer die Spieler der nicht beobachteten Mannschaft bezeichnet.

Die unter Punkt a) aufgeführten Fragen, werden unter b) in Bezug zu den Beobachtungskriterien gesetzt.

1. a) Versucht der Zuspieler seine Angreifer überwiegend gegen den gegnerischen Zuspieler im Block agieren zu lassen?
   b) Wie oft ist in den Situationen, in denen der gegnerische Steller vorne ist, also die Möglichkeit hat, sich am Block zu beteiligen, ein Kreuz in der Rubrik „Zuspieler im Block" eingetragen worden.

2. a) Ist das Zuspiel abhängig von gegnerischen Sprungaufschlägen, setzt der Steller nach Annahme von Sprungaufschlägen den Annahmespieler nicht mehr ein?
   b) Alle Handlungsfolgen, in denen die gegnerische Mannschaft Sprungaufschläge ausführt, heraussuchen und prüfen, in wie vielen Situationen der Eintrag in der Rubrik „AnSpnr" eingekreist wurde.

3. a) Hat der Zuspieler für alle, einige oder keine Läuferpositionen Vorlieben, d.h. setzt er in bestimmten Läuferpositionen (z. B. bei Läufer I) vorwiegend einen bestimmten Spieler ein, spielt er vorwiegend die Schnellangreifer an, etc.?
   b) Ist in der Spalte „Angr.Spnr." bei einer speziellen Aufstellung (z. B. Läufer I) eine Trikotnummer auffallend häufig zu finden, wenn ja, auf welcher Position befindet sich dieser Angreifer (Graphik), wird er evtl. auch auf anderen Positionen vom Zuspieler gesucht (alle Läuferpositionen durchgehen).

4. a) Setzt der Zuspieler bei flacher (bzw. hoher) Annahme eine Position bevorzugt ein?
   b) In der Spalte „An Quali" alle Situationen heraussuchen in denen ein Balken unter (bzw. über) dem Zeichen der Annahmequalität eingetragen ist (- Annahmen auslassen) und prüfen, inwieweit auffallende Häufigkeiten zu erkennen sind.

5. a) Sucht der Zuspieler bei nicht optimaler Annahme eher einen bestimmten Spieler, eine Position, oder ist kein Muster zu erkennen?
   b) Alle mit Bleistift markierten Spalten heraussuchen und die in der Rubrik „Angr.Spnr." gemachten Einträge auf obige Vermutung überprüfen.

6. a) Setzt der Zuspieler einen Angreifer nach fehlerhaftem Angriff erneut ein, macht er dies sogar mehrmals hintereinander?
   b) Alle fehlerhaften Aktionen (Spalte „Angrverh tats. Eff" mit - bewerteten Aktionen) heraussuchen und überprüfen, in wie vielen Fällen der Eintrag in der Spalte „Angr. Spnr." eingekreist wurde.

Nach dieser kurzen Einführung werden weitere mögliche Fragen gestellt, ohne jedoch auf die Überprüfung dieser einzugehen:

7. Setzt der Zuspieler bei hoher Annahme nie den Schnellangreifer ein?
8. Spielt der Zuspieler nach Laufen aus dem Hinterfeld evtl. anders als wenn er vorne ist?
9. Aus welchen Annahmen fintiert der Zuspieler, hat er eine bevorzugte Angriffsrichtung (Graphik)?
10. Spielt der Zuspieler eher in kritischen (ab 10. Punkt) oder in unkritischen Situationen Kombinationsangriffe?
11. Setzt der Zuspieler bei speziellen Angriffskombinationen nur den Kombinationsangreifer ein, - sind Schwerpunkte zu erkennen oder setzt er Schnell- und Kombinationsangreifer in gleichem Maße ein?
12. Spielt er den Kombinationsball nur dann, wenn der Kombinationsangreifer selbst annimmt?
13. Ist der Zuspieler eher taktisch orientiert, so daß er versucht, seine Angreifer gegen Einer- oder Nullblock agieren zu lassen, oder nutzt er eher die Stärken der Angreifer?

Es ist zu sehen, daß der Spielbeobachter bzw. der Trainer aus der Fülle der Informationen diese auswählen muß, die seine Mannschaft umsetzen kann. Oft ist es hilfreich als Trainer so viele Beobachtungsergebnisse wie möglich zu erhalten und sie während des Spiels evtl. nach Rotationen geordnet vorliegen zu haben, um seine Spieler immer wieder ad hoc auf die nächste Situation vorbereiten zu können.

6 BEISPIEL EINER GEGENERBEOBACHTUNG MIT SPIELBEOBACHTUNGSBOGEN

6.1 Beispiel für einen ausgefüllten Bogen (Teil B: Läuferposition I)

Spiel: X-y
1. Satz: 15 :10 /2.Satz: 13 : 16 /3.Satz 15 : 12 /4.Satz: 15 : 11 /5.Satz

Art des Spiels:

Läufer-Position: 1

Angriffskombination 1

	RF	1	2	3	4	5	6	7	8	9	10	11	12	13	14	15	16	17	18	19	20	21	22	23	24	25	26
	Auf -Pos	1	1		1	1	1	1	1	1	1	1	1	1							5		5	5			
	Auf Art	2	2		2	2	2	2	2	2	2	2	2	2								2		5	2			
	An Ort	5	1		1	1	6	1	6	1	1	1	4	1	1							1		6	1			
	An Spnr	1	12		12	12	12	12	1	12	12	12	1	2	2							7		1	7			
	An Quali	0	-		0	∓	+	-	+	∓	-	-	-	+	0̄	∓						+		0̄	+			
	Angr. Spnr	3			8	⑥	⑥		⑥	⑥			3	8	6							8		8	6			
	Angrverh tats.Eff	17				3°	⑤		③⁰	3⁺			17	10	3⁺							10⁺		100	3⁻¹			
	takt. Eff	2			2	1	1		1	1			2	3	1							2		2	2			
	Zuspieler im Block		X																									

Angriffskombination 2

	RF	1	2	3	4	5	6	7	8	9	10	11	12	13	14	15	16	17	18	19	20	21	22	23	24	25	26
	Auf -Pos				1													1	1								
	Auf Art				2													5	5								
	An Ort				2													8	3								
	An Spnr				⑫													1	1								
	An Quali				+													∓	+								
	Angr. Spnr				12													12	3								
	Angrverh tats.Eff				4⁺													⑰	⑰								
	takt. Eff				0													0	1								
	Zuspieler im Blo																										

Angriffskombination 3

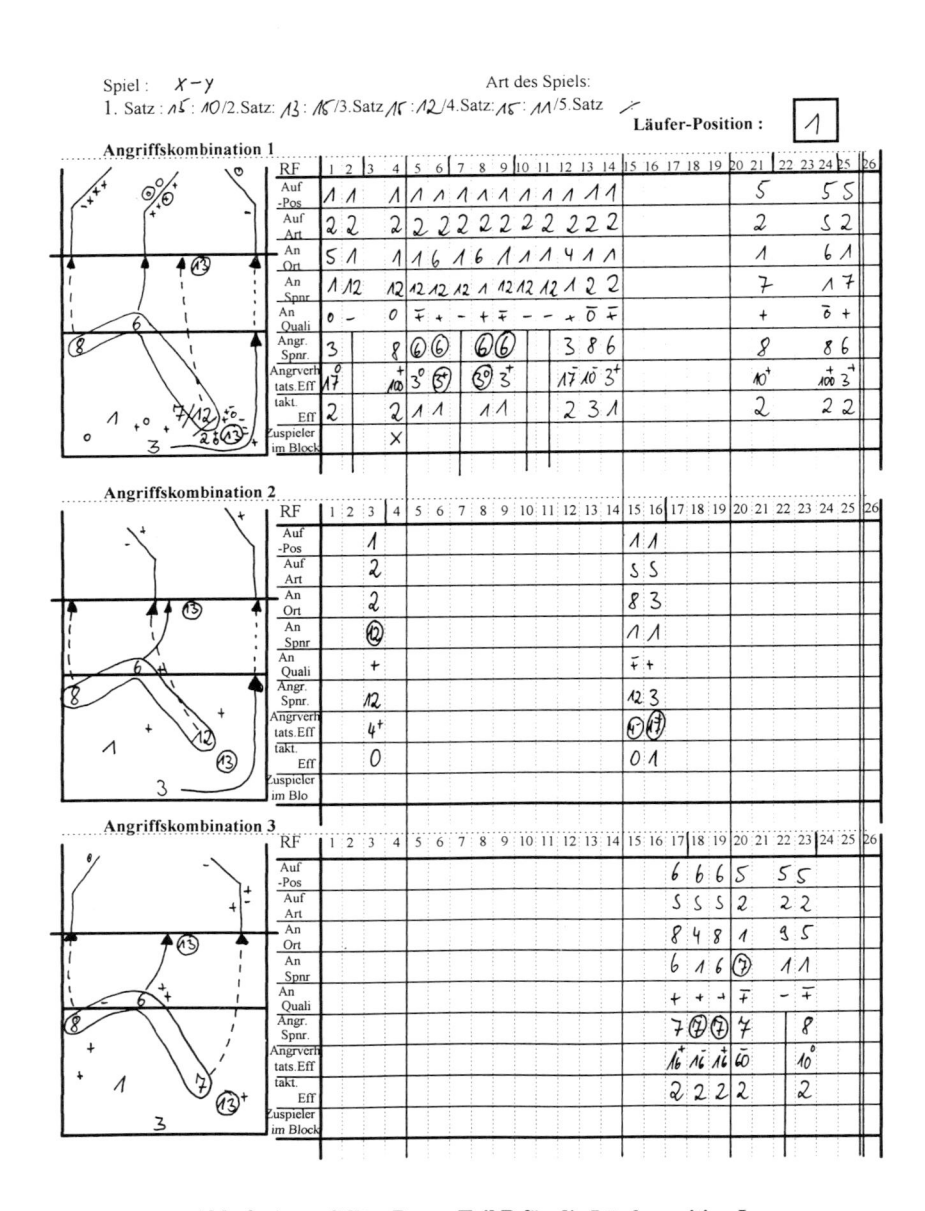

	RF	1	2	3	4	5	6	7	8	9	10	11	12	13	14	15	16	17	18	19	20	21	22	23	24	25	26
	Auf -Pos																	6	6	6	5		5	5			
	Auf Art																	5	5	5	2		2	2			
	An Ort																	8	4	8	1		9	5			
	An Spnr																	6	1	6	⑦		1	1			
	An Quali																	+	+	⊣	∓		-	∓			
	Angr. Spnr																	7	⑦	⑦	7		8				
	Angrverh tats.Eff																	16⁺	16	16	60		10°				
	takt. Eff																	2	2	2	2		2				
	Zuspieler im Block																										

Abb. 8: Ausgefüllter Bogen Teil B für die Läuferposition I

6.2 Mögliche Schlußfolgerungen

Um zu verdeutlichen, welche Informationen man aus den Spielbeobachtungsbögen des Teil B ziehen kann, soll der oben dargestellte Bogen interpretiert werden.

Zur Untermauerung der hier getroffenen Aussagen wäre es bei einer kompletten Vorbereitung notwendig, so viele Spielbeobachtungen wie möglich zu Grunde zu legen und alle Schlußfolgerungen auf allen Bögen für sämtliche beobachteten Läuferpositionen miteinander zu vergleichen und auf ihren Wahrheitsgehalt zu überprüfen.

Bei einer kompletten Spielbeobachtung ist das Spektrum der möglichen Aussagen weitaus größer, da wesentlich mehr Informationen vorhanden sind als im Beispiel.

Beispiele für Schlußfolgerungen aus den vorliegenden Daten :

1. Der Zuspieler setzt den Schnellangreifer Nr. 7 nur bei optimaler Annahme ein (vgl. Spalten 5, 6, 8, 9, 14, 25).

2. Er spielt den Schnellangreifer Nr. 7 bei Läuferposition 1 ausschließlich über 2 m-Schuß an vgl. Spalten 5, 6, 8, 9, 14, 25, sowie die Tatsache, daß kein Schnellangriff stattfindet, wenn der Schnellangreifer zum Aufsteiger vorne anläuft).

3. Nimmt der Schnellangreifer in der Vorderreihe den Aufschlag selbst an, so wird er nicht mehr über 1.Tempo eingesetzt (vgl. Sp.17,19).

4. Der Kombinationsangreifer 13 wird bei L1 und Angriffskombination „Moskau" nicht eingesetzt (vgl. Spalten 1, 4, 5, 6, 8, 9, 12, 13, 14, 21, 24, 25).

5. Der Zuspieler setzt den Schnellangreifer Nr.7 nochmals ein, sofern er keinen direkten Erfolg erzielte. (Spalten 5, 6, 8, 9).

6. Schlägt der Gegner im Sprung auf, so wird der Schnellangreifer nicht mehr eingesetzt (Spalten 15, 16, 17, 18, 19, 24).

LITERATURVERZEICHNIS

PAPAGEORGIOU, A./BINKOWSKI, B.: Spielsteuerung während des Wettspiels.
In: Volleyballtraining 13 (1989) 6, 86–89.

PAPAGEORGIOU, A./EHREN, K./KOSEL, B.: Gegnerbeobachtung im Volleyball.
In: DANNENMANN, F. (Red.): Volleyball gesamtdeutsch.
Ahrensburg 1990, 121-153.

Markus Raab, Universität Heidelberg

II VOLLEYBALL - PSYCHOLOGIE

MARKUS RAAB

KREATIVITÄT IM VOLLEYBALL[1]

1 EINLEITUNG

Kreativität im Volleyball wird unstrittig den genialen Spielmachern zugeschrieben. Umstritten ist jedoch, ob der „Ballzauberer" seine Fähigkeiten zumindest auch via Talent mitbringen muß (vgl. die Position von MOCULESCU 1989a) oder verstärkt Trainingsmaßnahmen gefordert werden (vgl. EICHINGER/GASSE/NIEMCZYK/ZIEGLER 1989; ZEYFANG 1996). Aktuell scheinen sich relativierte Positionen durchzusetzen, die auf mitgebrachte Fähigkeiten sowie soziale und materielle Umwelteinflüsse setzen (vgl. ROTH/RAAB 1997).

Der Ausgangspunkt der Betrachtung kreativer Handlungen geht von Alltagstheorien erfolgreicher Trainer und Zuspieler aus. Erst auf der Analyse ihres Alltagswissens aufbauend, werden Versuche unternommen, Teilprozesse kreativer Aktionen und Effekte ihres Trainings im Labor zu untersuchen. Dabei wird der Bogen zur Grundlagenliteratur gezogen, davon ausgehend, daß Termini und Forschungsergebnisse durchaus für die konkrete Trainingsgestaltung handlungsleitend sein können.

2 ALLTAGSWISSEN DER TRAINER UND SPIELER

Trainer und Spieler haben unterschiedliche subjektive Auffassungen über Wichtigkeit und Trainierbarkeit von kreativen Handlungen im Volleyball. Trainerfragebögen und Interviews mit Trainern und Spielern zeigen, daß sie im Rahmen ihres Alltagswissens Kreativität relativ einheitlich benutzten, es jedoch keine systematische Auffassung darüber gibt, wie, wie oft, wann und für wen die zugrundeliegenden Fähigkeiten zu trainieren sind.

---

[1] Ich danke Georg Gwodz und Sabine Kreß, die im Rahmen ihrer Magisterarbeiten Teile der Daten erhoben und ausgewertet haben, den Teilnehmern der B-Trainer Fortbildung, den Studierenden, die als Vpn gewirkt haben sowie den befragten Trainern und Zuspielern der Oberliga Herren und Damen und der Bezirksklasse/Bezirksliga Damen in Nordbaden.

2.1 Trainerwissen

2.1.1 Trainerfragebogen zur Kreativität

25 Trainern einer B-Trainer-Fortbildung des Nordbadischen Volleyballverbandes wurde ein Fragebogen zur Begriffbestimmung und zum Training von kreativen Handlungen im Volleyball vorgelegt. Die Auswertung des Alltagswissens der Trainer zur Kreativität im Volleyball stimmte überwiegend gut mit der allgemeinen Begriffsbestimmung der psychologischen Kreativitätsforschung überein (vgl. für einen Überblick CROPLEY 1995). 14 von 25 Trainern definieren Kreativität im Volleyball als überraschendes und intelligentes Handeln, das von weiteren 10 Trainern durch die Eigenschaften Variabilität und Flexibilität oder Effektivität bzw. Nützlichkeit spezifiziert wurde[2]. In einem freien Assoziationstest konnten anschließend Assoziationen zu fünf Kategorien klassifiziert werden, die einzelne Aspekte *des Begriffs* (Innovation, Phantasie, Ideenreichtum), zum Produkt bzw. *der kreativen Handlung* (überaschend, originell oder flexibel, abwechselnd, situativ handelnd), den Personmerkmalen, z. B. *der Persönlichkeitseigenschaften* (Risikobereitschaft, Spontanität, Entscheidungsfreude, Selbstbewußtsein, Zielorientiertheit) sowie *azzoziierte Fähigkeiten* (Spielintelligenz, Spielwitz, Antizipation, Handlungs- bzw. Lösungsmöglichkeiten, hohes und erfolgreiches Leistungsniveau) herausstellten.

Wurden die Trainer aufgefordert aus der Bandbreite der Kategorien sich aus einer Liste für maximal drei von neun Begriffen zu entscheiden, so wurde die Spielintelligenz und der Aspekt der Idee(reichtums) am häufigsten und die kreativen Kriterien Flexibilität und Originalität am zweithäufigsten genannt (vgl. Abb. 1).

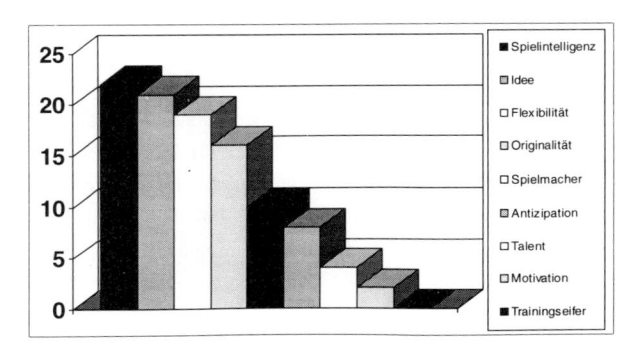

Abb. 1: Assoziierte Begriffe zur Kreativität im Volleyball

---

[2] Die restlichen Trainer beschrieben die obigen Fähigkeiten mit Synonymen oder assoziierten Begriffen, wie beispielsweise unberechenbar, unvorhersehbar, ungewöhnlich, neu, phantasievoll, schöpferisch u. ä.

Kreativität im Volleyball 105

Aus der Abbildung 1 ist ein wichtiger weiterer Hinweis zu entnehmen. Nur vier Trainer fanden, daß Talent und damit angeborene Fähigkeiten etwas mit Kreativität zu tun haben. Die von MOSCULESCU (1989a) aufgeworfene Frage: Spielmacher sein oder werden?, scheint zumindest für diese Trainergruppe geklärt. So geben 84% der Trainer an, daß Kreativität sehr gut zu trainieren ist, erstaunlicherweise jedoch kaum Trainer systematisch dieses Training durchführen (vgl. Abb. 2).

[Bar chart with legend: Entscheidungstraining, mentale Trainingsformen, Entdeckendes Lernen, Wiederholungstraining, Variationstraining]

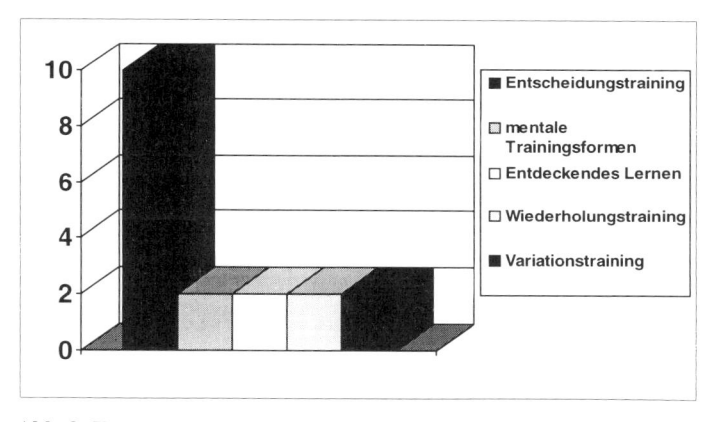

Abb. 2: Trainingsmethoden zur Förderung von Kreativität im Volleyball

Die meisten Trainer glauben, daß sich im Rahmen des Entscheidungstrainings (vgl. WESTPHAL/GASSE/RICHTERING 1987; RAAB 1995) kreative Fähigkeiten quasi nebenbei mitentwickeln. Nur jeweils zwei Trainer geben spezifischere Übungsformen aus dem Bereich des mentalen Trainings, des Entdeckenden Lernens, dem Wiederholungs- oder Variationstrainings an. Durch die Befragung blieb unklar, ob die Trainer schwerpunktmäßig an der kreativen Person (d.h. Persönlichkeits- und Fähigkeitstraining), dem kreativen Produkt (neue Paßvarianten) oder an der kreativen Umwelt (d.h. Situationen schaffen, die kreatives Verhalten erfordern) arbeiten. Deshalb wurden im Rahmen von Interviews konkret dieser Aspekte bei Trainer und Zuspielern unterschiedlichen Leistungsniveaus evaluiert.

2.1.2 Trainerinterviews zur Kreativität

Zur differenzierteren Analyse des Kreativitätstrainings wurde ein teilstandardisiertes Interview (vgl. LAMNEK 1989) mit einem Leitfaden für Trainer entwickelt. Er wurde an drei Trainern des mittleren Leistungsniveaus der Bezirksklasse bis Oberliga bei Damen- und Herren-Mannschaften angewandt. Da im Fragebogen (vgl. 2.1.1) die meisten Anforderungen an kreative Handlungen dem Zuspieler bzw. Spielmacher zugeschrieben worden sind, wurde exemplarisch der Zuspieler in den Interviews hervorgehoben. Der Leitfaden für die Interviews enthielt die Inhaltsbereiche:

1. *Kreatives Produkt* (Wann ist ein Zuspieler ein „guter" Zuspieler?).

   a) Verdichtungsqualität[3]: Denken Sie manchmal „Wie hat er das nur gemacht?"

   b) Überraschtheit: Stellt Ihr Zuspieler auf unerwartete Positionen?

   c) Neuartigkeit: Spielt Ihr Zuspieler ab und zu neue Varianten?

   d) Erwünschtheit: Sollen Ihre Zuspieler vorher abgemachte Spielzüge durchführen?

2. *Kreative Person* (Welche Eigenschaften hat Ihr Traum-Zuspieler?)

   a) Einstellungen, Persönlichkeit, Fähigkeiten

3. *Kreative Umwelt* (Führen Sie ein spezielles Zuspielertraining durch?)

   a) Übungen zur Taktik, Wahrnehmung, Antizipation, Entscheidung

   b) Welche für Kreativität notwendigen Fähigkeiten sind trainierbar?

Die Aussagen der transkribierten Fassung der Interviews wurden den einzelnen Inhaltsbereichen zugeordnet und gemittelt zusammenfaßt, wenn keine Trainer-, Leistungs- oder geschlechtsspezifischen Unterschiede feststellbar waren.

Beim *kreativen Produkt* konnten alle Trainer die Verdichtungsqualität als wichtiges Merkmal feststellen:

„... konkrete Situation: Da war ein ganz langer Spielzug und es ist wichtig, daß man den Punkt macht und der Zuspieler macht etwas Freches. Er spielt also einen Ball, den er überhaupt noch nicht gespielt hat und wo auch die Sicherheit nicht so gegeben ist. Aber man macht den Punkt deswegen auch, weil im Sprung und einhändig über Kopf gespielt wird..." (KRESS 1996, 78).

Da Neuartigkeit im Sportspiel nur im Sinne von neu für den einzelnen Spieler vorkommt, wird diesem Merkmal nur geringe Beachtung geschenkt. Überraschung wird jedoch von Spielern erwartet, wenn die situativen Bedingungen (u.a. der Gegner) dies erfordern und sie dem Primat der Angemessenheit folgen:

„Es gibt Gegner, da muß man vielleicht ein solides Spiel aufziehen, über die vier, weil die da schlecht sind. Dann gibt es vielleicht Gegner, da muß man viel kombinieren, viel riskieren, weil man die nicht anders knacken kann. Davon muß man es abhängig machen" (KRESS 1996, 79).

---

[3] Die hier verwandten Kriterien entsprechen in ihrer Terminologie der psychologischen Kreativitätsforschung (vgl. JACKSON/MESSICK 1973; CROPLEY 1995).

Die in der Literatur zu *kreativen Personen* festgemachten Persönlichkeitseigenschaften und Fähigkeiten konnten z.T. auch in den Interviews als notwendige Voraussetzungen für kreative Handlungen wiedergefunden werden. Diese für Trainer besonders relevante „Eigenschaften" sind (vgl. KRESS 1995, 80f.):

Psychische Gesundheit: („eine Portion Frechheit, ...man muß Führungsansprüchen genügen, Eigenverantwortlichkeit, Mitspieler motivieren können")

Frustrationstoleranz: („viel einstecken können, weil es gibt Spiele, da stellst du immer und die treffen nicht; es darf dich nicht aufregen")

Energiepotential: („Risikobereitschaft, das Spiel machen wollen")

Problemsensibilität: („Angreifer zum richtigen Zeitpunkt einsetzen, das Spiel verstehen, die Pässe auf die Angreifer abstimmen").

Die *Umwelt* als Einflußfaktor für kreative Leistungen halten die Trainer ähnlich den Trainern bei der Fragebogenbeantwortung für wichtig, jedoch geben sie kaum konkrete Übungen an, wie dies spezifisch gelernt werden soll. Stattdessen finden sich viele allgemeine Aussagen wie beispielsweise *„Wenn man das von Anfang an schult, kann man da auf jeden Fall etwas herausholen. ... Man sollte aber im Jugendalter damit anfangen. ... Wenn ein bissl angeboren ist, dann kann man es schneller trainieren, als bei einem, der es nicht so drauf hat."*

2.1 Zuspielerwissen

Insgesamt wurden sechs Zuspieler aus der Bezirksklasse bis Oberliga Männer und Frauen befragt. Der Fragebogen enthielt Fragen zum kreativen Prozeß sowie wiederum zu Kreativitätsfördermaßnahmen.

Beim kreativen Prozeß wurden zeitbezogene (vor und während der Angabe, während der Annahme, kurz vor/während des Zuspiels) Wahrnehmungsprozesse, die sich auf eigene und gegnerische Spieler sowie die weitere Umwelt (Ball, Trainer, Schiedsrichter etc.) beziehen, erfragt. Im zweiten Teil der Befragung wurden Intensität und selektive, wiederum zeitbezogene, Aufmerksamkeitsstrategien erhoben. Der letzte Teil befaßte sich mit Kreativitätsfördermaßnahmen, die das Interesse, die Motivation, Kreativitätsblockaden durch den Trainer, die Fehlerrückmeldung durch Spieler und Trainer sowie die sonstige Umwelt (Konkurrenzdenken in der Mannschaft, Leistungsdruck, Disziplin, etc.) betrafen.

Die Wahrnehmungsstrategien der Zuspieler unterscheiden sich nur marginal von den bereits in der Literatur dargestellten (vgl. GASSE 1983; GASSE/ROST/WESTPHAL 1985), jedoch lassen sich hier leistungsspezifische Unterschiede feststellen. Zuspieler niedriger Spielklassen nehmen gegnerische Block- und Abwehrspieler nicht selektiv und nur ihren eigenen Mittelangreifer wahr (vgl. Abb. 3).

↑ = wird sehr genau beobachtet		↓ = wird weniger genau beobachtet		
→ = wird genau beobachtet		- = wird gar nicht beobachtet		

Oberliga Zuspieler A	vor der Angabe	Angabe	Annahme	kurz vor dem Zuspiel
Angreifer	3 ↑	- →	3 →	2 (III, II) →
Hinterfeldspieler	1 (VI) →	2 →	1 (VI) ↓	-
Angabespieler	- ↓	1 →	-	-
Blockspieler	3 ↑	- →	-	2 (III,II) ↑
gegn. Abwehrspieler	-	-	-	-

Oberliga Zuspieler B	vor der Angabe	Angabe	Annahme	kurz vor dem Zuspiel
Angreifer	3 →	- ↓	- ↑	3 →
Hinterfeldspieler	- ↓	- ↓	1 (V) →	- →
Angabespieler	1 ↓	1 →	-	-
Blockspieler	3 ↑	-	- →	2 (III, IV) →
gegn. Abwehrspieler	2 →	-	-	- →

Bezirksklasse Zuspieler E	vor der Angabe	Angabe	Annahme	kurz vor Zuspiel
Angreifer	2 (II, IV) →	- →	3 ↑	3 ↑
Rückraumspieler	- →	- →	1 (V) ↑	- ↑
Angabespieler	1 ↓	1 ↓	-	-
Blockspieler	3 →	- ↓	3 →	3 ↑
gegn. Abwehrspieler	-	-	-	-

Bezirksliga Zuspieler F	vor der Angabe	Angabe	Annahme	kurz vor dem Zuspiel
Angreifer	3 ↑	- ↓	- ↓	1 (III) ↓
Hinterfeldspieler	- →	-	2 →	-
Angabespieler	1 ↓	1 ↓	-	-
Blockspieler	3 →	-	-	- ↓
gegn. Abwehrspieler	-	-	-	-

Abb. 3: Zeitbezogene Wahrnehmungsstategien der Oberliga vs. Bezirksklasse-Zuspieler
(Zahlen geben an, wieviel Spieler beobachtet werden und in Klammern ihre Position; Pfeile geben an, wie genau der Spieler beobachtet wird)

Kreativität im Volleyball

Die Zuspieler geben einheitlich an, daß sie selten oder gar nicht vor der Angabe entscheiden, welchen Paß sie spielen. Dies widerspricht den von SCHULZ (1995) gefundenen Ergebnissen einer Alternativenreduktion vor dem Zuspiel. Die am meisten eingesetzten Handlungsziele sind effektivitätsorientiert (vgl. Abb. 4).

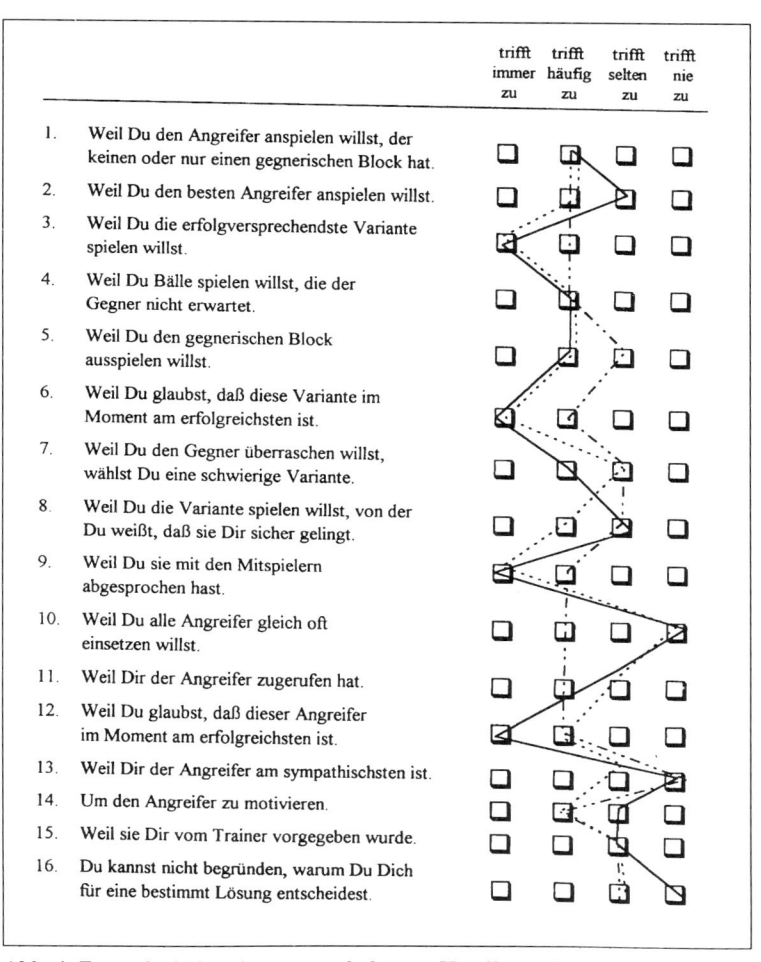

		trifft immer zu	trifft häufig zu	trifft selten zu	trifft nie zu
1.	Weil Du den Angreifer anspielen willst, der keinen oder nur einen gegnerischen Block hat.	☐	☐	☐	☐
2.	Weil Du den besten Angreifer anspielen willst.	☐	☐	☐	☐
3.	Weil Du die erfolgversprechendste Variante spielen willst.	☐	☐	☐	☐
4.	Weil Du Bälle spielen willst, die der Gegner nicht erwartet.	☐	☐	☐	☐
5.	Weil Du den gegnerischen Block ausspielen willst.	☐	☐	☐	☐
6.	Weil Du glaubst, daß diese Variante im Moment am erfolgreichsten ist.	☐	☐	☐	☐
7.	Weil Du den Gegner überraschen willst, wählst Du eine schwierige Variante.	☐	☐	☐	☐
8.	Weil Du die Variante spielen willst, von der Du weißt, daß sie Dir sicher gelingt.	☐	☐	☐	☐
9.	Weil Du sie mit den Mitspielern abgesprochen hast.	☐	☐	☐	☐
10.	Weil Du alle Angreifer gleich oft einsetzen willst.	☐	☐	☐	☐
11.	Weil Dir der Angreifer zugerufen hat.	☐	☐	☐	☐
12.	Weil Du glaubst, daß dieser Angreifer im Moment am erfolgreichsten ist.	☐	☐	☐	☐
13.	Weil Dir der Angreifer am sympathischsten ist.	☐	☐	☐	☐
14.	Um den Angreifer zu motivieren.	☐	☐	☐	☐
15.	Weil sie Dir vom Trainer vorgegeben wurde.	☐	☐	☐	☐
16.	Du kannst nicht begründen, warum Du Dich für eine bestimmt Lösung entscheidest.	☐	☐	☐	☐

Abb. 4: Exemplarisches Antwortverhalten zu Handlungszielen (drei typische Antwortverhalten der Zuspieler aus Oberliga, Bezirksliga und Bezirksklasse)

Aus Abb. 4 ist ersichtlich, daß besonders effektivitätsmotivierte Handlungsziele (Frage 3, 6, 12) die Entscheidung leiten.

Kreativitätsfördermaßnahmen in Sinne eines gesonderten Zuspieltrainings finden auf dem hier befragten mittleren Leistungsniveau nicht statt. Dies stimmt mit den Ergebnissen des Trainerfragebogens der B-Trainer überein. Weitere Aspekte bspw. der Motivation und der Fehlerrückmeldung wurden genannt, die für Zuspieler von großer Bedeutung sind, von den Trainern aber nur unzureichend eingesetzt werden. Kreativitätsblockaden werden negativ bewertet, wenn beispielsweise der Trainer Spielzüge vorgibt oder der Trainer subjektiv die eigene Leistung falsch bewertet.

Interessant ist die Berücksichtigung spielverlaufbezogener Informationen. Zuspieler im mittleren Leistungsniveau spielen denselben Angreifer gleich wieder an, wenn er erfolgreich ist, aber nicht bei Erfolglosigkeit, während auf höchsten Niveau auch besonders dann Angreifer angespielt werden, wenn sie gerade einen Fehler gemacht haben (vgl. MOCULESCU 1989a, 5). Die Trainierbarkeit dieses Aspekts kreativer Handlungen soll im folgenden experimentell überprüft werden.

3 EXPERIMENT ZU SPIELVERLAUFBEZOGENEN ENTSCHEIDUNGEN[4]

Kreativität wird oft in experimentellen Anordnungen mit Problemlösen gleichgesetzt. Auch einzelne Trainer scheinen diesen gängigen Vergleich zu benutzten. Beispielsweise beschreibt ein Trainer dies wie folgt:

„...letztendlich ist Volleyball ja Problemlösen, wie das Schachspielen. Man hat ein Problem, verschiedene Handlungsmöglichkeiten, ein paar Techniken, verschiedene Angreifer, Umwelteinflüsse und da eine erfolgreiche Lösung zu suchen." (KREß 1995, 84).

Der Spielmacher ist damit anders ausgedrückt immer im Dilemma, seine Handlungen zwischen erfolgreichen *konvergenten* und explorativen *divergenten* Entscheidungsstrategien auszuwählen. Kreativitätsprozesse sind i.d.S. nichts anderes als Problemlösestrategien (vgl. DÖRNER 1994, 276f). *Konvergenz* wird als die Anwendung konventioneller Denkstrategien, die strikt logisch nach der einzigen Bestlösung suchen, bezeichnet. *Divergenz* hingegen charakterisiert Denkstrategien, die die Produktion einer Vielzahl überraschender Ideen beinhalten (vgl. CROPLEY 1995, 337).

---

[4] Das Experiment wurde bereits in RAAB/GWODZ 1997 vorgestellt.

In diesem Experiment werden exemplarisch die Entscheidungen auf der Position des Zuspielers in der Situation *„Zuspiel nach erfolgreicher Abwehr"* analysiert. In einem zweifaktoriellen varianzanalytischen Versuchsplan werden in einer vierwöchigen Treatmentphase durch 200 Videoszenen der *„konvergenten"* Gruppe eindeutige *„Wenn-Dann-Regeln"* für die Entscheidungsfindung vermittelt, während die *„divergente"* Gruppe kreativ nach mehreren Lösungen suchen und vorherige Entscheidungen mitberücksichtigen muß. In einem Videoentscheidungstest (End- und Behaltenstest) werden anschließend die beiden Gruppen mit einer Kontrollgruppe verglichen und die Entscheidungen sowohl konvergent als auch divergent ausgewertet. Die *konvergente Berechnung* erfolgt über die Summe aller richtigen Lösungen. Die *divergente Berechnung* wird durch die Erstellung von im Test vorhandenen Blöcken (3 bis 5-er Blöcke) von Szenen einer Situationsklasse realisiert. Alle denkbaren Permutationen werden aufgrund ihres Überraschungsgrades (Anzahl divergenter Lösungen in einem Block) und ihrer Angemessenheit (Anzahl angemessener Lösungen) in einem Verhältnis von 4:1 gewichtet. Die Permutationen werden aufgrund der oben genannten Kriterien in eine Punktverteilung überführt, in der die Summe aller erreichten Punkte aller Blöcke die abhängige Variable bildet.

Vorhergesagt wird, daß die divergente „kreative" Gruppe im Sinne von bedingten Wahrscheinlichkeiten ihre Entscheidungen wählt, während die konvergente Gruppe auch bei hintereinander gezeigter gleicher Situationsklasse die vermittelten *„Wenn-Dann-Regeln"* strikt anwendet.

Eine zweifaktorielle Varianzanalyse ergab für die konvergente Berechnung der Entscheidungsqualität einen signifikanten Gruppeneffekt ($F(2,89)=7,56$; $p=.001$). Wie in Abbildung 5 dargestellt, ist die *konvergente Treatmentgruppe* am effektivsten. Bei der divergenten Berechnung dreht sich die Ergebnisstruktur - wie vorhergesagt - leicht um. *Die divergente Gruppe* ist effektiver als die konvergente Gruppe; dieser Unterschied ist jedoch nicht signifikant ($F(2,89) = 0,24$; $p =.788$). Auch eine differenziertere Betrachtung der Ergebnisse über die einzelnen Blöcke ergab keine signifikanten Unterschiede.

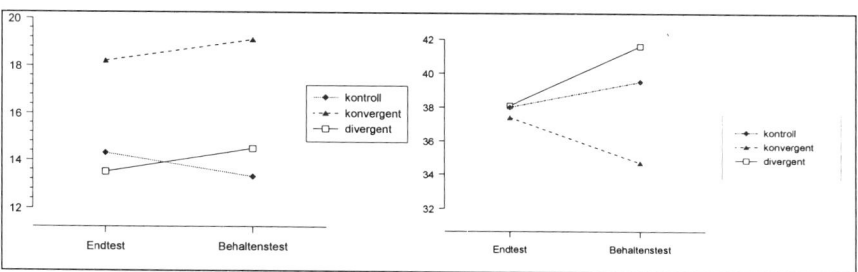

Abb. 5: Ergebnisse der konvergenten (links) und divergenten (rechts) Entscheidungsqualität

Entscheidungen von Spielmachern können durch konvergente und divergente Problemlösestrategien operationalisiert werden. Die Ergebnisse dieser Pilotstudie zeigen den Einsatz solcher Strategien bei entsprechendem Training. Offen bleibt aufgrund der Ergebnisse jedoch wie eine Kombination solcher Strategien gewinnbringend im Training und Wettkampf gelernt und eingesetzt werden kann. Die ersten Ableitungen für die Praxis sollen im folgenden jedoch spekulativ gewagt werden.

4 DAS KREATIVITÄTSTRAINING IM VOLLEYBALL

Die Ergebnisse der Befragung bestätigen die Vermutung, daß zwar alle Trainer das Training kreativer Handlungen für den Zuspieler als relevant erachten, aber nur eine geringe Anzahl konkrete Übungen anwendet. Diese Übungen decken sich dabei zumeist mit den im Entscheidungstraining angegebenen (vgl. WESTPHAL/GASSE/RICHTERING 1987). MOCULESCU (1989a, 1f.) gibt u. a. der mangelnden Zuspielliteratur die Schuld für schlechte Zuspieler in Deutschland. In den letzten Jahren sind jedoch eine Reihe von Vorschlägen zum Training des Zuspielers erschienen (vgl. u. a. EICHINGER/GASSE/NIEMCZYK/ZIEGLER 1989, KRÖGER 1990, KUHL/POPTODOROV 1990, SCHULZ 1993, 1995, RAAB/GWODZ 1997).

Ihnen ist gemeinsam, daß sie sich überwiegend auf technische Aspekte beziehen oder nur sehr allgemeine Hinweise zum taktischen Verhalten enthalten.

Im folgenden sollen nun Vorschläge zum Training kreativer Handlungen für Zuspieler durch Schaffung einer kreativen Umwelt und der kreativen Persönlichkeit beschrieben werden, die auch unter Spitzentrainern heutzutage verstärkt gefordert werden:

„In my view, far too little attention is paid to teaching creative play and action on players' own intiative to develop original solutions during play" (Wadson Lima 1994, Trainer der brasilianischen Juniorinnen, 1994, 10f.).

4.1 Training zur Schaffung einer kreativen Umwelt

Sehr allgemein wird Schaffung einer kreativen Umwelt im Volleyball nur durch andere wenig konkretisierende Schlagwörter ersetzt. ZEYFANG (1996) und MOCULESCU (1989b) schreiben bspw. von „Freiräumen schaffen". Konkreter werden die Übungsvorschläge von ZEYFANG zu „konstruktiven Irritationen", zur Wettkampfgestaltung und zur Spielbeobachtung. MOCULESCU hingegen akzentuiert neben der Videoanalyse ein m.E. wichtiges und nur unzureichend benutztes bzw. unreflektiertes Instrument, nämlich das Gespräch. Beiden Autoren ist gemeinsam, daß sie über Übungs- und Trainingsformen strukturieren. Zu überdenken ist, ob es nicht viel effektiver wäre, über Inhalte zu strukturieren. Aus den obigen Ergebnissen scheinen spielverlaufsangemessene und flexible Entscheidungen relevant für Trainer und Spieler zu sein. Dazu zwei Beispiele aus eigener aktueller Erfahrung mit einer Regionalliga-Männer-Mannschaft und dem Jugendleistungsvolleyball, die selbstverständlich in denselben Übungen akzentuiert trainiert werden können.

Spielverlaufsbezogenes Training:

Spielverlaufbezogenes Training kann in vielen Trainings- und Wettkampfformen benutzt werden, um Effekte eigener taktischer Strategien in die Aufmerksamkeit zu holen, sie zu kontrollieren und überraschende Momente für den Gegner zu erzeugen. Im Training lassen sich beispielsweise für den Aufmerksamkeitsaspekt Memorierungsaufgaben integrieren. Die Zuspieler müssen sich in Spiel- oder Übungsformen des Technik-/Taktiktrainings 10 Handlungen mit ihren Effektivitäten in ihrer gespielten Reihenfolge merken und der Trainer fragt die ersten oder zweiten fünf Abspiele ab (partial-recall-Technik). Dasselbe läßt sich auch auf Video (s. Kap. 3, Videomaterial für divergentes Training) simulieren, so daß spezifische kreative Handlungen bevorzugt werden (vgl. MOCULESCU, 1989a, 3f. zum Training von sich ausschließenden Angriffsalternativen). Außerdem lassen sich die Inhalte in Gesprächen durch einfache Fragen realisieren, wie: „Spielst Du einen Angreifer wieder an, wenn er einen Fehler, Punkt gemacht hat oder an einem starken Block gescheitert ist?" oder durch Fragebögen zum spielverlaufsbezogenen Verhalten im Volleyball (vgl. KRESS 1995, 110).

Flüssigkeits-/Flexibilitätstraining:

Das Training der Flüssigkeit, d. h. so viele und angemessene Lösungen für eine Situation wie möglich zu nennen, kann wiederum in vielfältigen Formen trainiert werden. ZEYFANG (1996, 40) gibt bspw. an, Übungen zu einer Situation solange zu spielen, bis alle bekannten Lösungsmöglichkeiten ausgeführt wurden und dann nach neuen zu verlangen. Auch bei der Spielbeobachtung ist dies möglich und wird z. T. schon gemacht (vgl. ZEYFANG 1996, 40; MOCULESCU 1989a). In den in Experiment 3 verwandten Videotests kann dies auch sehr spezifisch dadurch eingesetzt werden, daß nach Ablauf einer Szene ein einminütiges Standbild erscheint und die Spieler aufgefordert werden, *erstens* ihre spontane Lösung zu nennen, *zweitens* alle weiteren für diese Situation angemessenen und *drittens* aus der Auswahl aller Lösungen, ihre beste Entscheidung erneut zu benennen (vgl. ROTH/RAAB 1997).

Das Flexibilitätstraining ist m.E. vermehrt mit Übungen wie sie ZEYFANG (1996, 40) vorschlägt, zu realisieren. Gruppen oder auch ganze Mannschaften müssen mit von ihnen ausgedachten Taktiken gegeneinander spielen. Diese sollen vom Gegner entdeckt und daraufhin eigenes Verhalten angepaßt werden. Sobald dies geschehen ist, müssen neue Taktiken gefunden werden. Derart ausgerichtetes Training läßt sich aber durch einfache Zusatzbedingungen in jede Übung integrieren, wie sie beispielsweise in der Zuspiel-Kartothek (vgl. EICHINGER et.al. 1989, Kartei 54-80) m. E. zu wenig den kreativen Aspekt berücksichtigend beschrieben wird. Anstatt - wie dort oft erklärt - nach ein paar systematischen Spielhandlungen, variantenreicher zu üben, kann gleich variabel trainiert und durch Zusatzbedingungen, wie bspw. von fünf Angriffen muß einer durch die Mitte, für beide Gruppen bzw. Mannschaften *gewollte* Erwartungen geschaffen werden.

4.2 Training zur Schaffung einer kreativen Person

Besonders bei der Änderung von charakterlichen bzw. Persönlichkeitsmerkmalen klaffen Meinungen auseinander. Dies liegt zum einen daran, daß es weiterhin für unklar gilt, ob überhaupt starker verändernder Einfluß geübt werden kann, und zum anderen daran, daß wenig konkrete Konstrukte benutzt werden, die nicht in klare Übungen überführt werden können. Als dritter wichtiger Punkt kommt hinzu, daß gerade bei der gezielten Veränderung einzelner Personen sehr individuell vorgegangen werden muß (vgl. Roth 1996). Aus diesem Dilemma sollten m.e. folgende Auswege führen. *Erstens* muß - wie bei der Systematisierung der kreativen Umwelt - die inhaltliche Akzentsetzung Vorrang haben. Die eingesetzte Methode folgt letztendlich den klassischen Trainingsprinzipien (vgl. MARTIN/CARL/LEHNERTZ 1991, 40f.) und muß sich den Anforderungen der jeweiligen Mannschaft anpassen. *Zweitens* sollte die Vielfalt der Konstrukte auf ein überprüfbares und ableitbares Maß reduziert werden. Schlagworte wie Spielwitz, Spielverständnis, psychische und charakterliche Stärke (vgl. MOCULESCU, 1989b, 27f.) sollten verschwinden. Ein Vorschlag zur Diagnose und Änderung von Verhaltensdispositionen wurde z. B. in RAAB (1996) und bspw. unter dem Begriff der Willensschulung (vgl. ZEYFANG 1994) beschrieben.

Abschließend bleibt zu hoffen, daß aus der Frage: Spielmacher sein oder werden? eher eine Frage: „Wie mache ich eine Spielmacher? geworden ist. Diese ersten Vorschläge sollen mithelfen, den Weg zu ebnen, um vielleicht ein bißchen näher an die „kreativen" Leistungen eines Mauricio Lima oder Alan Fabiani zu kommen.

LITERATUR

CROPLEY, A.: Kreativität. In: AMELANG, M. (Hrsg.): Verhaltens- und Leistungsunterschiede. Theoriebereich C, Serie VIII. Bd. 2. Göttingen 1995, 329-379.

DÖRNER, D.: Die Logik des Mißlingens. Reinbek bei Hamburg ^{3}1994.

EICHINGER, M. et al.: Volleyball-Kartothek 4. Zuspiel. Münster 1989.

FRÖHNER, B.: Some considerations on the effective build- up of attack after defense. In: Volley Tech (1993) 1, Lausanne, 4-8.

GASSE, M.: Wahrnehmungsstrategien im Volleyball? Untersuchungen bei Damen-Bundesligamannschaften. (Unveröffentlichte Examensarbeit). Münster 1983.

GASSE, M./ROST, P./WESTPHAL, G.: Wahrnehmungsstrategien und Spielverhalten von Volleyballspielerinnen. In: CHRISTMANN, E./LETZELTER, H. (Red.): Spielanalysen und Trainingsmaßnahmen im Volleyball. 11. Symposium des deutschen Volleyballverbandes 1985. Ahrensburg 1986, 67-76.

JACKSON, P.W./MESSICK, D.: The person, the product, and the response: conceptual problems in the assessment of creativity. In: Journal of Personality 33 (1965), 309-329.

KRESS, S.: Kreativität im Volleyball. (Unveröffentlichte Magisterarbeit). Heidelberg 1995.

KRÖGER, C.: Development of the setter. In: ANDRESEN, R./KRÖGER, C. (Eds.): Volleyball. Training and tactics. Ahrensburg 1990, 96-102.

KUHL, B./POPTODOROV, L.: Practices for setting after defense. In: Volleytech (1990) 4, 22-24.

LAMNEK, S.: Qualitative Sozialforschung, Bd. 2: Methoden und Techniken. München 1989.

MARTIN, D./CARL, K./LEHNERTZ, K. (Hrsg.): Handbuch Trainingslehre. Schorndorf 1991.

MOCULESCU, S.: Spielmacher sein oder werden? In: volleyballtraining (1989a) 1, 1-5.

MOCULESCU, S.: Spielmacher sein oder werden? In: volleyballtraining (1989b) 2, 27-28.

RAAB, M./GWODZ, G.: Zum Training konvergenter und divergenter taktischer Problemlösungen im Volleyball - eine Pilotstudie. In: HOSSNER, E.J./ROTH, K. (Hrsg.): Sport-Spiel-Forschung. Zwischen Trainerbank und Lehrstuhl. Hamburg 1997, 83-84.

RAAB, M.: Entscheidungstraining im Volleyball. In: DANNENMANN, F. (Hrsg.): Neue Aspekte des Volleyballspiels. 20. Symposium des Deutschen Volleyball Verbandes 1994. Hamburg 1995, 192-204.

RAAB, M.: Einflußfaktoren taktischer Leistungsfähigkeit. In: DANNENMANN, F. (Hrsg.): Volleyball '95. Das Spiel im Jubiläumsjahr. 21. Symposium des Deutschen Volleyball Verbandes 1995. Hamburg 1996, 127-140.

RAN, Z.: On tactical intelligence. In: Volleytech (1990) 2, 25-29.

ROTH, K. (Hrsg.): Techniktraining im Spitzensport. Alltagstheorien erfolgreicher Trainer. Köln 1996.

ROTH, K./RAAB, M.: Das Modell der inzidentellen Inkubation. In: BREHM, W./KUHN, P./LUTTER, K./WABEL, W. (Red.): Leistung im Sport - Fitness im Leben. Beiträge zum 13. Sportwissenschaftlichen Hochschultag der Deutschen Vereinigung für Sportwissenschaft vom 22.-24.09.1997 in Bayreuth. Hamburg 1997, 184.

SCHULZ, R.: Qualitative Analyse des Entscheidungshandelns von Zuspielern. In: SCHULZ, R./HENNINGER, C. (Red.): Aktuelle Sportspielforschung im Volleyball. Heidelberg 1993, 6-44.

SCHULZ, R.: Entscheidungshandeln im Volleyball. Hamburg 1995.

WESTPHAL, G./GASSE, M./RICHTERING, G.: Entscheiden und Handeln im Sportspiel. Münster 1987.

ZEYFANG, C.: Möglichkeiten zur Schulung der Willenskraft. In: volleyballtraining 18 (1994) 4, 49-55.

ZEYFANG, C.: Intuitives Spielen. In: Leistungssport 26 (1996) 5, 37-41.

SARKHADUN YALDAI

KAUSALATTRIBUIERUNG BEI VOLLEYBALLSPIELER-INNEN UNTERSCHIEDLICHER LEISTUNGSKLASSEN[1]

1 PROBLEMSTELLUNG

Attribution ist „eine allen Menschen gemeinsame Tendenz, sämtliche beobachtbaren Ereignisse auf irgendwelche zugrundeliegenden Ursachen (Motive, Umwelteinflüsse u.a.) zurückzuführen" (ARNOLD et al. 1980, 170). Attributionen als „subjektive Erklärungen für Ursachen von wahrgenommenen Ereignissen" (HANKE/WOERMANN 1993, 34) haben für die Leistungsmotivation von SportlerInnen eine nicht zu unterschätzende Bedeutung. Es geht dabei um die Gründe, die SportlerInnen für die Rechtfertigung eines gewissen Handlungsergebnisses angeben. Gerade im Wettkampfsport ist ein solches Handlungsergebnis meistens mit Erfolg oder Mißerfolg verbunden, also mit Sieg bzw. Niederlage. Allerdings werden Attributionen nur dann vorgenommen, wenn die Handlungsergebnisse für die SportlerInnen wichtig sind, unerwartet auftreten oder negative Folgen erwarten lassen. Der Attributionsprozeß ist keinesfalls immer rational und objektiv. Es gibt z.B. systematische Unterschiede zwischen den Attributionen, die der Handelnde selbst vornimmt und den Attributionen, die ein Zuschauer trifft. So sind die Attributionen des Handelnden oftmals selbstwertdienlicher (vgl. SYNDER et al. 1976) als die Ursachenzuschreibungen des Zuschauenden.

In der sportpsychologischen Attributionsforschung ist vor allem in den 70er und 80er Jahren überwiegend die retrospektive Kausalattribuierung untersucht worden. (BIERHOFF-ALFERMANN 1979, FORSYTH/SCHLENKER 1977, GABLER 1981, MÖLLER 1994, ROBERTS/PASCUZZI 1979, SPINK/ROBERTS 1980, TENNEBAUM/FURST 1986, u. a.) Auch die attributionstheoretischen Untersuchungen in der Sportart Volleyball konzentrieren sich bislang auf die Analyse von retrospektiven Attributionen. D.h. die Ursachenzuschreibungen von VolleyballspielerInnen wurden erfaßt, die *nach* einem Wettkampf für das Resultat ausschlaggebend waren (z.B. GILL et al. 1982, RÜCKER et al. 1985, SCHWENKMEZGER et al. 1979). Um die noch unterpräsentierte sportpsychologische Forschung auf diesem Gebiet anregen zu können, werden in folgendem Beitrag sowohl die prospektive als auch die retro-

---

[1] In dieser Kurzdarstellung wird versucht, die wesentlichen Aussagen der ähnlichlautenden schriftlichen Hausarbeit von Dirk Hardy zusammenzustellen, die 1996 im Rahmen der Ersten Statsprüfungen für Lehrämter an Schulen am Institut für Sportwissenschaft der Heinrich-Heine-Universität Düsseldorf geschrieben wurde.

spektive Kausalattributionen bei VolleyballerInnen unterschiedlicher Leistungsklassen zu erfassen versucht.

In diesem Zusammenhang stehen folgende Fragen im Mittelpunkt:

- Auf welche Ursachen führen VolleyballerInnen unterschiedlicher Leistungsklassen ihren Sieg bzw. ihre Niederlage zurück? Welche Attributionstendenzen sind dabei zu beobachten?
- Welche Unterschiede bestehen zwischen den prospektiven und den retrospektiven Attributionen der weiblichen und männlichen Mannschaften bzw. welche leistungsklassenbedingten Unterschiede sind zwischen den Antworten vor dem Spiel und nach dem Spiel festzustellen?
- Welche Auswirkungen hat die Kausalattribuierung auf die Motivation, Trainingsbereitschaft und Leistungsverbesserung von VolleyballspielerInnen?

Bevor wir zur Beantwortung dieser Fragen einige Ergebnisse einer umfangreichen Untersuchung darstellen, wird zunächst auf die für diesen Beitrag grundlegenden Annahmen der Attributionstheorie kurz eingegangen, die die Diskussion auf diesem Gebiet über weite Strecken bestimmt haben.

2 ATTRIBUTION IM SPORT

Die Attributionstheorie geht zurück auf HEIDER (1958), der grundsätzlich zwischen internalen und externalen Attributionen unterschied.

- Die internalen Attributionen, bei denen die Ursachen für die Handlungsergebnisse der Person selbst zugeschrieben werden, sind die Fähigkeit bzw. Begabung und die Anstrengung,
- bei externalen Attributionen werden die Leistungsergebnisse auf die Einflüsse der jeweiligen Situation zurückgeführt. Die wichtigsten Faktoren sind der Schwierigkeitsgrad einer Aufgabe und der Zufall (das Glück oder Pech).

So läßt sich beispielsweise die Tendenz beobachten, daß Personen ihre Erfolge stark internal, hingegen ihre Mißerfolge eher external attribuieren bzw. die Gründe für eine Niederlage weniger bei sich suchen. Es scheint für den Schutz und die Erhöhung des Selbstwerts unerläßlich zu sein, die Selbstwirksamkeit hervorzuheben und den Erfolg auf die eigene Fähigkeit und Anstrengung zurückzuführen. Im Falle eines Mißerfolgs ist es für das eigene Ego günstiger, den Zufall oder die Aufgabenschwierigkeit dafür verantwortlich zu machen.

Tab. 1: Das Vier-Felder-Schema (WEINER et al. 1971)

Stabilität	Lokation	
	internal	external
zeitlich stabil	Fähigkeit	Aufgabenschwierigkeit
zeitlich variabel	Anstrengung	Zufall

WEINER (1971) spezifizierte diese Einteilung, indem er auch noch die zeitliche Stabilität der Attributionen und später auch die Kontrollierbarkeit mit einbezog. So ist beispielsweise die Anstrengung ein internaler, zeitlich variabler und kontrollierbarer Faktor, hingegen ist die Aufgabenschwierigkeit (Wettkampfgegner) ein externaler, zeitlich stabiler und nicht kontrollierbarer Faktor.

Bei der Erfassung der Attributionen von SportlerInnen hat sich gezeigt, daß die in der allgemeinen Attributionsforschung herausgestellten Kausalfaktoren nicht ausreichen, um alle Ursachenzuschreibungen im Bereich des Sports zu erfassen. So waren beispielsweise in einer im Bereich des Sports durchgeführten Studie von ROBERTS und PASCUZZI (1979) nur 45% der Zuschreibungen durch das Vier-Felder-Schema abgedeckt. BIERHOFF-ALFERMANN (1986) plädiert deshalb dafür, neue Fragestellungen zu Attribution erst durch offene Befragungen oder Inhaltsanalysen von Sportberichten zu ermitteln, eher sie den Probanden vorgelegt werden.

Tab. 2 zeigt eine Auflistung der möglichen Kausalfaktoren und -dimensionen, die im Sport bedeutsam erscheinen:

Tab. 2: Taxonomie sportbezogener Ursachen nach Möller (1994a)

		Stabil		Variabel	
		Kontrollierbar	Nicht Kontrollierbar	Kontrollierbar	Nicht Kontrollierbar
INTERNAL		– konstante eigene Anstrengung – Trainingsfleiß	– eigene Fähigkeit – eigene Veranlagung – eigene Erfahrung	– eigene Anstrengung momentan – kontr. eigene (Fehl-)Leistung	– psych. Verfassung – körperl. Verfassung – nicht kontr. eigene Leistungen – eigene Tagesform
EXTERNAL		– konst. Anstrengung anderer – Trainingsfleiß anderer	– überdauernde Wettkampfbedingungen – Aufgabenschwierigkeit generell – überdauernde Trainingsbedingungen – Fähigkeit anderer – Erfahrung anderer – Veranlagung anderer	– momentane Anstrengung anderer – beeinflußbare Trainingsbedingungen – kontr. (Fehl-) Leistung anderer	– spezifische Wettkampfbedingungen – momentane Aufgabenschwierigkeit – Glück, Pech, Zufall – Tagesform anderer – körperliche Verfassung anderer – psychische Verfassung anderer – nicht kontr. Leistungen anderer

Die Taxonomie der sportbezogenen Ursachen (MÖLLER 1994a) leitet sich aus den Annahmen der Attributionstheorie ab. Mit dieser Taxonomie ist eine genaue Einteilung der Ursachen gemeint, die im Sport für Handlungsergebnisse bzw. Spielresultate verantwortlich gemacht werden.

3 DURCHFÜHRUNG UND AUSWERTUNG DER UNTERSUCHUNG

Um die prospektive und retrospektive Kausalattribuierung von Spielerinnen und Spielern miteinander vergleichen und Attributionsunterschiede bei verschiedenen Leistungsklassen feststellen zu können, wurde eigens für die Untersuchung ein Fragebogen konzipiert. Der Fragebogen wurde den Spielerinnen und Spielern von acht Volleyballmannschaften jeweils vor und nach dem Wettkampf zur Beantwortung vorgelegt. Von den acht Mannschaften waren vier Damen und vier Herren Mannschaften, jeweils zwei aus einer hohen und zwei aus einer niedrigeren Leistungsklasse. Die Mannschaften lassen sich in einer Vierfeldertafel mit den Dimensionen Geschlecht und Leistungsklasse wie folgt darstellen (HARDY 1996, 32):

Tab. 3: Darstellung der ausgewählten Mannschaften in einer Vierfeldertafel.

	Leistungsklasse	
	Hoch	niedrig
männlich	Heiligenhaus, Herren-Oberliga	Ratingen, Herren-Bezirksklasse
	Saarbrücken, Herren-Verbandsliga	Hilden, Herren-Bezirksklasse
weiblich	Essen, Damen-Oberliga	Hilden, Damen-Bezirksklasse
	Saarbrücken, Damen-Verbandsliga	Ratingen, Damen-Bezirksklasse

- Hohe Leistungsklasse (weibliche und männliche SpielerInnen) versus niedrigere Leistungsklasse (weibliche und männliche SpielerInnen).
- Weibliche Spielerinnen (hohe und niedrigere Leistungsklasse) versus männliche Spieler (hohe und niedrigere Leistungsklasse).

4 DARSTELLUNG DER ERGEBNISSE

Die Ergebnisse der Untersuchung werden im Sinne der besseren Veranschaulichung vorwiegend durch Mittelwertvergleiche in Form von Abbildungen dargestellt.

Subskala: Stabil - Internal - Nicht kontrollierbar

Frage nach der Abhängigkeit des Spielergebnisses von der eigenen Fähigkeit.
(Skala: 1 = gar nicht 5 = sehr stark).

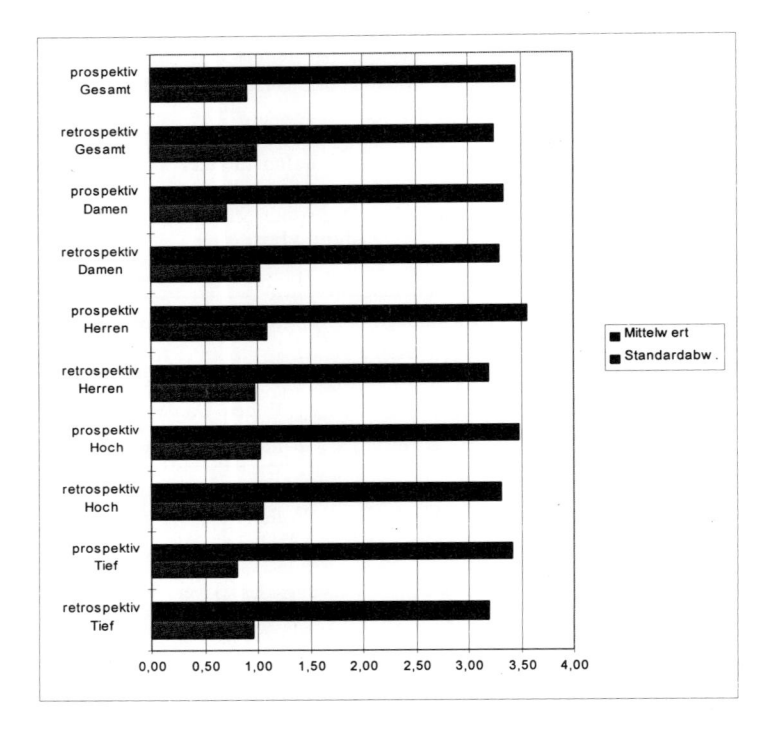

Abb. 1: Vergleich der Mittelwerte und Standardabweichungen hinsichtlich der Abhängigkeit des Spielergebnisses von der eigenen Fähigkeit bei allen Leistungsklassen

Die Abb. 1 zeigt, daß die prospektiven Mittelwerte bei allen Leistungsklassen etwas höher liegen als die retrospektiven Mittelwerte. Umgekehrt ist es bei den Standardabweichungen (Ausnahme: Herren).

Größte Mittelwertdifferenz:	0,37 (Herren)
Kleinste Mittelwertdifferenz:	0,04 (Damen)
Größte Standardabw.differenz:	0,31 (Damen)
Kleinste Standardabw.differenz:	0,03 (Hohe Spielklasse)

Subskala: Variabel - Internal - Kontrollierbar

Frage nach der Abhängigkeit des Spielergebnisses von der eigenen Anstrengung.
(Skala: 1 = gar nicht   5 = sehr stark)

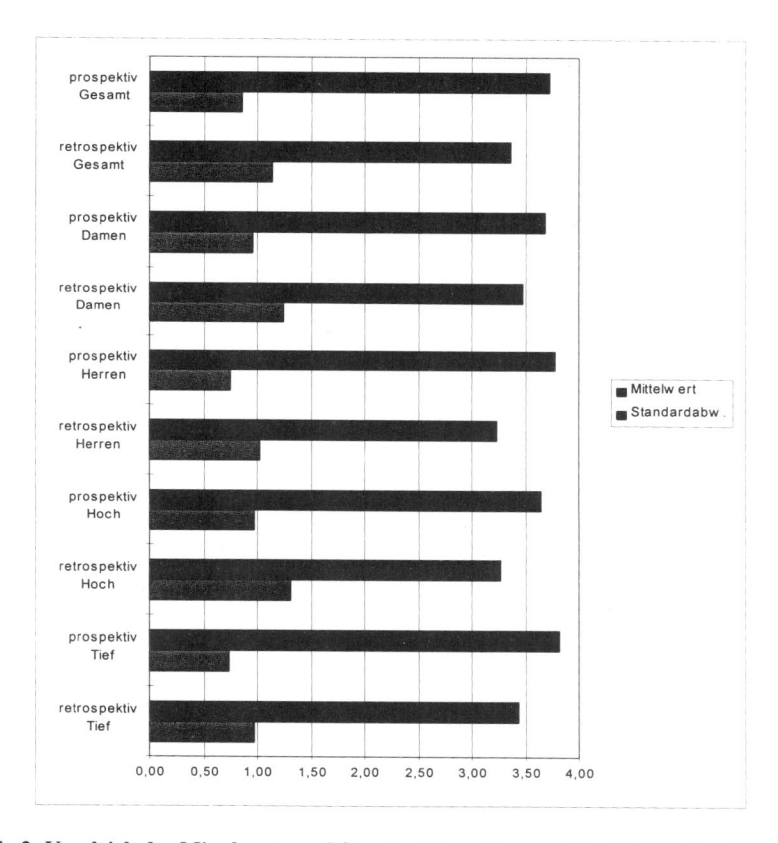

Abb. 2: Vergleich der Mittelwerte und Standardabweichungen hinsichtlich der Abhängigkeit des Spielergebnisses von der eigenen Anstrengung bei allen Leistungsklassen.

Wie aus der Abb. 2 ersichtlich wird, zeigen alle Leistungsklassen höhere prospektive Mittelwerte als retrospektive Mittelwerte. Alle Standardabweichungen sind retrospektiv höher als prospektiv.

Größte Mittelwertdifferenz:	0,55 (Herren)
Kleinste Mittelwertdifferenz:	0,21 (Damen)
Größte Standardabw.differenz:	0,34 (Hohe Spielklasse)
Kleinste Standardabw.differenz:	0,24 (Niedrige Spielklasse)

Subskala: Stabil - External - Nicht kontrollierbar

Frage nach dem Einfluß der Fähigkeit der eigenen Mannschaft auf das Spielergebnis
(Skala: 1 = kein Einfluß   5 = sehr großen Einfluß).

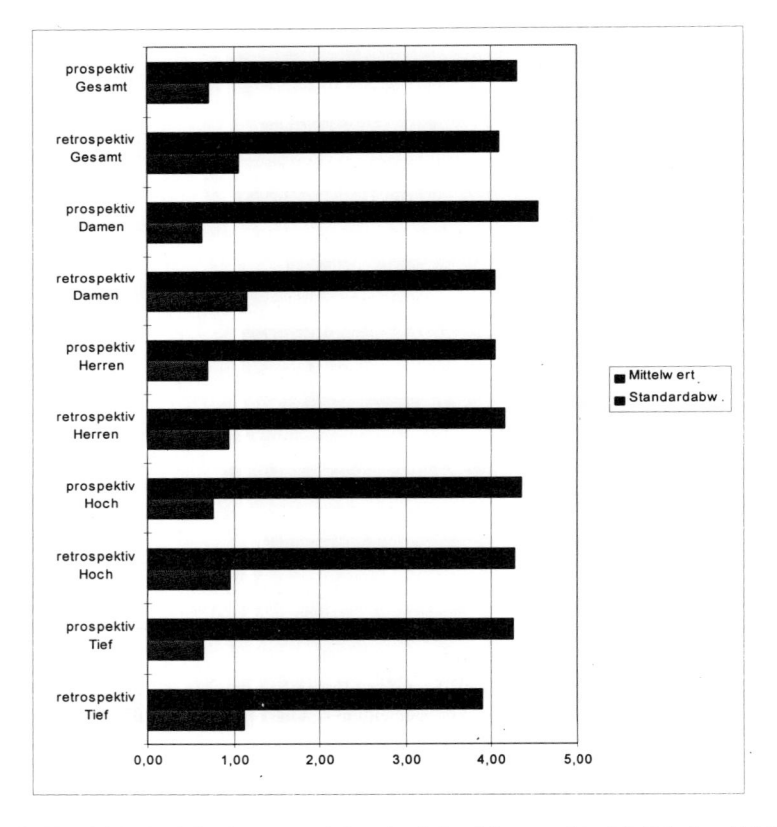

Abb. 3: **Vergleich der Mittelwerte und Standardabweichungen hinsichtlich der Abhängigkeit des Spielergebnisses von der Fähigkeit der eigenen Mannschaft bei allen Leistungsklassen.**

Aus der Abb. 3 geht hervor, daß alle Klasseneinteilungen leicht höhere prospektive als retrospektive Mittelwerte aufweisen (Ausnahme: Herren). Umgekehrt ist es bei den Standardabweichungen.

Größte Mittelwertdifferenz: 0,52 (Damen)

Kleinste Mittelwertdifferenz:	0,07 (Herren)
Größte Standardabw.differenz:	0,52 (Damen)
Kleinste Standardabw.differenz:	0,19 (Hohe Spielklasse)

Subskala: Variabel - External - Kontrollierbar

Frage nach dem Einfluß der Anstrengung der eigenen Mannschaft auf das Spielergebnis (Skala: 1 = kein Einfluß   5 = sehr großen Einfluß).

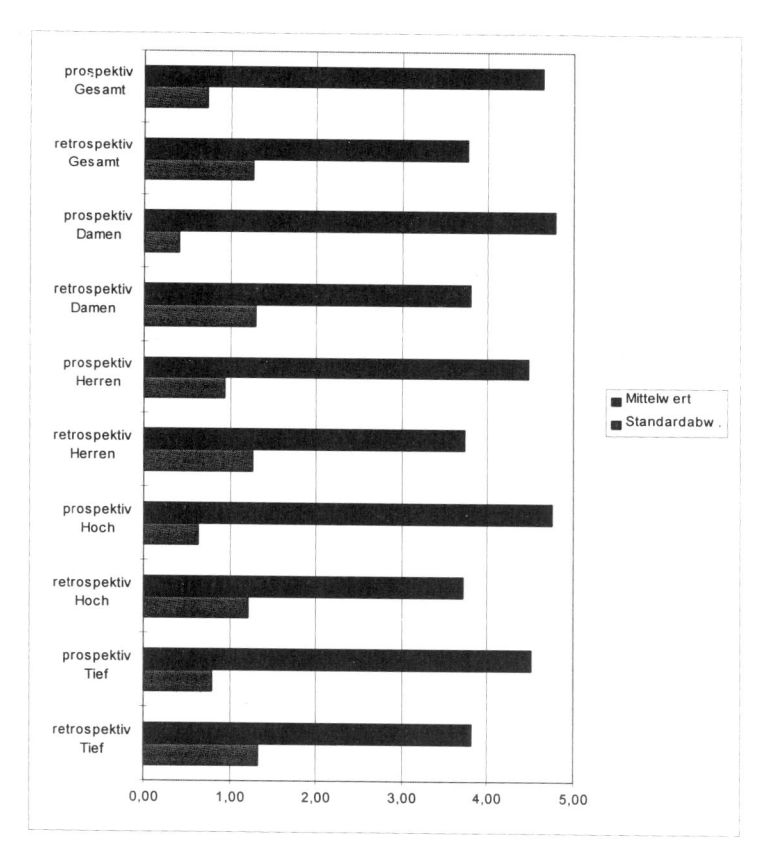

Abb. 4: Vergleich der Mittelwerte und Standardabweichungen hinsichtlich der Abhängigkeit des Spielergebnisses von der Anstrengung der eigenen Mannschaft bei allen Leistungsklassen.

Alle Mannschaften zeigen deutlich höhere prospektive Mittelwerte als retrospektive Mittelwerte. Alle Standardabweichungen sind retrospektiv höher als prospektiv.

Größte Mittelwertdifferenz:	1,03 (Hohe Spielklasse)
Kleinste Mittelwertdifferenz:	0,7 (Niedrige Spielklasse)
Größte Standardabw.differenz:	0,88 (Damen)
Kleinste Standardabw.differenz:	0,32 (Herren)

Der Einfluß der Kausalfaktoren „Fähigkeit" und „Anstrengung" der gegnerischen Mannschaft auf das Spielergebnis wird ebenso prospektiv leicht höher bewertet als retrospektiv. Wobei dieser Einfluß im Vergleich zu den oben angeführten Fragestellungen insgesamt etwas geringer ausfällt.

Die Ergebnisse über den Einfluß des Zufalls auf das Spielergebnis zeigen, daß auch hier die prospektiven Mittelwerte bei allen Klasseneinteilungen (Geschlechtern und Spielklassen) höher sind als die retrospektiven, jedoch wird der Einfluß insgesamt als nicht so bedeutend eingeschätzt.

Ebenso wird der Einfluß der Auswechselungen auf das Spielergebnis als sehr gering bewertet. Gleichwohl zeigen die Ergebnisse, daß der Einfluß des Trainers auf die persönliche Leistung und auf das Spielergebnis bedeutend positiver attribuiert wird.

Frage nach dem eigenen psychischen Befinden: (Skala: 1 = gar nicht   5 = sehr stark)

Bei der Frage: „Wie fühlst Du Dich jetzt vor dem Spiel bzw. wie fühlst Du Dich jetzt nach dem Spiel" und zwar im Hinblick auf die Emotionen „aufgeregt, unsicher, zuversichtlich, resigniert und ärgerlich" ergeben sich signifikante Unterschiede.

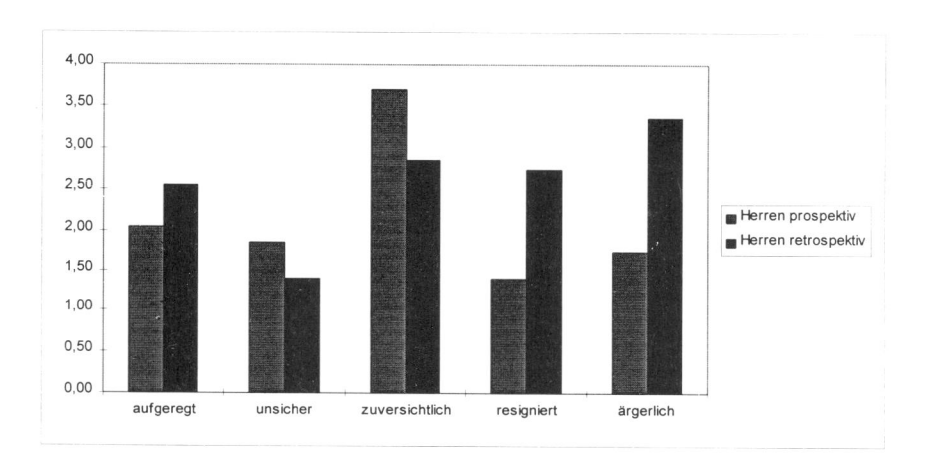

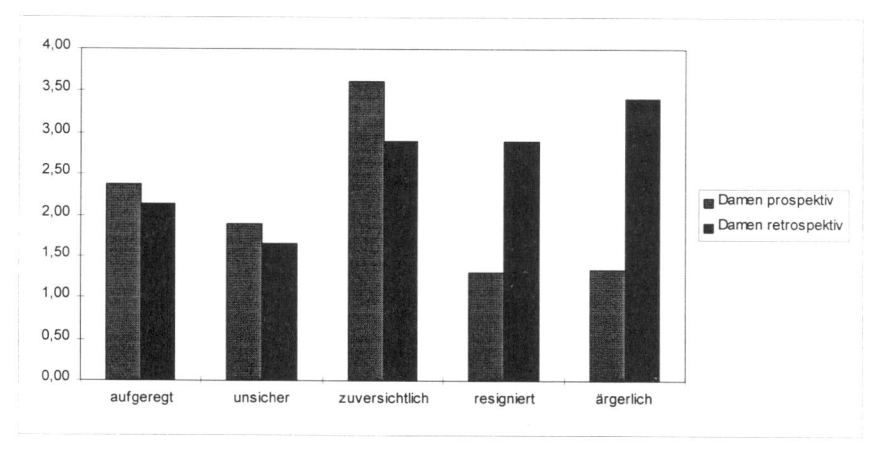

Abb. 5/6: Vergleich der Mittelwerte für das psychische Befinden vor und nach dem Wettkampf.

Alle Mannschaften zeigen einen deutlichen Verlust an Zuversicht, sowie eine signifikante Zunahme an Resignation und Ärger bei den retrospektiven Einschätzungen. Lediglich nimmt die Unsicherheit nach dem Spiel leicht ab. Hingegen sind Schwankungen bei der Aufgeregtheit in den verschiedenen Leistungsklassen relativ gering. Diese signifikante Zunahme an negativen Emotionen kann damit erklärt werden, daß die untersuchten Mannschaften sieben von insgesamt acht Spielen verloren haben.

5 DISKUSSION DER ERGEBNISSE

Signifikante Mittelwertunterschiede zwischen den prospektiven und retrospektiven Attributionen sind bei allen Mannschaften (Gesamtstichprobe) festzustellen:

Bei den Fragen nach der Abhängigkeit des Spielergebnisses von der eigenen Fähigkeit und Anstrengung sowie nach dem Einfluß der Fähigkeit und Anstrengung der eigenen Mannschaft vor und nach dem Spiel werden die eigene Fähigkeit und Anstrengung sowie die Fähigkeit und Anstrengung der eigenen Mannschaft nach dem Wettkampf weniger für das Spielergebnis verantwortlich gemacht, als vor dem Wettkampf. Der Vergleich der prospektiven und retrospektiven Kausalattribuierung zeigt also bei allen Klasseneinteilungen eine eindeutige Tendenz im Sinne des self-serving bias: „Bei Erfolg wird selbstwerterhöhend attribuiert, bei Mißerfolg selbstwertschützend" (HARDY 1996, 80). Das bedeutet, daß die Niederlage eher auf externale Faktoren zurückgeführt wird als auf die eigene Person und auf die eigene Mannschaft. BIERHOFF-ALFERMANN (1986, 176) spricht in diesem Zusammenhang von „defensiven Attributionen, die sich in einer Leugnung der eigenen Verantwortlichkeit für den Mißerfolg niederschlagen". Diese einheitliche Tendenz bestätigt sich also auch in dieser Untersuchung.

Im Hinblick auf die Leistungsklassen wird der Einfluß der eigenen bzw. gegnerischen Mannschaft auf das Spielergebnis unterschiedlich stark bewertet:

Deutliche Mittelwertunterschiede ergeben sich für die beiden Leistungsklassen bei den Fragen nach dem Einfluß der eigenen Mannschaft und dem Einfluß der gegnerischen Mannschaft auf die persönliche Spielleistung. In den hohen Leistungsklassen wird der Einfluß des Gegners auf die persönliche Spielleistung zurückblickend (retrospektiv) deutlich geringer bewertet, als es vor dem Spiel geschehen war. In den niedrigeren Leistungsklassen hingegen wird der Einfluß der eigenen Mannschaft auf die persönliche Leistung nach dem Wettkampf wesentlich positiver eingeschätzt als vor dem Wettkampf.

Bei den Fragen nach Abhängigkeit des Spielergebnisses von der persönlichen Fähigkeit und Anstrengung wird deutlich, daß die Herren von allen Leistungsklassen die größte Differenz in der Stärke der Zuschreibungen vor dem Spiel und nach dem Spiel aufweisen. Die persönliche Fähigkeit und Anstrengung wird nach dem Spiel deutlich geringer für die Niederlage verantwortlich gemacht als vor dem Spiel (z.B. werden die Fehler nicht bei sich selbst gesucht, sondern bei den Mitspielern). Daraus kann gefolgert werden, daß **Volleyballspieler selbstwertdienlicher attribuieren als Volleyballspielerinnen.** Die Damen haben den kleinsten Unterschied in der Stärke ihrer Attributionen. Sie machen sich also nach dem Wettkampf genauso verantwortlich für das Spielergebnis wie vor dem Wettkampf.

Geschlechtsspezifische Unterschiede zeigen sich auch bei den Fragen nach dem Einfluß der Fähigkeit und Anstrengung der eigenen Mannschaft auf das Spielergebnis. Die Werte für die Kausalattribuierungen auf diese Faktoren sind bei den Damen nach dem Spiel deutlich niedriger als bei den Herren. Die Damen machen nach einem verlorenen Spiel die eigene Mannschaft weniger für das Spielergebnis verantwortlich als vor dem Spiel. Die Herren hingegen führen das Spielergebnis nach dem Wettkampf eher auf die Fähigkeit der eigenen Mannschaft zurück als vor dem Wettkampf (z.B. auf die schlechte Stimmung in der Mannschaft, oder auf die „falsche" Einstellung der Mitspieler zum Spiel bzw. auf den fehlenden Siegeswillen der Mannschaft). Diese Resultate decken sich mit den Ergebnissen einer Untersuchung an VolleyballspielerInnen von RÜCKER et al. (1985), die herausfanden, daß die Spielerinnen ihr Team nach einem Sieg besonders hervorheben, während sie es nach einer Niederlage besonders in Schutz nehmen. Daraus kann gefolgert werden, **daß Volleyballspielerinnen signifikant stärker an harmonischen Gruppenbeziehungen interessiert sind als die Volleyballspieler** (vgl. auch RÜCKER et al. 1985), die in ihrer Mannschaft nach einer Niederlage einen bedeutsamen Ursachenfaktor sehen (HARDY 1996, 82).

Zusammenfassend kann konstatiert werden, daß aus den zahlreichen Studien zu Kausallattribuierung im Sport bisher keine signifikanten Unterschiede in den Attributionen von Sportlerinnen und Sportlern nachgewiesen werden konnten (vgl. BIERHOFF-ALFERMANN 1986). Die vorliegende Untersuchung zeigt allerdings, daß diesbezüglich deutliche geschlechterspezifische Unterschiede in der Sportart Volleyball festzustellen sind. Erfolgreiche Volleyballerinnen schreiben ihren Sieg weder verstärkt sich selbst noch ihrer Mannschaft zu. Sie führen sogar ihren Erfolg eher auf externe Ursachen wie Zufall, Schiedsrichter und äußere Umstände zurück. Die Damen der erfolgreichen Mannschaften attribuieren also nicht selbstwerterhöhend, sondern zeigen eher eine Tendenz, die sich in einer bescheidenen und der eigenen Person zurücknehmenden Attribution äußert. Die Bescheidenheit hat in der öffentlichen Meinung einen hohen Stellenwert und hilft ein möglichst positives Bild in der Öffentlichkeit zu erreichen (vgl. BRADLEY 1978).

Attributionen wie auch andere Kognitionen haben neben den Emotionen eine verhaltenssteuernde Funktion. Wird beispielsweise die Niederlage von SpielerInnen den externalen Faktoren zugeschrieben, so gibt es für sie keine Veranlassung, sich mit eventuellen eigenen Schwächen auseinanderzusetzen und diese ggf. im Training zu beheben (vgl. auch MÖLLER 1994, 83). Besteht bei einem Sportler die Tendenz, die Mißerfolge auf internale und variable Faktoren zurückzuführen, wird er den Wettkampf als eine Herausforderung betrachten und sich verstärkt anstrengen, um optimale Leistungen zu bringen. Kognitionen können sich also sowohl leistungsfördernd als auch leistungshemmend auswirken. Denken VolleyballspielerInnen zu lange über den vorangegangenen Ballverlust nach, den sie ohnehin nicht mehr kontrollieren und rückgängig machen können, so werden sie sich auf die nächste Spielaktion nicht konzentrieren und folglich ihre Spielaufgaben nicht optimal wahrnehmen können. So gesehen kann das Denken über bereits vollzogene Handlungen als eine aufgabenirrelevante Kognition angesehen werden, die sich auf die nächste Spielaktion leistungsmindernd auswirkt. Es empfiehlt sich gerade nach einer mißglückten Aktion, sich auf die nächste Spielsituation zu konzentrieren, um aufgabenirrelevante Kognitionen, die in diesem Fall negative Folgen nach sich ziehen würden, erst gar nicht aufkommen zu lassen. In diesem Zusammenhang kann der Einsatz von Entspannungstechniken und mentale Trainingsformen für eine optimale Einstellung der SportlerInnen auf das Spiel von entscheidener Bedeutung sein.

LITERATURVERZEICHNIS

ARNOLD, W./EYSENCK, H. J./MEILI, R. (Hrsg.): Lexikon der Psychologie. Freiburg 1987.

BIERHOFF-ALFERMANN, D.: Ursachenerklärung für Erfolg und Mißerfolg bei einem Schwimmwettkampf: Defensive Attribution und die Bedeutsamkeit des Schwimmwettkampfes. In: BÄUMLER, G./HAHN, E./NITSCH, J.R. (Hrsg.): Aktuelle Probleme der Sportpsychologie. Schorndorf 1979, 91-97.

BIERHOFF-ALFERMANN, D: Sportpsychologie. Stuttgart, Berlin, Köln, Mainz 1986.

BRADLEY, G.W.: Self-serving biases in the attribution process: Areexamination of the fiction question. In: Journal of Personality and Social Psychology 36 (1978), 56-71.

FORSYTH, D.R./SCHLENKER, B.R.: Attributional egocentrism following performance of a competitive task. In: Journal of Social Psychology 102 (1977), 215-222.

GABLER, H./NITSCH, J.R./SINGER, R.: Einführung in die Sportpsychologie. Schorndorf 1986.

GILL, D.L./RUDER, K.M./GROSS, J.B.: Open-ended attributions in team competition. In: Journal of Sport Psychology 4 (1982), 159-169.

HANKE, U./WOERMANN, S.: Trainerwissen. Köln 1993.

HARDY, D.: Prospektive und retrospektive Kausalattribuierung bei Volleyballspielern/innen in unterschiedlichen Leistungsklassen. Schriftliche Hausarbeit im Rahmen der Ersten Staatsprüfungen für Lehrämter an Schulen. Düsseldorf 1996.

HECKHAUSEN, H.: Motivation und Handeln. Berlin 1989.

HEIDER, F.: The psychology of interpersonal relations. New York 1958 (deutsch: Psychologie der interpersonalen Beziehungen. Stuttgart 1977).

MÖLLER, J.: Attributionsforschung im Sport - ein Überblick (Teil 1). In: psychologie und sport 3 (1994a), 83-93.

MÖLLER, J.: Attributionsforschung im Sport - ein Überblick (Teil 2). In: psychologie und sport 4 (1994b), 149-156.

ROBERTS, G:C./PASCUZZI, D.: Causal attribution in sport: Some theoretical implications. In: Journal of Sport Psychology 1 (1979), 203-211.

RÜCKER, F./BIERHOFF-ALFERMANN, D./ANDERS, G.: Ursachenzuschreibung für Sieg und Niederlage im Volleyball: Es kommt darauf an, wann man fragt. In: HAHN, E./ SCHOCK, K. K. (Hrsg.): Beiträge zu Kognitionen und Motorik. Köln 1985, 96-102.

SCHWENKMEZGER, P./VOIGT, H.-F./MÜLLER, W.: Leistungsmotivation, Ursachenattribuierung und Spielleistung im Sportspiel Volleyball. In: BÄUMLER, G./HAHN, E./ NITSCH, J.R. (Hrsg.): Aktuelle Probleme der Sportpsychologie. Schorndorf 1979, 99-108.

SNYDER, M./STEPHAN, W. G./ROSENFIELD, D.: Egotism and attribution. In: Journal Pers. social Psychology 33 (1976), 435-441.

TENNEBAUM, G./FURST, D.M.: Consitency of attributional responses by individuals and groups differgn in gender, perceived ability and expections for success. In: British Journal of social Psychology 25 (1986), 315-321.

WEINER, B./FRIEZE, E.H./KUKLA, A./REED, L./REST, S./ROSENBAUM, R.M.: Perceiving the causes of success and failure. New York 1971.

WEINER, B.: A theory of motivation for some classroom experiences. In: Journal of Educatinal Psychology 71 (1979), 3-25.

Ulf Schmidt, M.A., Universität der Bundeswehr München

ULF SCHMIDT

PSYCHOLOGISCHE BETREUUNG DER DAMEN-NATIONALMANNSCHAFT DES DVV

1 EINLEITUNG

Auf dem letzten DVV-Symposium 1996 in Münster stellte der Bundestrainer der Damennationalmannschaft Siegfried Köhler seine Analyse der Olympischen Spiele vor. Bei der Bewertung des Abschneidens seines Teams betonte er, seine Mannschaft habe aufgrund psychischer Probleme nicht das greifbar Mögliche - einen Platz unter den ersten Vier - erreicht. Zur besseren Vorbereitung auf die nächsten sportlichen Höhepunkte - die Europameisterschaft in Tschechien im Jahr 1997 und ganz besonders die Olympischen Spiele im Jahr 2000 in Sydney - strebte er daher die langfristige Zusammenarbeit mit einem Sportpsychologen an.

In diesem Beitrag sollen die vom ersten Sichtungslehrgang im Dezember 1996 bis zum letzten Trainingslager vor der Europameisterschaft im September 1997 durchgeführten psychologischen Maßnahmen zusammenfassend dargestellt werden. Abgerundet wird der Erfahrungsbericht durch einen Ausblick auf die mögliche zukünftige Zusammenarbeit.

2 STARTPHASE

Die Startphase der Zusammenarbeit begann mit dem ersten Trainingslager der neu formierten Nationalmannschaft Mitte Dezember 1996 und endete am Finaltag des traditionellen Vier-Nationen-Turniers Anfang Januar 1997. In diesem Zeitraum konnten über umfangreiche teilnehmende Beobachtungen sowohl inner- als auch außerhalb des Trainings erste Kontakte zur Mannschaft aufgebaut und diese durch längere Einzelgespräche mit einigen Spielerinnen intensiviert werden.

Zusätzlich konnten in einer vom Sportpsychologen geleiteten Mannschaftsbesprechung, unterstützt durch ein Handout, die Tätigkeitsfelder und die Möglichkeiten der psychologischen Betreuung im Spitzensport der jungen Damennationalmannschaft ausführlicher vorgestellt werden (SCHMIDT in Druck).

Am Ende der Startphase war ein sich kontinuierlich entwickelndes, beiderseitiges Vertrauensverhältnis festzustellen, auf dessen Grundlage während der unmittelbaren Vorbereitung auf die Europameisterschaft längerfristig zusammengearbeitet werden konnte.

3 PSYCHOLOGISCHE BETREUUNG IN DER VORBEREITUNGSPHASE ZUR EUROPAMEISTERSCHAFT 1997

Im Mittelpunkt der Zusammenarbeit zwischen dem Institut für Sportwissenschaft und Sport der Universität der Bundeswehr München und der Damennationalmannschaft standen während der Vorbereitung auf die Europameisterschaft von Anfang Juli bis zu den ersten Gruppenspielen Ende September folgende sportpsychologische Maßnahmen:

- Kurz-, mittel und langfristiges Zielsetzungstraining
- Förderung der psycho-physischen Regeneration
- Optimierung der psychischen Wettkampfstabilität
- Psychologische Leistungsdiagnostik
- Sozialpsychologische Interventionen

3.1 Kurz-, mittel und langfristiges Zielsetzungstraining

Als erste psychologische Maßnahme wurde das Zielsetzungstraining gewählt, da es von den Spielerinnen auch in Abwesenheit des Sportpsychologen während der anschließenden mehrwöchigen Lehrgänge im Ausland alleine weitergeführt werden konnte.

3.1.1 Das Zielsetzungstraining: Eine kurze Einführung

Das Zielsetzungstraining, auch als *Goalsetting* oder Erfolgsplanung in der Literatur bezeichnet (SEILER/STOCK 1994, 92), soll helfen, die lange und anspruchsvolle Phase bis zu den Olympischen Spielen im Jahr 2000 besser strukturieren und bewältigen zu können.

Ferner soll durch das Zielsetzungstraining mittels einer verstärkten Eigeninitiative, besonders während des Mannschaftstrainings, sowohl die intrinsische Motivation gefördert als auch die persönliche Leistung durch individuelle Vorgaben gesteigert werden.

Im Zielsetzungstraining werden für Training und Wettkampf kurz-, mittel- und langfristige Ziele für die im Leistungssport so wichtigen Parameter wie Technik (z. B. Aufschlag), Taktik (Offensive, Defensive, Transition), Athletik (Kraft, Schnelligkeit, Ausdauer, Koordination) und psychische Wettkampfstabilität (z. B. Konzentration, Streßresistenz) sowohl für den Sportler individuell als auch für die Zusammenarbeit mit dem Team (u.a. Teamgeist/Soziale Integration) gesteckt und in ein persönliches Zielebuch eingetragen.

3.1.2 Die drei Stufen des Zielsetzungstrainings

Das Zielsetzungstraining besteht in seinen Grundzügen aus drei Stufen:
1. Zielformulierung: Was ist mein Ziel?
2. Zielplanung: Wie komme ich zum Ziel?
3. Zielbewertung: Wurde das Ziel erreicht?

Zielsetzungstraining

Zeitraum vom _____ bis _____   kurzfristig   mittelfristig   langfristig

Zielformulierung

Technik	Taktik	Athletik
1._____	1._____	1._____
2._____	2._____	2._____
3._____	3._____	3._____

Zielplanung

Technik	Taktik	Athletik
1._____	1._____	1._____
2._____	2._____	2._____
3._____	3._____	3._____

Zielbewertung

Technik	Taktik	Athletik
1._____	1._____	1._____
2._____	2._____	2._____
3._____	3._____	3._____

Zielformulierung

Team	Psyche	Privat
1._____	1._____	1._____
2._____	2._____	2._____
3._____	3._____	3._____

Zielplanung

Team	Psyche	Privat
1._____	1._____	1._____
2._____	2._____	2._____
3._____	3._____	3._____

Zielbewertung

Team	Psyche	Privat
1._____	1._____	1._____
2._____	2._____	2._____
3._____	3._____	3._____

Abb. 1: Zielsetzungstraining Musterseite blanko.

3.1.2.1 Zielformulierung

Bei der Zielformulierung sollten folgende Punkte berücksichtigt werden:

- konkret: Die Ziele sollen so detailliert und genau wie möglich formuliert werden (z. B. nicht „Ich will besser spielen", sondern „Ich will jeden zweiten Aufschlag so kurz wie möglich hinter dem Netz plazieren").

- terminiert: Allen Zielen werden klare zeitliche Termine zugewiesen, an denen sie erreicht sein müssen. Erfolgt diese zeitliche Vorgabe nicht, besteht die Gefahr, daß die Ziele nicht entschlossen genug in Angriff genommen werden.

- gewichtet: Werden mehrere Ziele für denselben Zeitraum gesteckt, sind klare Prioritäten (Als Orientierungshilfe: Auf einer Skala von 0 bis 10: Wie wichtig ist Dir dieses Ziel?) bei den Zielsetzungen vorzunehmen, um nicht weniger bedeutende Ziele den wichtigen vorzuziehen.

- realistisch: Die Ziele sind so zu stecken, daß sie mit den eigenen Fähigkeiten und Fertigkeiten erreicht werden können (Als Orientierunghilfe: Auf einer Skala von 0 bis 10: Wie realistisch ist es, daß Du dieses Ziel erreichst?).

- herausfordernd: Ziele, die mit Leichtigkeit erreicht werden, sind wertlos. Nur wenn Hindernisse und Widerstände auf dem Weg zum Ziel überwunden werden müssen, sind die Ziele wirklich herausfordernd (Als Orientierungshilfe: Auf einer Skala von 0 bis 10: Wie stark läßt sich Dein Ziel steigern?).

- überprüfbar: Die Ziele müssen überprüfbar formuliert sein (z. B. „80 Prozent meiner Schmetterschläge sollen in diesem Spiel (kurzfristiges Ziel) / in dieser Saison (langfristiges Ziel) parallel gespielt werden und zu 90 Prozent erfolgreich sein").

- schriftlich: Um die eigenen Ziele auch mit einem gewissen zeitlichen Abstand überprüfen zu können, müssen die Ziele schriftlich fixiert (Zielebuch) sein. Außerdem sind schriftlich formulierte Ziele verbindlicher als mündliche Vorgaben.

- positiv: Die Ziele sollen nicht negativ (z. B. „Ich will mit dem Aufschlag bloß keinen Fehler machen"), sondern positiv (z.B. „Ich will mit meinem kurzen Aufschlag punkten") formuliert sein.

- ausführungorientiert: Die gesteckten Ziele orientieren sich nicht primär an dem Ausgang eines Wettkampfes (ergebnisorientiert), sondern vor allem an der im Training und Wettkampf gezeigten Technikausführung (ausführungsorientiert).

- aufgabenorientiert: Im Mittelpunkt der gesteckten Ziele steht nicht das Überbieten des Spielers auf der anderen Netzseite (egoorientiert), sondern das Bewältigen von selbst gesteckten Aufgaben (aufgabenorientiert).

- individuell: Ziele sollen nicht primär ein Vergleich mit der Leistung der Mitspieler oder des Gegners sein, sondern sich an der individuellen Bezugsnorm (alte persönliche Leistung) orientieren.

- intrinsisch: Erreichte Ziele können und dürfen zwar in Ausnahmefällen extern belohnt werden (z. B. Siegprämien), doch sollte immer das alleinige Erreichen des selbst gesteckten Ziels schon Belohnung genug sein (intrinsische Motivation).

- überzeugt: Ziele werden mit letzter Konsequenz nur dann angegangen, wenn wir von ihnen auch innerlich überzeugt sind und die Ziele auch wirklich erreichen wollen.
- verpflichtend: Entscheiden wir uns für ein Ziel, schließen wir automatisch einen Vertrag mit uns selbst ab. Dieser Vertrag verpflichtet uns, alles in unseren Kräften stehende zu unternehmen, um das gesteckte Ziel zu erreichen.
- öffentlich: Sich öffentlich zu den Zielen bekennen, sie den Mitspielern mitzuteilen, verstärkt die innere Verpflichtung, die gesteckten Ziele auch wirklich und mit aller Kraft anzugehen.
- visualisieren: Das Visualisieren des Erreichens der Ziele kann helfen, die Ziele leichter zu formulieren.

3.1.2.2 Zielplanung

Eckpfeiler einer guten Zielplanung sind exakte und wohldurchdachte Pläne für alle Teil- und Hauptziele. Die Zielpläne werden anschließend mit dem Sportpsychologen und dem Trainer besprochen und auf ihre Umsetzbarkeit hin überprüft. Hierbei ist besonders wichtig, daß die individuellen Ziele mit denen des Trainers und des Teams abgestimmt sind. Ist dies nicht der Fall, kann es zu unüberbrückbaren Interessenkonflikten kommen.

Daher sollte der Sportler im Vorfeld auch überlegen, welche alternativen Ziele er angehen kann, wenn seine ursprünglich geplanten Vorgaben im Training und Wettkampf - der Trainer setzt z.B. andere inhaltliche Schwerpunkte oder stellt ihn gar nicht auf - nicht realisiert werden können.

3.1.2.3 Zielbewertung

Nach Ablauf der im Zielebuch für die einzelnen Ziele vorgegeben Fristen, zumeist nach jedem Wettkampf, erfolgt, unterstützt durch den Sportpsychologen, eine umfassende und möglichst objektive Analyse, ob die gesteckten Ziele voll, teilweise oder gar nicht erreicht wurden. Große Differenzen zwischen dem prognostizierten Wert und der anschließenden Realität geben hierbei Rückschlüsse auf eine Neigung zum Unter- oder Überschätzen der eigenen Möglichkeiten.

Ist das Ziel voll erreicht, werden auf dem Erfolgserlebnis aufbauend neue Ziele gesteckt. Konnte das Ziel nicht ganz erreicht werden, ist zu überlegen, ob das Teilergebnis schon zufriedenstellend ist oder ob das Ziel weiter verfolgt werden soll. Wurde das Ziel nicht erreicht, sollte gründlich nach den Ursachen geforscht werden. Sind diese gefunden, erfolgt eine erneute Zielplanung. Wird das nicht erreichte Ziel zu Gunsten eines neuen Ziels vorerst aufgegeben und zurückgestellt oder gar ganz aufgeben, so sollte es auf einer Extraseite des Zielebuchs aufgenommen werden, damit es bei gegebener Zeit erneut in Angriff genommen werden kann.

3.1.3 Zielsetzungstraining in der Praxis

Die wesentlichen Vorgehensweisen des oben geschilderten Zielsetzungstrainings wurden in einer Mannschaftsbesprechung den Spielerinnen, unterstützt durch ein Handout, vermittelt. Aufbauend auf dieser Einführung konnte im Rahmen von längeren Einzelgesprächen gemeinsam mit den Spielerinnen ein individuelles Zielsetzungstraining sowohl für den kurz- als auch für den mittelfristigen Bereich erarbeitet werden. Bei der Zusammenfassung der kurz- und mittelfristigen Zielsetzungen aller Spielerinnen ließen sich in den Rubriken Technik, Taktik, Athletik, Team und Psyche folgende Schwerpunkte feststellen:

- **Technik**

Die einzelnen Schwerpunkte unterschieden sich je nach Spielposition deutlich.

Angriff: Armzug dynamischer ausführen, um eine größere Schlaghärte zu erreichen.
Block: aktiver Übergreifen; eine sauberere Schrittfolge beherrschen.
Zuspiel: Repertoire der Kombinationen erweitern; eine höhere Konstanz in den Pässen.
Feldabwehr: Rolle seitlich in Feinstform beherrschen.

- **Taktik**

Aufgrund des frühen Zeitpunktes in der Vorbereitung auf die EM kam der Taktik im Vergleich zur Technik und zur Athletik keine so große Bedeutung zu. Einzig das verbesserte Zusammenspiel zwischen den Zuspielern und den Angreifern wurde mehrmals genannt.

- **Athletik**

In den drei Bereichen Kraft, Schnelligkeit und Ausdauer konnten folgende Schwerpunkte festgestellt werden.

Kraft: Sprungkraft steigern.
Schnelligkeit: Aktionsschnelligkeit verbessern.
Ausdauer: Grundlagenausdauer erhöhen.

- **Team**

Überwiegendes Ziel aller Spielerinnen war die eigene Integration in das Team sowie die Integration aller in das Team.

- **Psyche**

Im Mittelpunkt standen hier Fehlerbewältigung, Emotions- und Kognitionsregulation, Streßverarbeitung, Präsentation auf dem Feld sowie der Umgang mit in- und externen Erwartungsdruck.

Bei allen Zielformulierungen war auffällig, daß die Spielerinnen Schwierigkeiten hatten, sich ganz konkrete Ziele zu stecken (z.B. leicht: Sprunghöhe verbessern; schwer: Sprunghöhe um 5 cm steigern), da sie sich dadurch zu sehr unter Druck gesetzt fühlten. Die Planung ihrer Ziele wurde von den Spielerinnen mit großer Umsicht durchgeführt. Bei der Auswertung der Intervention und anschließenden Neuformulierung des Zielsetzungstrainings stellte sich heraus, daß die Spielerinnen eher relativ leicht zu erreichende Ziele gewählt hatten. Als Fazit des Zielsetzungstrainings bleibt festzuhalten, daß es vielen Spielerinnen helfen konnte, größere Ziele besser anzusteuern.

3.2 Förderung der psycho-physischen Regeneration

Mit Beginn der Vorbereitung auf die Europameisterschaft wurde die Progressive Muskelrelaxation nach JACOBSON (1993) zum Ende der Übungseinheit im Anschluß an das Auslaufen und Ausdehnen eingesetzt. Das ca. 10 bis 15 Minuten dauernde Entspannungstraining (vgl. SCHMIDT 1997) wurde durch den Sportpsychologen, begleitet durch Instrumentalmusik, gesprochen. Die Progressive Muskelrelaxation wurde aus folgenden sechs Gründen durchgeführt:

1. Die durch die Progressive Muskelrelaxation hervorgerufene physische und psychische Entspannung beschleunigt die regenerativen Prozesse nach den Trainingsbelastungen.
2. Die Spielerinnen erlernen eine Entspannungstechnik, die bei perfekter Beherrschung zur Streßreduktion und Konzentrationssteigerung im Wettkampf erheblich beitragen kann.
3. Durch die Gewöhnung an die Progressive Muskelrelaxation wird der Einstieg in das für spätere Lehrgänge geplante Mentale Training erleichtert.
4. Die Spielerinnen erfahren, daß die Sportpsychologie auch sehr praxisnahe und konkrete Verfahren anbieten kann.
5. Die Spielerinnen erleben die Progressive Muskelrelaxation stellvertretend für alle anderen psychologischen Maßnahmen als einen regelmäßigen Bestandteil ihres Trainings.
6. Durch die Integration in den Trainingsrhythmus erhält die Sportpsychologie dieselbe Wertigkeit wie z.B. die Physiotherapie, das Krafttraining oder die Videoanalyse.

Nach der üblichen Eingewöhnungszeit fand die Progressive Muskelrelaxation großen Anklang. Da viele Spielerinnen den Wunsch äußerten, das Entspannungstraining auch selbständig durchzuführen zu wollen, wurde an alle Kadermitglieder eine Muskelrelaxationskassette ausgeteilt.

3.3 Optimierung der psychischen Wettkampfstabilität

Zur Optimierung der Wettkampfleistung wurden sowohl innerhalb als auch außerhalb des Trainings und Wettkampfs sportpsychologische Maßnahmen vorgeschlagen und/oder durchgeführt.

3.3.1 Maßnahmen innerhalb des Trainings und Wettkampfs

Innerhalb des Trainings waren folgende psychologische Maßnahmen vorgesehen:

- **Einmaligkeitstraining**

Beim Einmaligkeitstraining hat die Spielerin pro Übung nur einen einzigen Ballkontakt. Jeder Ball soll als eine einmalige Chance zum Punkt betrachtet werden und erfordert deshalb absolute Konzentration (vgl. EBERSPÄCHER 1990).

- **Zeitpunktvorgabetraining**

Im Zeitpunktvorgabetraining wird der Spielerin vom Trainer vorgegeben, mit welchem Ballkontakt sie punkten muß (vgl. EBERSPÄCHER 1990).

- **Prognosetraining**

Während des Prognosetrainings soll die Spielerin selbst einschätzen, bei wie vielen Bällen sie in dieser Übung Erfolg haben wird (vgl. EBERSPÄCHER 1990).

- **Konkurrenztraining**

Hierbei führen die beiden direkten Konkurrenten um einen Platz in der Mannschaft die Übung entweder direkt gegeneinander aus (z. B. Angreifer gegen Angreifer; wer erreicht aus einer KI Situation gegen einen Doppelblock zuerst 10 Punkte) oder spielen direkt gegeneinander (z. B. 1:1 auf kleinem Feld).

- **Rituale**

Team- und Individualrituale können zur Stabilisierung der Wettkampfleistung beitragen.

Teamrituale

Als Teamrituale wurden vorgeschlagen und überwiegend auch von der Mannschaft angewandt:
Im Training: Begrüßung und Verabschiedung mit dem Schlachtruf „One – Two – Känguruh",
	um immer wieder an das große Ziel Olympia 2000 erinnert zu werden.
Vor dem Spiel: Gemeinsames Einschwören in der Kabine. Festes, immer gleich ablaufendes
	Aufwärmen
Im Spiel: Anwendung des Vier-Phasen Modells (SCHMIDT/SCHMOLE 1997a).
Individualrituale: Zur besseren Streßbewältigung (HACKFORT et al. 1997) und zur Minderung der Versagensangst nach speziellen Spielsituationen (z. B. Aufschlag, Fehlerserie, etc.) wurden in Einzelgesprächen Individualrituale (z. B. Blitzentspannung) erarbeitet.

3.3.2 Maßnahmen außerhalb des Trainings und Wettkampfs

Außerhalb des Trainings wurde zur Stabilisierung der Wettkampfleistung in Einzelgesprächen die Videoselbstkommentierung (HACKFORT/SCHLATTMANN 1994) eingesetzt. Unterstützt durch diese Methode, bei der die Spielerinnen sich selbst auf Video sehen und hierbei ihre Gefühle und ihre Gedanken während des Spiels beschreiben, konnten die Spielerinnen Techniken der funktionalen Emotions- und Kognitionsregulation (Positive Self-Talk, Reframing, Fokussieren, Kognition, Risikokalkulation, Flow-Erlebnis, Atemtechnik, etc.) sowie der Selbstpräsentation auf dem Spielfeld (Stichwort „Positive Arroganz") erlernen.

Ferner erhielten alle Spielerinnen während eines Trainingslager, unterstützt durch ein Handout, eine kurze Einführung in das Mentale Training. In der anschließenden Kadermaßnahme wurde dann in enger Zusammenarbeit mit einigen interessierten Spielerinnen ein auf ihre persönlichen Wünsche abgestimmtes Mentales Trainingsprogramm entwickelt. Hierbei wurde das Mentale Training nicht nur zur Technikverbesserung durch das Visualisieren persönlicher Videoclips, sondern auch zur Bewältigung kritischer Wettkampfsituationen eingesetzt.

3.4 Regelmäßige psychologische Leistungsdiagnostik

Die regelmäßige psychologische Leistungsdiagnostik erfolgte mehrschichtig durch den Einsatz von Computerprogrammen sowie durch verschiedene Papier- und Bleistifttests.

3.4.1 Senso-Control

Zur Überprüfung der Reaktionszeit (optisch und akustisch), der Unterscheidungsreaktion, der Informationsverarbeitungsgeschwindigkeit, der Antizipation (festes und steigendes Tempo), der Koordination sowie der Konzentration (Zahlensuchen und Visuelles Tracking) konnte das Testsystem Senso-Control® (entwickelt von KRATZER/PIHAULE), eine sportspezifische Version des Wiener Testsystems®, eingesetzt werden. Bei der ersten Auswertung der Testergebnisse zeigten sich zum Teil tendenziell signifikante Unterschiede bezüglich der Spielpositionen Außenangriff, Diagonal, Mittelblock und Zuspiel, aber nicht zwischen Spielerinnen der ersten Sechs und den Einwechselspielerinnen.

Bei einem Vergleich der durchschnittlichen Mannschaftswerte mit denen von Sportlerinnen aus anderen Sportarten stellte sich heraus, daß die Volleyballerinnen unterdurchschnittlich plaziert sind. Gerade in der Unterscheidungsreaktion sowie in der Informationsverarbeitungsgeschwindigkeit sind von vielen Spielerinnen noch Leistungssprünge erwünscht.

3.4.2 Stimmungs- und Befindensskalen

Nach einem Sieg oder einer Niederlage treten bei Volleyballerinnen und Volleyballern verschiedene Emotionen unterschiedlich stark auf (SCHMIDT/SCHMOLE 1997b). Inwieweit sich ein Trainingslager auf die Stimmung die Spielerinnen auswirkt, konnte durch die von HACKFORT und SCHLATTMANN (1995) entwickelten Stimmungs- und Befindensskalen gemessen werden. Gerade nach Reisetagen, am Tag nach harten Trainingseinheiten sowie kurz vor Ende von längeren Kadermaßnahmen zeigten sich negative Auswirkungen auf die Stimmung und auf das Befinden der Spielerinnen. Eine positive Entwicklung zeigte sich vom zweiten bis dritten Trainingstag, am Tag nach einem Regenerations- oder Ruhetag sowie nach Erfolgserlebnissen (z. B. Siege).

3.4.3 Kohäsionsfragebogen Volleyball und Soziogramm

Mangelnder Gruppenzusammenhalt kann ein Grund für schlechte Teamleistungen sein (WEST 1996). Daher wurde neben der intensiven Beobachtung in und außerhalb des Trainings zur Messung des Gruppenzusammenhalts ein in Anlehnung an MEDING (1988) modifizierter „Kohäsionsfragebogen Volleyball" (KFV) eingesetzt, welcher, wie auch der von CARRON, WIDMEYER und BRAWLEY (1985) entwickelte Fragebogen, in sozial- und aufgabenbezogenen Zusammenhalt differenziert. Darüber hinaus konnten Soziogramme erstellt werden, die ebenfalls zur Steuerung der sozialpsychologischen Maßnahmen herangezogen wurden.

Im Laufe der Vorbereitung auf die Europameisterschaft konnte trotz einiger Macht- und Statuskämpfe zwischen den dominierenden Spielerinnen eine positive Entwicklung des Gruppenzusammenhalts, festzumachen unter anderem auch durch den deutlichen Anstieg an verbaler Unterstützung durch die Einwechselspielerinnen während der Wettkämpfe, verzeichnet werden.

Gerade die jüngeren Spielerinnen haben deutlich an Format gewonnen und sich sehr gut in das Team integriert. Einige von ihnen sind auf dem besten Wege zu den benötigten Führungsspielerinnen.

3.5 Sozialpsychologische Interventionen

Um den Teambuildingprozeß und den Gruppenzusammenhalt der harmoniebedürftigen Mannschaft zu fördern, wurden sowohl innerhalb als auch außerhalb des Trainings und Wettkampfes sozialpsychologische Maßnahmen durchgeführt.

3.5.1 Maßnahmen innerhalb des Trainings und Wettkampfs

Innerhalb des Trainings kamen während des Aufwärmens vermehrt den Zusammenhalt fördernde Kleine Spiele zum Einsatz (z.b. Dreibeinfußball; Kettenfangen; Zweierlaufen, Römisches Wagenrennen, etc.).

Ferner wurde, um sowohl intern als auch nach außen hin eine geschlossene Einheit zu symbolisieren, immer in einheitlicher Spielkleidung trainiert.

3.5.2 Maßnahmen außerhalb des Trainings und Wettkampfs

Mit Hilfe der gruppendynamischen Methoden (vgl. CARRON 1980), bei denen die Spielerinnen gemeinsam eine schwierige und ungewohnte Aufgabe zu lösen hatten (z. B. mit verbundenen Augen gemeinsam ein vorgegebenes Ziel finden), und projektiver Verfahren (z.b. Diskussion fiktiver Szenarien) sollte neben der Auflockerung der Trainingslagerroutine auch der Prozeß des Teambuildings durch Maßnahmen außerhalb des gewohnten Umfeldes unterstützt und zugleich die Kommunikation verbessert, sowie leistungshindernde Hierarchien abgebaut und nicht reflektierte Einstellungen oder Motive verdeutlicht werden.

4 FAZIT UND AUSBLICK

Im Laufe der Zusammenarbeit ist es gelungen, eine Vertrauensbasis zwischen dem Team und dem Sportpsychologen sowie ganz besonders zwischen dem Trainer und dem Sportpsychologen zu schaffen.

Da auch die Wirksamkeit der psychologischen Methoden und Interventionen aufgezeigt werden konnte, soll die Zusammenarbeit auch im kommenden Jahr weitergeführt werden. Hierbei ist geplant, die Maßnahmen in stärkerem Maße als bisher in geblockter Form durchzuführen, sowie auf der vorhandenen Akzeptanz aufbauend, die Mannschaft durch die konsequentere Anwendung des bisher Bekanntem und unter Ausweitung des Methodenspektrums (z. B. ein Präsentationstraining) auf den nächsten Leistungshöhepunkt (WM in Japan) auf sportpsychologischer Ebene vorzubereiten.

LITERATUR

CARRON, A.V.: Social psychology of sport. Ithaca 1980.

CARRON, A.V., WIDMEYER, W.N. & BRAWLEY, L.R.: The Developement of an Instrument to Assess Cohesion in Sport Teams: The Group Environment Questionnaire. In: Journal of Sport Psychology 11 (1985) 7, 244-266.

EBERSPÄCHER, H.: Mentale Trainingsformen in der Praxis. Ein Handbuch für Trainer und Sportler. Oberhaching 1990.

HACKFORT, D./SCHLATTMANN, A.: Qualitative und quantitative Analysen im Verfahrensverbund - Das Beispiel der Video(Selbst)Kommentierung (VSK). In: STRAUSS, B./HAAG, H. (Hrsg.): Grundlagen zum Studium der Sportwissenschaft. Band II. Forschungsmethoden - Untersuchungsplan - Techniken der Datenerhebung in der Sportwissenschaft. Schorndorf 1994, 81-88.

HACKFORT, D./SCHLATTMANN, A.: Die Stimmungs- und Befindensskalen (SBS). (Arbeitsinformation Sportwissenschaft. Heft 7). Neubiberg 1995.

HACKFORT, D./SCHMIDT, U./AXT, D./BELKE, C./GESSNER, T./KAISER, D./ MÜLLER, R./SOBECK, U.: Nie wieder Streß. In: Fit for Fun (1997) 3, 24-34.

JACOBSON, E.: Entspannung als Therapie. Progressive Relaxation in Theorie und Praxis. München 1993. 2. Aufl.

MEDING, M.: Gruppenzusammenhalt leistungsorientierter Sportspielmannschaften. Die Entwicklung des „Köhäsionsfragebogens Basketball" (KFB). In: Sportwissenschaft 18 (1988) 1, 51-62.

SCHMIDT, U.: Der TTL-Lesetip. In: Tischtennislehre 11 (1997) 1, 31.

SCHMIDT, U.: Psychologische Betreuung im Spitzensport. In Druck.

SCHMIDT, U./SCHMOLE, M.: Attribution und Emotion im Sportspiel Volleyball. In: Leistungssport 27 (1997a) 3, 43-47.

SCHMIDT, U./SCHMOLE, M.: Kausalattribution und Emotion bei Volleyballern nach Sieg und Niederlage. In: DANNENMANN, F. (Red.): Volleyball '96. Facetten des Spiels. 22. Symposium des Deutschen Volleyball-Verbandes 1996. Hamburg 1997b, 43-54.

SEILER, R./STOCK, A.: Handbuch Psychotraining im Sport. Reinbek 1994.

WEST, M.A. (Ed.). Handbook of Work Group Psychology. New York 1996.

ATHANASIOS PAPAGEORGIOU/STEFAN HÖMBERG/ FELIX BLUM

PSYCHISCHE BEANSPRUCHUNG IM HALLEN- UND BEACHVOLLEYBALL

1 EINLEITUNG

Ein Volleyballspieler, der vom Hallen- zum Beachvolleyball wechselt, erfährt sehr schnell, welche Unterschiede in der physischen und motorischen Beanspruchung zwischen den beiden Volleyball-Sportspielen bestehen. Der Satduntergrund stellt ihn vor ungeahnte Probleme. Im Wettkampf werden die Spieler zudem mit einer unterschiedlichen psychischen Belastung konfrontiert. Ob ein guter Hallenvolleyballspieler auch als Beachvolleyballspieler erfolgreich ist, wird entscheidend dadurch beeinflußt, wie er mit der unterschiedlichen psychischen Beanspruchung zurecht kommt.

Das zentrale Anliegen der Untersuchung war die Bestimmung und Beschreibung der Unterschiede in der psychischen Beanspruchung zwischen den Sportspielen Hallenvolleyball und Beachvolleyball. Es liegen in der Literatur keine Ergebnisse von Untersuchungen zu diesem Thema vor. Die vorliegende Untersuchung hat demnach Pilotcharakter.

Mit den Ergebnissen sollen mögliche Wege und Mittel für eine psychologische Betreuung von Hallenvolleyballspielern, die zum Beachvolleyball wechseln, eröffnet werden. Durch die Kenntnis der unterschiedlichen psychischen Belastungsfaktoren in den beiden Sportarten kann der Trainer seine Spieler auf diese vorbereiten.

2 BELASTUNG, BEANSPRUCHUNG UND BEWÄLTIGUNG

Belastung, Beanspruchung und Bewältigung sind Begriffe aus dem Modell der Handlungspsychologie nach NITSCH (1976).

Unter **Belastung** wird die Summe aller auf den Menschen einwirkenden Umwelteinflüsse und Aufgabenzwänge verstanden. Die Auswirkungen dieses Belastungsquantums auf den menschlichen Organismus und auf das Verhalten wird hingegen als **Beanspruchung** definiert. Die Dauer und Intensität der Belastungsreize, individuelle Voraussetzungen und persönlichkeitsspezifische Gegebenheiten bestimmen den Grad der Beanspruchungsreaktion. Somit ist die Beanspruchung nicht allein abhängig vom Umfang der Belastungen, sondern wird entscheidend mitbeeinflußt von den individuellen Bewältigungsmaßnahmen. Denn eine Situation wirkt nur dann beanspruchend, wenn man unsicher ist, wie man sie bewältigt. Psychische Beanspruchung im Sport wird definiert als Gleichgewichtsstörung zwischen Leistungsanforderungen und Leistungsvoraussetzungen. Unterforderung und Überforderung des Organismus sind die Grundformen der Beanspruchung. Unterforderung wird als umweltbedingtes Anforderungsdefizit verstanden, welches psychische Übersättigung oder Monotonie nach sich zieht. Eine Überforderung mit den Folgen Streß und Ermüdung tritt ein, wenn die Leistungsvoraussetzungen nicht den Leistungsanforderungen genügen.

3 METHODIK

Die Grundlagen des hier verwendeten Untersuchungsverfahrens der schriftlichen, standardisierten Befragung sind bekannt und werden daher nicht gesondert dargestellt. Die Überlegungen, die bei der Erstellung und Auswertung des Fragebogens berücksichtigt wurden, werden allerdings nachfolgend kurz aufgeführt.

Die Befragung wurde mit Hilfe von Beachvolleyballspielerinnen und Beachvolleyballspielern der deutschen Leistungsspitze durchgeführt. Die Antworten sollten Aufschluß über die subjektive Bewertung von Wettkampfsituationen im Hallenvolleyball und im Beachvolleyball geben.

3.1 Fragebogen

Inhaltlich wurde der Fragebogen in drei Fragenkomplexe gegliedert:

Der allgemeine Teil bestand aus einer erläuternden Einführung und aus Fragen zur Soziodemographie,

Der volleyballspezifische Teil bestand zum einen aus Fragen, die sich auf den Befragten als Hallenvolleyballspieler bezogen und fragte nach der Wettkampferfahrung, der Spielklasse, der Spielposition, nach der Möglichkeit, mit dem Sport Geld zu verdienen und nach weiteren Motivationsfaktoren. Zum anderen wurde der Befragte als Beachvolleyballspieler nach seiner Wettkampferfahrung, dem Trainingsaufwand, dem Ranglistenplatz, einer möglichen Spezialisierung und ebenfalls bezüglich seiner Motivlage befragt.

Der dritte Teil des Fragebogens befaßte sich ausschließlich mit Fragen zur psychologischen Beanspruchung:
Als grobe Vorlage dieses umfangreichen Teils der Befragung diente der Belastungssymptomtest von FRESTER (1972) für die Formulierung der Belastungsfaktoren (nachfolgend auch „Items" genannt). Hier mußten die Befragten anhand einer neunstufigen Skala einschätzen, inwieweit sich die – durch FRESTER in einer Untersuchung von 300 Sportlern unterschiedli-

cher Disziplinen ermittelten – störintensivsten Situationen auf die eigene Leistung auswirken. Der durch FRESTER entwickelte Fragebogen konnte für die vorliegende Untersuchung lediglich als Grundgerüst angesehen werden. Die formulierten Belastungssituationen wurden daher auf das Hallen- und Beachvolleyballspiel übertragen und in eine vergleichbare Form gebracht. Eine wörtliche Übernahme der Items, beispielsweise der Items „Zuschauer" oder „übergroße Nervosität" hätte voraussichtlich keine signifikanten Unterschiede zwischen beiden Sportspielen erbracht, da solche Faktoren wahrscheinlich von den Probanden für beide Sportarten als gleichermaßen stark oder schwach beanspruchend eingeschätzt worden wären.

Aufgrund dieser Überlegungen wurden in Expertengesprächen die Belastungsfaktoren der beiden Volley-Sportspiele ermittelt und wie in folgendem Beispiel so formuliert, daß sie vergleichbare Situationen beschrieben. So lautet Item 29 für das Beachvolleyballspiel: „Eine Verletzung würde das 'Aus' für das Team im Wettkampf bedeuten" für das Hallenvolleyballspiel „wenn ich mich verletze, kann ich ausgetauscht werden".

Die Befragten sollten sich jeweils ein Hallen- und ein Beach-Wettkampfspiel vorstellen und die beschriebenen Belastungssituationen unter folgenden Aspekten beurteilen:

Wie häufig kommt diese Situation vor (auf einer Skala von 1-5)?
- nie,
- selten,
- manchmal,
- häufig,
- immer, und

wie wirkt sich diese Situation auf die eigene Leistung aus (auf einer Skala von 1-5)?
- sehr leistungshemmend,
- etwas leistungshemmend,
- weder noch,
- etwas leistungssteigernd,
- sehr leistungssteigernd.

Die in den Items beschriebenen Situationen wurden in die Belastungsfaktorenkomplexe,
- Regelwerk,
- Organisation und Umwelt,
- Medien- und Zuschauerinteresse,
- Verletzungen und
- Spielstruktur

zusammengefaßt. Zusätzlich wurde der Einfluß von Geschlecht, Spielstärke und Spielerfahrung überprüft. Beim Faktor Spielstärke werden im Hallenvolleyball die Spieler der ersten und zweiten Bundesliga mit den Spielern aus den untergeordneten Ligen verglichen. Im

Beachvolleyball werden die besten 20 Spieler der deutschen Rangliste als spielstark, die schlechter plazierten Spieler als weniger spielstark eingestuft. Eine Unterscheidung zwischen erfahrenen und weniger erfahrenen Spielern macht im Hallenspiel keinen Sinn, da selbst derjenige Spieler Proband, der mit 8 Jahren die geringste Spielerfahrung angegeben hat, nicht mehr unerfahren ist. Im Beachvolleyball dagegen ist diese Unterscheidung angebracht. Hier wird als spielerfahren eingeschätzt, wer 4 Jahre und mehr im Sand spielt. Als weniger spielerfahren gelten die Probanden, die weniger als 4 Jahre Spielerfahrung vorweisen können.

Im Ergebnisteil wird auf die o.g. Faktoren nur dann eingegangen, wenn sich signifikante Unterschiede hinsichtlich der Einschätzung eines Items durch beispielsweise Männer und Frauen oder erfahrene und unerfahrene Spieler ergeben haben.

3.2 Auswertungsverfahren

Es wurden sowohl deskripitive Verfahren – beim Datenvergleich von Häufigkeitsverteilungen intervallskalierter Fragen - als auch T-Tests – zur Ermittlung der Signifikanz von Mittelwertunterschieden - durchgeführt. Im Ergebnisteil werden in Tabellen bzw. Ergebnistafeln jeweils die Mittelwerte (x) und die Standardabweichung (s), der Betrag des T-Wertes und die Signifikanz mit,

```
**      = sehr signifikant     = p ≤ .01,
*       = signifikant          = p ≤ .05,
(*)     = wenig signifikant    = p ≤ .10 oder
()      = nicht signifikant    = p > .10 angegeben.
```

4 DARSTELLUNG UND INTERPRETATION DER ERGEBNISSE

4.1 Soziodemographie

Mit 53% Männer- und 47% Frauenanteil entspricht die Stichprobe (49 Befragte) nahezu genau der anteiligen Verteilung der Turnierteilnehmer.

Das Durchschnittsalter der Probanden (27,6 Jahre) liegt um 3 bis 4 Jahre über dem der Hallenvolleyballspieler aus vergleichbaren Studien. Die Tatsache, daß die guten Beachvolleyballspieler mit 29,3 Jahren 3,5 Jahre älter sind als die in der Rangliste schlechter plazierten Spieler, zeigt tendenziell, daß das Höchstleistungsalter im Beachvolleyball höher liegt als in der Halle. Das gehobene Bildungsniveau und die Berufsstruktur der Untersuchungsgruppe weicht kaum von den Ergebnissen der Untersuchungen bei Hallenvolleyballspielern ab.

4.2 Hallenvolleyball

Von den 79,6% der Probanden, die angegeben haben, noch Wettkämpfe in der Halle zu bestreiten, spielen annähernd alle in den obersten drei Ligen. Die durchschnittliche Spiel- und Wettkampferfahrung im Hallenvolleyball liegt mit 13,7 bzw. 12,7 Jahren 3 bis 6 Jahre über der Wettkampferfahrung anderer Hallenspieler. Die durchschnittliche Spielerfahrung der guten Beachvolleyballer, die 15,2 Jahre beträgt, zeigt noch deutlicher, daß erfolgreiche Beachvolleyballspieler bereits in der Halle auf sehr hohem Niveau gespielt und dort langjährige Wettkampferfahrung gesammelt haben.

Auf die Frage, ob sie mit Hallenvolleyball Geld verdienen, antworten 42,9% mit „ja" und 57,1% mit „nein". Dabei verdienen alle Erstligaspieler Geld, jeder zweite Zweitligaspieler und nur wenige Regionalligaspieler.

4.3 Beachvolleyball

Aus den Angaben der Probanden über Turnierteilnahme, Geldverdienen und Ranglistenplatz und -punkte kann auf das Niveau der Untersuchungsgruppe im Beachvolleyball geschlossen werden. Etwas mehr als die Hälfte der Untersuchungspersonen gehören demnach zur deutschen Spitze.

Die durchschnittliche Spiel- und Wettkampferfahrung der Probanden im Beachvolleyball beträgt 4 bzw. 3,5 Jahre. Es besteht ein Zusammenhang zwischen der Erfahrung und der Leistungsklasse im Beachvolleyball. Die Wettkampf- und Spielerfahrung der guten Beachspieler ist mit 5,4 bzw. 4,96 Jahren mehr als doppelt so lang wie die der schlechteren Spieler.

Aus den Zusammenhängen zwischen dem Alter und der Spiel- und Wettkampferfahrung im Hallen- und Beachvolleyball sowie der Leistungsfähigkeit im Beachvolleyball kann man ablesen, wie wichtig der Faktor „Erfahrung" im Beachvolleyball ist. Die auf „Erfahrung" beruhenden Werte wie Übersicht, Gelassenheit und psychische Stabilität haben anscheinend spielentscheidenden Einfluß.

Der Zeitaufwand, der wöchentlich für Beachvolleyball aufgebracht wird, liegt mit 9,3 Stunden durchschnittlich fast zwei Stunden unter dem Zeitaufwand für Hallenvolleyball. Es besteht ein deutlicher Zusammenhang zwischen der Zeit, die der Beachvolleyballer mit seiner Sportart verbringt (Training und Wettkampf) und seiner Spielstärke. Gute Spieler verbringen wöchentlich 11,5 Stunden mit Beachvolleyball, schwächere Spieler nur 4,7 Stunden.

4.4 Motivation im Hallen- und im Beachvolleyball

Die persönlichen Leistungsvoraussetzungen setzen sich aus der Leistungsfähigkeit und der Leistungsbereitschaft (Motivation) zusammen. Die Motivation entscheidet mit, ob eine Bela-

stung in einer Sportart als psychisch beanspruchend empfunden wird. Ein Sportler, der seine Sportart primär aus sozialen Motiven ausübt, wird aus anderen Gründen eine psychische Beanspruchung erfahren als ein Sportler, der finanziell motiviert ist.
Die Untersuchung ergab folgende motivationale Gewichtungen für das Hallenvolleyball:

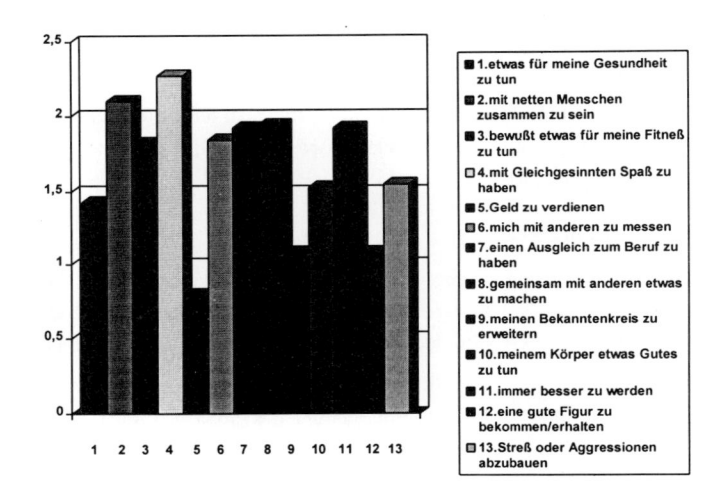

Abb. 1: Motivation im Hallenvolleyball (auf einer Skala von 1 = unwichtig bis 3 = sehr wichtig)

Abb. 2 zeigt die Motive im Beachvolleyball.

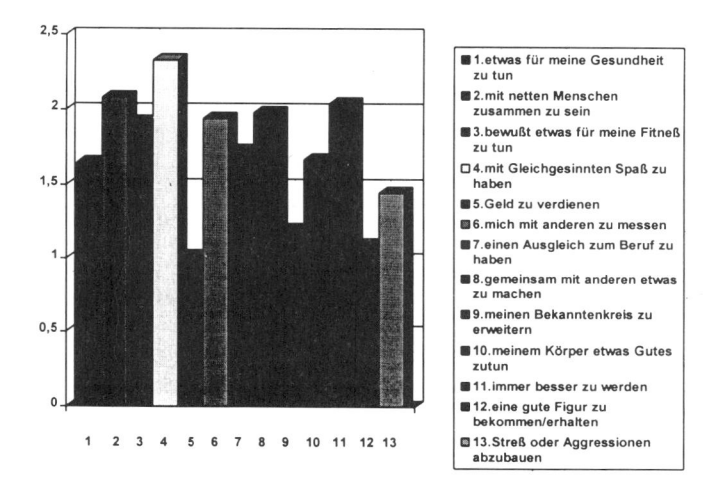

Abb. 2: Motivation im Beachvolleyball (auf einer Skala von 1 = unwichtig bis 3 = sehr wichtig)

Legende:
1. etwas für meine Gesundheit zu tun
2. mit netten Menschen zusammen zu sein
3. bewußt etwas für meine Fitneß zu tun
4. mit Gleichgesinnten Spaß zu haben
5. Geld zu verdienen
6. mich mit anderen zu messen
7. einen Ausgleich zum Beruf zu haben
8. gemeinsam mit anderen etwas zu machen
9. meinen Bekanntenkreis zu erweitern
10. meinem Körper etwas Gutes zutun
11. immer besser zu werden
12. eine gute Figur zu bekommen/erhalten
13. Streß oder Aggressionen abzubauen

Die Reihenfolge der am bedeutsamsten bewerteten Motive ist sowohl im Hallen- als auch im Beach-Sportspiel die gleiche:

- sozialorientierte Motive,
- leistungsorientierte Motive,
- gesundheitliche und körperorientierte Motive,
- Geld verdienen.

Kleine Unterschiede sind bei den gesundheitlichen und körperorientierten Motiven zu erkennen. Hier ist ein leichtes Übergewicht beim Beachvolleyball festzustellen.

Die Unterschiede der Mittelwerte für die Einschätzung der Motive sind zu gering, um auf eine unterschiedliche psychische Beanspruchung in den beiden Sportarten schließen zu können.

Einzig die signifikant größere Bedeutung des Motivs „Geld zu verdienen" im Beachvolleyball läßt auf eine stärkere psychische Beanspruchung im Beachvolleyball schließen. Der Druck, erfolgreich spielen zu müssen, um von den Sponsoren beachtet zu werden oder um das Preisgeld gewinnen zu können, kann zu einer Überforderung führen.

4.5 Psychische Belastungsfaktoren

Hinsichtlich des nachfolgenden Vergleich der Belastungsfaktoren wird nochmals betont, daß es individuell von jedem Sportler und seinen Bewältigungsmaßnahmen abhängt, inwieweit das Gefüge der Belastungsfaktoren im Endeffekt zu einer psychischen Beanspruchung führt.

4.5.1 Belastungsfaktorenkomplex „Regelwerk"

Es sind nachfolgend die Ergebnisse zu den Belastungssituationen zusammengefaßt, die sich aus Regelunterschieden ergeben. Auf die Einschätzung der Befragten hinsichtlich der Häufigkeit des Auftretens der nachfolgend genannten Situationsitems wird dann nicht weiter eingegangen, wenn sie durch das Regelwerk vorgegeben ist.

Item 5, Spielerwechsel und Item 7, Annahmestrategie

Tab. 1

Item 5: Beeinflussung	x	s	T-Wert
BV: Es besteht nicht die Möglichkeit ausgewechselt zu werden.	3,38	0,862	0,11
HV: Es besteht die Möglichkeit ausgewechselt zu werden.	3,40	0,84	

Im Beachvolleyball ist es im Gegensatz zum Hallenvolleyball nicht erlaubt, einen Spielerwechsel vorzunehmen. Die unterschiedliche Regel wird sowohl in ihrer Beachvolleyball- als auch in ihrer Hallenvolleyballform tendenziell leistungssteigernd eingeschätzt. Anscheinend empfinden die Spieler den nicht erlaubten Spielerwechsel im Beachvolleyball eher als nicht mehr vorhandene Bedrohung; im Hallenvolleyball dagegen scheint der Spielerwechsel für die Spieler eine willkommene Entlastung darzustellen.

Tab. 2

Item 7: Häufigkeit	x	s	T-Wert
BV: Wenn es in der Annahme schlecht läuft, kann ich abgedeckt werden.	4,0	1,35	2,43**
HV: Wenn es in der Annahme schlecht läuft, kann ich abgedeckt werden.	3,27	1,5	
Item 7: Beeinflussung	**x**	**s**	**T-Wert**
BV: Wenn es in der Annahme schlecht läuft, kann ich abgedeckt werden.	2,76	0,93	2,88**
HV: Wenn es in der Annahme schlecht läuft, kann ich abgedeckt werden.	3,31	0,82	

Die Ergebnisse der Gesamtgruppe zeigen, daß die Annahmesituation im Hallenvolleyball durch die dort möglichen Annahmestrategien als weniger beanspruchend empfunden wird und umgekehrt, im Beachvolleyballspiel, die Annahmesituation eine erhöhte psychische Beanspruchung der Spieler bedeutet. Darüber hinaus sind die Ergebnisse hier weiter zu differenzieren: Die weniger erfahrenen Spieler bewerten es als tendenziell leistungshemmend, daß sie im

Beachvolleyball in der Annahme nicht abgedeckt werden können. Die erfahrenen Spieler empfinden eher keine Leistungbeeinflussung.

Volleyballer, die in der Halle Hauptannahmespieler sind, erkennen hier keine Leistungsbeeinflussung, Volleyballer, die nicht Hauptannahmespieler sind, empfinden die Tatsache, im Beachvolleyball im 2er-Riegel immer als Annahmespieler gefordert zu sein, leistungshemmend.

Item 10, Spieleranzahl

Tab. 3

Item 10: Beeinflussung	x	s	T-Wert
BV: Das Team besteht aus 2 Spielern.	3,57	0,84	2,52*
HV: Das Team besteht aus mehr als 6 Spielern.	3,16	0,85	

Die Tatsache, das ein Beachvolleyballteam aus nur zwei Spielern besteht, wird von den Befragten als geringfügig leistungssteigernd eingeschätzt. Frauen bewerten diesen Faktor positiver (x=3,87) als Männer (x=3,31). Die Spieleranzahl im Hallenspiel von mehr als sechs Spielern wird als signifikant geringer leistungssteigernd bewertet. Hier scheint die Reduzierung der möglichen sozialen Konflikte aufgrund der geringeren Spielerzahl in der Beachmannschaft ebenso eine Rolle zu spielen wie die Tatsache, daß die Wahl des Beachpartners vom Spieler selbst – und nicht vom Trainer – getroffen wird.

Item 16, Spieldauer und Item 19, Auszeiten

Tab. 4

Item 16: Beeinflussung	x	s	T-Wert
BV: Ein Spiel dauert (bis auf das Finale) nur einen Satz.	3,49	0,87	2,65**
HV: Ein Spiel kann bis zu 5 Sätze dauern..	3,08	0,81	

Tab. 5

Item 19: Beeinflussung	x	s	T-Wert
BV: Es stehen 4 Auszeiten zur Verfügung.	3,41	0,68	3,27**
HV: Es stehen 2 Auszeiten zur Verfügung.	3,12	0,44	

Die Intensität des Sportspiels Beachvolleyball ist sehr hoch. Insbesondere das Spiel ohne Ball erfordert eine hohe Aktivität. Die Spielzüge sind sehr kurz und wirken sich direkt auf das Ergebnis (Aufschlaggewinn oder –verlust) aus. Die, verglichen mit dem Hallenspiel, kürzere gebnis (Aufschlaggewinn oder –verlust) aus. Die, verglichen mit dem Hallenspiel, kürzere Spieldauer (1 Satz) und die doppelte Anzahl von Auszeiten, ermöglicht eine Reduzierung der psychophysischen Ermüdung und wird von den Spielern als leistungssteigernd empfunden.

4.5.2 Belastungsfaktorenkomplex „Organisation und Umfeld"

Item 1, Preisgelder, Item 4, Sponsoren und Item 6, Finanzierung der Wettkampfteilnahme

Tab. 6

Item 1: Häufigkeit	x	s	T-Wert
BV: Der Wettkampf ist mit einem Preisgeld dotiert.	4,73	0,61	19,71**
HV: Der Wettkampf ist mit einem Preisgeld dotiert.	1,55	0,94	
Item 1: Beeinflussung	x	s	T-Wert
BV: Der Wettkampf ist mit einem Preisgeld dotiert.	3,67	0,71	4,36**
HV: Der Wettkampf ist mit einem Preisgeld dotiert.	3,16	0,69	

Die Befragten antworteten, daß es im Beachvolleyball signifikant häufiger Preisgelder zu gewinnen gäbe als im Hallenvolleyball. Das Preisgeld bei Beachvolleyballturnieren sei nach den Angaben der Befragten nicht nur ein Anreiz, am Turnier teilzunehmen, sondern wirke sich auch positiv auf die Leistungsfähigkeit der Spieler aus.

Im Hallenvolleyball gibt es nur äußerst selten ein Preisgeld bei einem Wettkampf zu gewinnen; ein Umstand, der weder positiv noch negativ leistungsbeeinflussend bewertet wird.

Tab. 7

Item 4: Häufigkeit	x	s	T-Wert
BV: Sponsoren sind unter den Zuschauern.	2,9	0,94	2,72**
HV: Sponsoren sind unter den Zuschauern.	2,41	1,04	
Item 4: Beeinflussung	x	s	T-Wert
BV: Sponsoren sind unter den Zuschauern.	3,4	0,67	1,94 (*)
HV: Sponsoren sind unter den Zuschauern.	3,24	0,52	

Sponsoren oder potentielle Sponsoren sind – gemäß der Antworten - manchmal bei Beachvolleyballwettkämpfen anwesend, seltener dagegen bei Hallenvolleyballwettkämpfen. Im Falle der Anwesenheit von Sponsoren wird von den Befragten nahezu keine Leistungsbeeinflussung wahrgenommen. Die Notwendigkeit, sich für Sponsoren durch gute Ergebnisse interessant machen zu müssen, ist demnach anscheinend noch nicht gegeben oder wird nicht als psychische Beanspruchung wahrgenommen.

Tab. 8

Item 6: Häufigkeit	x	s	T-Wert
BV: Ich finanziere die Teilnahme am Wettkampf selbst.	3,49	1,36	1,06
HV: Ich finanziere die Teilnahme am Wettkampf selbst.	4,22	1,33	
Item 6: Beeinflussung	x	s	T-Wert
BV: Ich finanziere die Teilnahme am Wettkampf selbst.	3,14	0,57	0,77
HV: Ich finanziere die Teilnahme am Wettkampf selbst.	3,08	0,40	

Die Gesamtgruppe gibt an, daß sie manchmal bis häufig die Teilnahme am Beachvolleyballwettkampf selbst finanziere. Dabei liegt der Mittelwert der erfahrenen (x=3,86) und der spielstärkeren Spieler (x=3,64) tendenziell unter dem der nicht so erfahrenen (x=4,21) und spielschwächeren Spieler (x=4,25). Dies ist dadurch zu erklären, daß bei einigen Spielern die Sponsoren die Finanzierung der Wettkämpfe übernehmen.

Für die Items 1, 4 und 6 bietet sich ein Vergleich derjenigen Befragten an, denen das Motiv „Geld zu verdienen" im Beachvolleyball bzw. im Hallenvolleyball wichtig oder sehr wichtig ist, mit denjenigen, die dieses Motiv unwichtiger einschätzen. Die Erstgenannten schätzen das Preisgeld, wie erwartet, signifikant leistungssteigernder (x=4,0) ein als andere (x=3,56). Beim Item 4 ergeben sich keine signifikanten Unterschiede zwischen den finanziell motivierten und den finanziell nicht motivierten Probanden.

Die Spieler, denen das Geldverdienen im Volleyball wichtig ist, finanzieren sich den Wettkampf seltener selbst (x=3,23) als diejenigen, denen das finanzielle Motiv nicht so wichtig oder unwichtig ist (x=4,19).

Item 15, Wettkampfmodus und Item 20, Anzahl der Spiele

Tab. 9

Item 15: Beeinflussung	x	s	T-Wert
BV: Die Wettkämpfe finden vorwiegend in Turnierform statt.	3,42	0,84	1,18
HV: Die Wettkämpfe finden vorwiegend in Spielrundenform statt.	3,30	0,82	

Die Spieler geben an, daß sich die Wettkampfmodi, d.h., das Turnier im doppelten K.o.-System im Beach-Sportspiel und die Ligarunde im Hallenvolleyball, nur sehr geringfügig auf die Leistungsfähigkeit auswirke. Bezüglich des Spielmodus ist auf internationalem Niveau eine Erhöhung der psychischen Beanspruchungssituation durch die von der FIVB (Fédération Internationale de Volleyball) geplante Einführung einer Spielzeitbeschränkung zu erwarten. Ein solches „Spiel auf Zeit", wie es seit einigen Jahren schon im Bereich der US-Profis üblich ist, führt zu einem erhöhten Zeit- und Erfolgsdruck. Es wurde vor der vorliegenden Untersuchung erwartet, daß das doppelte K.o.-System, in ähnlichem Sinne wie die Spielzeitbegrenzung, streßfördernd wirke. Dies ist aber anscheinend auf deutschem Spitzenniveau nicht der Fall.

Tab. 10

Item 20: Häufigkeit	x	s	T-Wert
BV: An einem Wettkampftag habe ich bis zu 5 Spiele.	3,22	0,87	9,55**
HV: An einem Wettkampftag habe ich nur 1 Spiel.	4,62	0,76	
Item 20: Beeinflussung	x	s	T-Wert
BV: An einem Wettkampftag habe ich bis zu 5 Spiele.	2,61	0,76	5,11**
HV: An einem Wettkampftag habe ich nur 1 Spiel.	3,49	0,74	

Die Spieler schätzen es - unabhängig von Geschlecht, Spielklasse und Erfahrung - als etwas leistungshemmend ein, bis zu fünf Spiele an einem Tag bei Beachvolleyballturnieren absolvieren zu müssen. Leistungsstarke Beachvolleyballer empfinden dies ebenso wie leistungsschwache. Hier ist, unabhängig von den Ergebnissen der Befragung, zu bedenken, daß die oft hohe Spielanzahl an einem Tag eine gute psychische Ermüdungswiderstandsfähigkeit des Beachvolleyballspielers erfordert. Der Einzelspieltag im Hallenvolleyball wirkt sich dagegen tendenziell positiv auf die Leistungsfähigkeit aus.

Item 22, Coach/ Trainer, Item 24, Organisation und Item 25, Schiedsgericht

Tab. 11

Item 22: Beeinflussung	x	s	T-Wert
BV: Es steht kein Coach/ Trainer am Spielfeldrand.	3,02	0,75	2,3*
HV: Es steht der Coach/ Trainer am Spielfeldrand.	3,45	0,87	

Die meisten Beachvolleyballer haben im Gegensatz zum Hallenvolleyball keinen Trainer oder Coach, der sie bei den Turnieren unterstützt. Hinsichtlich einer Leistungsbeeinflussung spielt es im Beachvolleyballwettkampf anscheinend keine Rolle, ob ein Trainer/Coach am Spielfeldrand steht oder nicht. Dagegen wird es als tendenziell leistungsfördernd empfunden, wenn im Hallenvolleyball ein Coach/Trainer die Mannschaft betreut. Das Konfliktpotential durch das soziale Gefüge Trainer/ Mannschaft spielt hier im Sinne einer psychischen Beanspruchung keine Rolle. Es überrascht, daß die Gruppe der Befragten dem Coach eine positiv leistungsbeeinflussende Wirkung in der Hallen zuspricht, im Beachvolleyball diese positive Wirkung jedoch nicht erkennt. Hier ist sicher zu erwarten, daß es zumindest auf nationalem Spitzenniveau eine ähnliche Entwicklung wie in der Halle geben wird, d.h., daß sich der Beachvolleyballtrainer und –coach etablieren wird, da die Spieler auch hier die Notwendigkeit erkennen und einen Trainer als leistungs- und erfolgsfördernd wahrnehmen werden. Gespräche mit internationalen Spitzenteams bestätigen diese Erwartung schon heute.

Tab. 12

Item 24: Häufigkeit	x	s	T-Wert
BV: Ich bin Spieler, Manager und Trainer in einer Person.	3,67	1,63	0,40
HV: Ich muß mich nicht um den organisatorischen Teil des Wettkampfs kümmern.	3,8	1,49	
Item 24: Beeinflussung	x	s	T-Wert
BV: Ich bin Spieler, Manager und Trainer in einer Person.	3,04	0,84	1,83 (*)
HV: Ich muß mich nicht um den organisatorischen Teil des Wettkampfs kümmern.	3,37	0,78	

Es ist häufig der Fall, daß ein Beachvolleyballer die Organisation der Wettkämpfe selbst übernimmt. Diese zusätzliche Aufgaben werden von der Gesamtgruppe als positiv leistungsbeeinflussend eingeschätzt und scheinen demnach eher im Sinne von mehr Mitsprache und Einfluß auf organisatorische Entscheidungen bewertet zu werden. Auf der anderen Seite bewerten die Spieler die Tatsache, sich als Hallenvolleyballspieler ganz auf das Spiel konzentrieren zu können, ebenso geringfügig leistungssteigernd. Eine weitere Differenzierung gibt mehr Aufschluß über dieses etwas widersprüchliche Gesamtergebnis:

Gute Beachspieler empfinden es als etwas leistungshemmend (x=2,8), sich um alles selbst zu kümmern, weniger gute Spieler als etwas leistungssteigernd (x=3,3). Das Verhältnis ist hier bei den Hallenspielern genau umgekehrt (Gute: x=3,35; weniger gute: x=2,77 9).

Tab. 13

Item 25: Beeinflussung	x	s	T-Wert
BV: Ich muß mich um das Schiedsgericht bei Spielen anderer Mannschaften kümmern.	2,73	0,54	3,21**
HV: Ich muß mich nicht um das Schiedsgericht bei Spielen anderer Mannschaften kümmern.	3,16	0,47	

Die, durch den Umstand, das Schiedsgericht bei Spielen anderer Mannschaften stellen zu müssen, hervorgerufene zusätzliche Belastung auf Beachvolleyballturnieren, wird von den Probanden tendenziell leistungshemmend eingeschätzt, und zwar von den guten Spielern (x=2,6) signifikant stärker als von den schwächeren Spielern (x=2,88). Hier spielt es sicher eine Rolle, daß Spitzenspieler mehr Wert auf die sinnvolle Nutzung ihrer Pausen zur Regeneration oder Gegnerbeobachtung legen.

Der Tatsache, bei Hallenwettkämpfen nicht das Schiedsgericht stellen zu müssen, wird keine große Wirkung auf die Spielleistung beigemessen.

4.5.3 Belastungsfaktorenkomplex „Medien- und Zuschauerinteresse"

Item 2, Zuschauer, Item 3, Eintrittsgelder und Item 27, Medieninteresse

Tab. 14

Item 2: Häufigkeit	x	s	T-Wert
BV: Es sind viele Zuschauer beim Wettkampf.	3,45	0,91	3,39**
HV: Es sind viele Zuschauer beim Wettkampf.	2,9	0,86	
Item 2: Beeinflussung	**x**	**s**	**T-Wert**
BV: Es sind viele Zuschauer beim Wettkampf.	4,14	0,94	0,61
HV: Es sind viele Zuschauer beim Wettkampf.	4,06	1,01	

Die Gesamtgruppe gibt an, daß im Beachvolleyball häufiger viele Menschen zuschauten als im Hallenvolleyball. Die Zahl der Zuschauer wächst mit dem Niveau der Veranstaltung.

Einem großen Publikum wird eine leistungssteigernde Wirkung im Hallenvolleyball und im Beachvolleyball zugesprochen. Unabhängig von der Sportart schätzt der gute (im HV x=4,26, und im BV x=4,52) und erfahrene (x=4,48) Sportler seiner Disziplin die positive Wirkung der Zuschauer signifikant stärker ein als der nicht so gute (im HVx=3,89 und im BV x=3,75) und nicht so erfahrene (x=3,79) Volleyballer. Hier zeigt sich die größere Erfahrung im Umgang mit Auftritten vor Publikum deutlich. Ein ähnliches Ergebnis zeigt sich hinsichtlich der Beeinflussung durch das Medieninteresse (s. Tab. 15). Ob der Besucher Eintritt bezahlt oder nicht, wirkt sich nicht auf die Leistungsfähigkeit der Spieler aus.

Tab. 15

Item 27: Häufigkeit	x	s	T-Wert
BV: Das Interesse der Medien ist groß.	3,92	0,73	12,2**
HV: Das Interesse der Medien ist groß.	2,18	0,78	
Item 27: Beeinflussung	x	s	T-Wert
BV: Das Interesse der Medien ist groß.	3,74	0,95	4,24**
HV: Das Interesse der Medien ist groß.	3,14	0,84	

Es besteht ein hochsignifikanter Unterschied im Medieninteresse zwischen den Sportarten. Während die Befragten bei Wettkämpfen in der Halle nur ein geringes Medieninteresse erkennen, ist es im Beachvolleyball umgekehrt.

Die Sportler empfinden das größere Medieninteresse im Beachvolleyball als leistungssteigernd, und zwar erfahrene (x=4,04) und gute (x=3,96) Beachspieler stärker als nicht so erfahrene (x=3,42), bzw. schwächere Spieler (x=3,5). Die Medienpräsenz in der Halle wirkt sich nicht auf die Leistungsfähigkeit aus.

4.5.4 Der Belastungsfaktorenkomplex „Verletzungen"

Item 26, Verletzungsgefahr, Item 21, leicht verletzt in den Wettkampf und Item 29, Konsequenzen einer Verletzung

Tab. 16

Item 26: Häufigkeit	x	s	T-Wert
BV: Es besteht immer die Möglichkeit, sich zu verletzen.	3,55	1,43	5,02**
HV: Es besteht immer die Möglichkeit, sich zu verletzen.	4,18	1,41	
Item 26: Beeinflussung	x	s	T-Wert
BV: Es besteht immer die Möglichkeit, sich zu verletzen.	2,94	0,59	2,65**
HV: Es besteht immer die Möglichkeit, sich zu verletzen.	2,73	0,6	

Die Wahrscheinlichkeit, sich zu verletzen, wird von den Probanden im Hallenvolleyball signifikant größer angegeben als im Beachvolleyball. Die Leistung der Spieler wird durch die unterschiedlich große Verletzungsgefahr in den beiden Sportarten nicht beeinflußt. Gute und weniger gute Volleyballer beider Geschlechter geben an, daß die Möglichkeit, sich zu verletzen, keine Auswirkungen auf die Leistungsfähigkeit habe.

Tab. 17

Item 21: Häufigkeit	x	s	T-Wert
BV: Ich gehe leicht verletzt in den Wettkampf.	2,49	0,87	1,16
HV: Ich gehe leicht verletzt in den Wettkampf.	2,57	0,79	
Item 21: Beeinflussung	x	s	T-Wert
BV: Ich gehe leicht verletzt in den Wettkampf.	2,26	0,79	1,63 (*)
HV: Ich gehe leicht verletzt in den Wettkampf.	2,14	0,58	

In beiden Sportspielen kommt es selten bis manchmal vor, daß die Spieler leicht verletzt in den Wettkampf gehen. Ist dies der Fall, wird die Verletzung als leistungshemmend eingestuft.

Tab. 18

Item 29: Beeinflussung	x	s	T-Wert
BV: Eine Verletzung würde das Ausscheiden des Teams bedeuten.	2,82	0,73	1,11
HV: Wenn ich mich verletze, kann ich ausgetauscht werden.	3,0	0,48	

Die aus einer Verletzung resultierenden, unterschiedlichen Konsequenzen spielen nach Angaben der Probanden keine Rolle für die Leistung im Spiel. Das Wissen um die Folgen einer Verletzung im Beachvolleyball und im Hallenvolleyball beeinflußt die Leistungsfähigkeit weder positiv noch negativ.

4.5.5 Belastungsfaktorenkomplex „Spielstruktur und Spielsituationen"

Hier werden die Belastungsfaktoren untersucht, die durch die unterschiedliche Spielstruktur der beiden Sportspiele hervorgerufen werden. Zudem werden bestimmte Spielsituationen hinsichtlich ihrer Beanspruchungswahrnehmung durch die Spieler untersucht.

Item 8, Angriffsleistung, Item 9, Zuspielleistung

Tab. 19

Item 8: Häufigkeit	x	s	T-Wert
BV: Meine Leistung ist im Angriff nicht so gut wie sonst.	2,73	0,61	1,49 (*)
HV: Meine Leistung ist im Angriff nicht so gut wie sonst.	2,53	0,84	
Item 8: Beeinflussung	x	s	T-Wert
BV: Meine Leistung ist im Angriff nicht so gut wie sonst.	2,31	0,94	0,93
HV: Meine Leistung ist im Angriff nicht so gut wie sonst.	2,41	0,81	

Tab. 20

Item 9: Häufigkeit	x	s	T-Wert
BV: Mein Zuspiel im Wettkampf ist oft ungenau.	2,63	0,91	2,37*
HV: Mein Zuspiel im Wettkampf ist oft ungenau.	2,34	0,68	
Item 9: Beeinflussung	x	s	T-Wert
BV: Mein Zuspiel im Wettkampf ist oft ungenau.	2,53	0,84	0,52
HV: Mein Zuspiel im Wettkampf ist oft ungenau.	2,59	0,86	

Die Befragten geben an, sie brächten sowohl im Hallenvolleyballspiel als auch im Beachvolleyballspiel eher selten nicht die gewohnte Leistung im Angriff. Eine schwache Angriffsleistung wird in beiden Sportspielen als tendenziell leistungshemmend angesehen. Ein ähnliches Ergebnis zeigt sich hinsichtlich der Zuspielleistung.

Ein signifikanter Unterschied ergibt sich bei der geschlechtsspezifischen Betrachtung. Die Spielerinnen geben an, sowohl im Beach- (x=3,0) als auch im Hallenvolleyball (x=2,57) häufiger ungenau zuzuspielen als die Männer (BV: x=2,3 / HV: x=2,08) und dementsprechend tendenziell eher eine Leistungshemmung wahrzunehmen (BV: x=2,35 / HV: x=2,39) als die Männer (BV: x=2,69 / HV: x=2,77). Die im Vorfeld der Untersuchung diskutierte Erwartung, daß sich schwache Leistungen aufgrund der fehlenden Kompensationsmöglichkeiten durch Spielerwechsel im Beachvolleyball stärker leistungshemmend auswirken würden, konnte anhand der Items 8 und 9 nicht bestätigt werden.

Item 11 und 17 schlechte und gute Form des Mitspielers

Tab. 21

Item 11: Häufigkeit	x	s	T-Wert
BV: Mein Mitspieler ist nicht gut drauf.	2,86	0,46	1,48 (*)
HV: Meine Mitspieler sind nicht gut drauf.	3,0	0,41	
Item 11: Beeinflussung	**x**	**s**	**T-Wert**
BV: Mein Mitspieler ist nicht gut drauf.	2,59	1,08	0,65
HV: Meine Mitspieler sind nicht gut drauf.	2,51	1,12	

Tab. 22

Item 17: Häufigkeit	x	s	T-Wert
BV: Mein Mitspieler spielt in diesem Wettkampf sehr gut.	3,55	0,61	1,94*
HV: Meine Mitspieler spielen in diesem Wettkampf sehr gut.	3,39	0,49	
Item 17: Beeinflussung	**x**	**s**	**T-Wert**
BV: Mein Mitspieler spielt in diesem Wettkampf sehr gut.	4,25	0,80	2,40
HV: Meine Mitspieler spielen in diesem Wettkampf sehr gut.	4,02	0,88	

Eine gute Wettkampfform der Mitspieler scheint gemäß der Untersuchungsergebnisse in beiden Spielen häufiger vorzukommen als eine schlechte Form. Die schlechte Form des Mitspielers wirkt sich in beiden Sportspielen anscheinend geringfügig leistungshemmend aus, eine gute Form hingegen wird deutlich positiv bewertet. Auch hier wurde die o.g. Erwartung einer unterschiedlichen Bewertung der beiden Sportspiele nicht bestätigt.

Item 18, Nichterreichen des Zieles und Item 12, Mißerfolg

Tab. 23

Item 18: Häufigkeit	x	s	T-Wert
BV: Wir erreichen das angestrebte Ziel nicht.	3,12	0,67	1,03
HV: Wir erreichen das angestrebte Ziel nicht.	3,0	0,71	
Item 18: Beeinflussung	**x**	**s**	**T-Wert**
BV: Wir erreichen das angestrebte Ziel nicht.	2,42	0,84	0,19
HV: Wir erreichen das angestrebte Ziel nicht.	2,45	0,79	

Wird im Beachvolleyball und im Hallenvolleyball das vor dem Wettkampf gesteckte Ziel nicht erreicht, so wird das in beiden Sportarten als leicht leistungshemmend empfunden. Die meist größeren finanziellen Einbußen im Beachvolleyball werden demnach ebenso hoch bewertet wie die Gefährdung des Saisonziels durch Niederlagen in der Halle.

Tab. 24

Item 12: Häufigkeit	x	s	T-Wert
BV: Bei einem Mißerfolg kann ich immer noch den Mitspieler verantwortlich machen.	1,95	0,91	3,06**
HV: Bei einem Mißerfolg kann ich immer noch die Mitspieler verantwortlich machen	2,39	0,98	
Item 12: Beeinflussung	x	s	T-Wert
BV: Bei einem Mißerfolg kann ich immer noch den Mitspieler verantwortlich machen.	2,84	0,69	1,3
HV: Bei einem Mißerfolg kann ich immer noch die Mitspieler verantwortlich machen	2,94	0,52	

Der Mitspieler wird im Beachvolleyballspiel signifikant seltener für den Mißerfolg verantwortlich gemacht als die Mitspieler im Hallenvolleyball. Die Möglichkeit, die Ursache für das Versagen von sich abwälzen zu können, wird in beiden Sportspielen weder leistungssteigernd noch leistungshemmend bewertet.

Item 23, Kritik der Mitspieler, Item 31, der Bessere/ Beste im Team und Item 32, der Schlechtere/ Schlechteste im Team

Tab. 25

Item 23: Häufigkeit	x	s	T-Wert
BV: Mein Mitspieler kritisiert mich während des Wettkampfs.	2,53	0,84	1,4 (*)
HV: Meine Mitspieler kritisieren mich während des Wettkampfs.	2,33	0,63	
Item 23: Beeinflussung	x	s	T-Wert
BV: Mein Mitspieler kritisiert mich während des Wettkampfs.	2,84	0,96	0,59
HV: Meine Mitspieler kritisieren mich während des Wettkampfs.	2,76	0,78	

Gegenseitige Kritik während des Wettkampfs kommt in beiden Sportspielen etwa gleich häufig vor und wirkt sich minimal leistungshemmend aus.

Unterschiede ergeben sich unter dem Einfluß der Faktoren Geschlecht, Spielstärke und Erfahrung: Auf Frauen wirkt Kritik von den Mitspielerinnen sowohl im Beachvolleyball (x=2,70) als auch in der Halle (x=2,48) weder leistungshemmend noch -fördernd. Die Männer geben an, daß Kritik geringfügig positiv wirke (BV: x=2,96; HV: x=3,0). Zudem kommt Kritik bei unerfahrenen (x=2,88) und leistungsschwächeren (x=2,83) Spielern häufiger vor als bei erfahrenen (x=2,2) bzw. guten Spielern (x=2,24).

Tab. 26

Item 31: Häufigkeit	x	s	T-Wert
BV: Ich bin der Bessere im Team.	3,06	0,63	3,65**
HV: Ich bin der Beste im Team.	2,57	0,91	
Item 31: Beeinflussung	**x**	**s**	**T-Wert**
BV: Ich bin der Bessere im Team.	3,55	0,77	0,21
HV: Ich bin der Beste im Team.	3,57	0,79	

Die Spieler antworteten, unabhängig von Geschlecht, Spielstärke und Erfahrung, daß sie etwas häufiger im Beachvolleyballteam der Bessere seien als der Beste im Hallenvolleyballteam. Der jeweiligen Situation wird eine geringfügig positive Wirkung auf die Leistungsfähigkeit zugesprochen.

Tab. 27

Item 32: Häufigkeit	x	s	T-Wert
BV: Ich bin der Schlechtere im Team.	2,8	0,54	8,53**
HV: Ich bin der Schlechteste im Team.	1,7	0,79	
Item 32: Beeinflussung	**x**	**s**	**T-Wert**
BV: Ich bin der Schlechtere im Team.	2,71	0,89	1,18
HV: Ich bin der Schlechteste im Team.	2,84	0,87	

Es zeigt sich, daß sich die Spieler im Hallenvolleyball signifikant seltener als schlechtester Spieler ihrer Mannschaft sehen. Eine leistungshemmende Wirkung wird diesem Umstand jedoch nur in minimalem Ausmaß zugesprochen.

Item 13, Druck mit dem Aufschlag und Item 14, Gegner schlägt wiederholt auf denselben Spieler auf

Tab. 28

Item 13: Häufigkeit	x	s	T-Wert
BV: Der Spielstand erfordert, daß ich mit dem Aufschlag Druck mache.	3,94	0,8	3,01**
HV: Der Spielstand erfordert, daß ich mit dem Aufschlag Druck mache.	3,63	0,86	
Item 13: Beeinflussung	**x**	**s**	**T-Wert**
BV: Der Spielstand erfordert, daß ich mit dem Aufschlag Druck mache.	3,2	0,91	0,37
HV: Der Spielstand erfordert, daß ich mit dem Aufschlag Druck mache.	3,16	0,77	

Die Spieler erklärten, daß es im Beachvolleyball signifikant häufiger vorkomme, daß der Spielstand einen druckvollen Aufschlag erfordere. Diese Situation wirke in beiden Sportspielen etwas leistungssteigernd.

Es ergeben sich Unterschiede, wenn man die Geschlechter und Leistungsklassen getrennt untersucht: Auf Männer wirkt der Druck, einen guten Aufschlag schlagen zu müssen, ebenso tendenziell leistungssteigernd (BV: x=3,42 und HV: x=3,38) wie für die besseren Beachvolleyballspieler (x=3,44). Frauen (x=2,96 im BV und x=2,91 im HV) und leistungsschwächere Spieler (x=2,95 im BV) beeinflußt diese Situation weniger.

Tab. 29

Item 14: Häufigkeit	x	s	T-Wert
BV: Der Gegner schlägt wiederholt den Aufschlag auf mich.	3,31	0,77	5,14**
HV: Der Gegner schlägt wiederholt den Aufschlag auf mich.	2,35	1,01	
Item 14: Beeinflussung	**x**	**s**	**T-Wert**
BV: Der Gegner schlägt wiederholt den Aufschlag auf mich.	3,31	0,96	1,4 (*)
HV: Der Gegner schlägt wiederholt den Aufschlag auf mich.	3,1	0,71	

Die Untersuchungsgruppe antwortete, daß diese Situation unabhängig von Geschlecht, Niveau und Erfahrung im Beachvolleyball signifikant häufiger vorkomme als im Hallenvolleyball. Wird ein Spieler durch den gegnerischen Aufschlag unter Druck gesetzt, empfindet er dies in beiden Sportspielen als geringfügig leistungssteigernd.

Item 28, viele Ballkontakte und Item 30, Verausgaben im Spiel

Tab. 30

Item 28: Häufigkeit	x	s	T-Wert
BV: Ich habe viele Ballkontakte.	4,51	0,85	4,27**
HV: Ich habe viele Ballkontakte.	3,86	0,98	
Item 28: Beeinflussung	x	s	T-Wert
BV: Ich habe viele Ballkontakte.	4,0	0,84	2,69**
HV: Ich habe viele Ballkontakte.	3,67	0,92	

Das Ergebnis zeigt deutlich, daß Beachvolleyballer im Spiel mehr Ballkontakte haben als Hallenvolleyballer. Die Untersuchungsgruppe empfindet viele Ballkontakte in beiden Sportspielen leistungssteigernd. Es fällt auf, daß die besseren Spieler (x=3,91 im HV und x=4,24 im BV) es in ihrer Sportart positiver einschätzen, wenn sie häufig den Ball bekommen (Schwächere Spieler: x=3,46 im HV und x=3,75 im BV).

Item 30: Verausgaben im Spiel

Tab. 31

Item 30: Häufigkeit	x	s	T-Wert
BV: Ich verausgabe mich voll im Spiel.	4,25	0,66	4,14**
HV: Ich verausgabe mich voll im Spiel.	3,78	0,78	
Item 30: Beeinflussung	x	s	T-Wert
BV: Ich verausgabe mich voll im Spiel.	3,31	1,05	0,9
HV: Ich verausgabe mich voll im Spiel.	3,25	0,93	

Die Spieler antworten, daß sie sich im Beachvolleyball signifikant öfter verausgaben würden als in der Halle. Eine hohe Belastung scheint sich – gemäß der Antworten - in beiden Sportarten leicht positiv auf die Leistung auszuwirken.

5 ZUSAMMENFASSUNG UND PRAXISEMPFEHLUNGEN

In der vorliegenden Arbeit wurden die Unterschiede in der psychischen Beanspruchung des Sportlers in den Volleyball-Sportspielen untersucht. Die wichtigsten Ergebnisse werden hier nochmals stichwortartig zusammengefaßt:

- Es besteht ein direkter Zusammenhang zwischen dem Alter, der Spiel- und Wettkampferfahrung im Beach- und Hallenvolleyball und der Leistungsfähigkeit im Sand. Je mehr Erfahrung der Spieler in den beiden Sportarten gesammelt hat, desto erfolgreicher ist er im Beachvolleyball.

- Es lassen sich kaum signifikante Unterschiede in der Motivation der Probanden im Hallenvolleyball und im Beachvolleyball feststellen. Daher kann aus dieser Untersuchung nicht auf eine motivational begründete unterschiedliche psychische Beanspruchung geschlossen werden.

- In einer Mannschaft mit sechs und mehr Spielern, die von einem Trainer zusammengestellt wurde, besteht ein größeres Konfliktpotential als in einer Zweiermannschaft. Ähnlich wirkt auch das Beziehungsgefüge Mannschaft-Trainer in der Halle streßfördernd.

- Ein Fünfsatz-Spiel in der Halle wird zwar streßfördender und psychisch ermüdender bewertet als ein Beachvolleyballspiel (1 Satz), der Beachvolleyballer benötigt jedoch eine sehr gute psychische Ermüdungswiderstandsfähigkeit aufgrund der Austragung der Wettkämpfe in Turnierform.

- Die Organisation der Wettkämpfe sowohl durch die Spieler selbst im Beachvolleyball als auch durch Dritte im Hallenvolleyball wird gleichermaßen positiv bewertet. Die Einbeziehung in das Schiedsgericht wirkt auf die Beachvolleyballspieler hingegen leistungshemmend.

- Die motivierende und leistungssteigernde Wirkung der Zuschauer und der Medien erfährt der Beachvolleyballer viel häufiger als der Hallenvolleyballer. Unerfahrene Spieler schwächeren Leistungsniveaus werden durch die Zuschauer- und Medienpräsenz im Beachvolleyball in ihrer Leistung gehemmt.

- Die Verletzungsgefahr ist in der Halle größer als im Sand und dementsprechend psychisch beanspruchend.

- Die eingeschränkten Annahmestrategien im Beachvolleyballspiel, die es kaum erlauben, dem Mitspieler einen größeren Verantwortungsbereich zu überlassen, werden als belastend empfunden.

- Der finanziell motivierte Beachvolleyballspieler ist dem Druck ausgesetzt, in jedem Wettkampf erfolgreich abzuschneiden, um Preisgelder zu gewinnen und für Sponsoren interessant zu sein. Dies ist besonders beanspruchend, wenn man bedenkt, daß oft die Tagesform über Sieg und Niederlage und damit über den Gewinn von Preisgeldern entscheidet.
- Kritik unter den Spielern bewirkt in beiden Sportspielen eine leichte Leistungshemmung.
- Die Aufschlagtaktik des Gegners zielt meist darauf ab, einen Spieler seiner psychischen und physischen Widerstandskraft zu berauben. Ebenso hat der Beachvolleyballer mehr Ballkontakte als der Hallenspieler. Durch die intensivere Belastung verausgabt sich der Beachspieler häufiger. Die genannten Punkte werden von den Beach-Athleten des deutschen Spitzenniveaus positiv leistungsbeeinflussend wahrgenommen.

Es muß betont werden, daß es letztlich vom Athleten und seinen Bewältigungsmaßnahmen abhängt, ob die in dieser Arbeit untersuchten Belastungsfaktoren zu einer psychischen Beanspruchung werden. Aus diesem Grunde sollen nachfolgend stichpunktartig einige **Praxisempfehlungen** zur Bewältigung der psychischen Beanspruchung gegeben werden:

- Aufgrund der Bedeutung der Spielerfahrung ist es wichtig, daß der Sportler Erfahrung in der Halle sammelt, beispielsweise bis zum Ende der technisch-taktischen Grundausbildung, bevor er sich ausschließlich auf das Beachvolleyballspiel konzentriert.
- Spieler des nationalen und internationalen Spitzenniveaus müssen mit einem Trainer zusammenarbeiten, der sich um die Trainingsplanung und -durchführung, die Organisation der Wettkampfteilnahme, die Sponsorensuche, das Coaching, die Gegnerbeobachtung usw. kümmert.
- Es ist sehr wichtig, zu Beginn einer Saison bei der Zusammenstellung bzw. –findung eines Beachteams darauf zu achten, daß Zielsetzung, Leistungsniveau und auch der Charakter der beiden Spieler gut zusammen paßt.
- Im Beachvolleyball ist eine große psychische Widerstandsfähigkeit und Stärke enorm wichtig; diese muß daher im Training besonders berücksichtigt werden.
- Das Training, insbesondere das Training der Annahme, muß insbesondere hinsichtlich der psychischen Belastung immer spiel- und wettkampfspezifisch gestaltet werden.
- Bei Turnieren können bestimmte Rituale, die der Sportler bewußt jedesmal vor dem Wettkampf durchführt, helfen, sich auf das neue Spiel einzustellen und die optimale Wettkampfbereitschaft wiederherzustellen (Beispielsweise das Hören einer bestimmten Musik mit Walkman oder bestimmte Gymnastikübungen etc.). Der Athlet sollte sich selbst beobachten und herausfinden, welche Rituale optimal für ihn sind.

Psychische Beanspruchung im Volleyball

- Jeder Beachvolleyballspieler auf Spitzenniveau muß sich mit einer psychoregulativen Entspannungstechnik vertraut machen.
- Ebenso kann ein Programm hilfreich sein, welches dem Spieler die Psychoregulation während des Wettkampfs ermöglicht, als Beispiel sei ein im Tennislehrplan, Band 2, des DEUTSCHEN TENNIS BUNDES enthaltenes Programm angeführt, daß sich ggf. auf das Beachvolleyballspiel (1996, 196 ff) übertragen läßt:

Zwischen jedem Ballwechsel wird ein 4-Phasen-Programm im Geist durchgespielt:

1. Phase: Positive Reaktion auf den vorhergegangenen Ballwechsel, egal ob Punkt gewonnen oder verloren ist. Positiv denken.
2. Phase: Neu aktivieren. Mittleren Aktivierungszustand erreichen, zuerst entspannen (tief und lange ausatmen), dann anspannen (subvokales Sprechen, stärker einatmen und kürzer ausatmen).
3. Phase: Vorbereitung auf den Ballwechsel. Sich vorstellen, welche Bewegung man als erstes ausführt, wohin man den Ball spielen muß. Erwartungshaltung aufbauen.
4. Phase: Konzentration auf Aktion. Rituelle Aktionen, wie z.B. Tänzeln, auf den Ball schlagen, „im Kopf frei werden".

Wichtig ist, daß dieses Programm, wie alle psychologischen Trainingsformen, langfristig unter wettkampfähnlichen Bedingungen eingeübt wird. Natürlich ist Voraussetzung, daß der Sportler an die positiven Effekte eines solchen Trainings glaubt.

LITERATUR

ALLMER, H.: Psychologische Aspekte sportlicher Beanspruchung. In: NITSCH, J. (Hrsg.): Stress. Theorien, Untersuchungen, Maßnahmen. Bern 1981, 507 ff.

ANDRESEN, R.: Psychologische Aspekte im Volleyball. In: GABLER, H. et al. (Hrsg.).: Praxis der Psychologie im Leistungssport. Berlin, München, Frankfurt 1979, 312-328.

BLUM, F.: Empirische Untersuchung zum Vergleich der psychischen Beanspruchung im Hallenvolleyball und im Beachvolleyball. Diplomarbeit DSHS Köln. Köln 1997.

DEUTSCHER TENNIS BUND (Hrsg.): Tennislehrplan. Band 2: Unterricht & Training. München 1996 (7. Auflage).

FRESTER, R.: Der Belastungssymptomtest - Ein Verfahren zur Analyse der Verarbeitung psychisch belastender Bedingungen bei Sportlern. In: KUNATH, P. (Red.): Beiträge zur Sportpsychologie. Teil 1. Berlin 1972.

GÖHLE, B.: Die Erfassung von Häufigkeiten von speziellen Unterschieden von Beanspruchungssituationen in der Sportart Volleyball. Diplomarbeit DSHS Köln. Köln 1983.

HÖMBERG, S./PAPAGEORGIOU, A.: Handbuch für Beachvolleyball. Aachen 1997.

KEBBEKUS, A.: Psychologische Beanspruchung im Volleyball. Diplomarbeit DSHS Köln. Köln 1990.

KNOBLOCH, J.: Psychologischer Streß in der Vorwettkampfphase. In: GABLER, H. et al. (Hrsg.): Praxis der Psychologie im Leistungssport. Berlin, München, Frankfurt 1979, 312-328.

NITSCH, J.: Psychoregulatives Training im Leistungssport. In: GABLER, H. (Hrsg.): Psychische Diagnostik im Leistungssport. Frankfurt 1985, 145-174.

NITSCH, J./UDRIS, I.: Beanspruchung im Sport. Beiträge zur psychologischen Analyse sportlicher Leistungssituationen. Bad Homburg 1976.

PAPAGEORGIOU, A./SPITZLEY, W.: Handbuch für Volleyball. Ausbildung zum Universalisten. Aachen 1997.

PAPAGEORGIOU, A./SPITZLEY, W.: Handbuch für Leistungvolleyball. Ausbildung zum Spezialisten. Aachen 1997.

SONNENSCHEIN, I.: Das Kölner Psychoregulationstraining. Ein Handbuch für Trainingsleiter. Köln 1985.

III VOLLEYBALL – METHODIK UND TRAINING

HEIDEMARIE LAMSCHIK

VOLLEYBALL - EIN KINDERSPIEL!
Vorstellung eines integrativen Vermittlungskonzepts

1 VORBEMERKUNGEN

In Expertenkreisen ist bekannt, daß deutsche Volleyballer- und Volleyballerinnen im internationalen Vergleich Leistungsdefizite aufweisen. Wenn die Ursachen dafür auch kontrovers diskutiert werden, so scheint Übereinstimmung darin zu bestehen, daß die Qualität der Grundausbildung und des Grundlagentrainings die Leistungsentwicklung und das höchstmöglich erreichbare Leistungsniveau eines Spielers, einer Spielerin entscheidend beeinflussen. Die Bedingungen, unter denen Kinder in diesem Alter trainieren, unterscheiden sich, bis auf wenige Volleyballhochburgen-Ausnahmen, nur geringfügig. Kindertrainer arbeiten in der Regel ehrenamtlich im Spannungsfeld der Ansprüche des Alltags, Beruf, ehrenamtliche Trainertätigkeit, viele Kinder in der Gruppe mit unterschiedlichsten sportlichen Voraussetzungen und Ansprüchen, wenig Hallenzeiten, Spielbetrieb, Anforderungen von Verein und Verband zu koordinieren. So bleibt nicht ausreichend Gelegenheit, sich über aktuelle Tendenzen und Anforderungen des Volleyballspiels zu informieren, sich die detaillierten Kenntnisse, die die Sportwissenschaft zu allen Komponenten des Anforderungsprofils Volleyball zur Verfügung stellt, zu nutze zu machen und so aufzubereiten, daß sie aktuell im alltäglichen Training umgesetzt werden können. Der Spitzensport stellt Defizite fest, entwickelt Konzeptionen, Rahmentrainingspläne, ohne den Praktiker vor Ort mit konkreten Hilfestellungen, sprich Aussagen zu Zielen, Inhalten, Übungs- und Trainingsformen mit entsprechenden methodischen Hilfen für den Trainingsalltag zu versorgen oder die Ausbildung der Kinder- und Jugendtrainer den aktuellen Anforderungen der Sportart anzupassen. Hinzu kommt die veränderte Lebenswelt unserer Kinder, deren Bewegungsmöglichkeiten eingeschränkt sind, was zu verminderten Bewegungserfahrungen führt, die selbst bestorganisierter Schulsport nicht kompensieren kann, so daß auch talentierte Kinder über ein nicht altersgemäßes Bewegungsrepertoire verfügen können. Eine Chance, Defizite gar nicht erst entstehen zu lassen, liegt in der optimalen Ausschöpfung der Möglichkeiten, die das Kindertraining in dieser Phase der Leistungsentwicklung bieten kann.

2 DAS INTEGRATIVE VERMITTLUNGSKONZEPT

Wieder etwas für den Bücherschrank? Nein! Genau das nicht. Langjährige eigene Kindertrainerinnenpraxis mit dem Zwang häufig wechselnden Bedingungen Rechnung zu tragen, weckte die Idee, „Rezepte für den Trainingsalltag" zusammenzustellen: Mann/ Frau nehme die Kinder mit ihrem aktuellen Bewegungskönnen, vergleiche dieses mit den Anforderungen an elementare sportmotorische Bewegungsabläufe, korrigiere die Bewegungsfehler mit altersgemäßen Übungen und methodischen Hilfen, gebe den Kindern Hinweise zur Kontrolle des eigenen Verhaltens, variiere die Bewegungsabläufe im Hinblick auf die Technik des Zielspiels und vergesse dabei nie, daß Kinder dieses Alters keine festgelegten, unveränderbaren Bewegungsmuster haben, sondern die Chance (fast) alles, im Sinne der Anforderungen der Technik des Zielspiels, richtig zu lernen.

3 KONSEQUENZEN FÜR DAS TRAINING

Kinder bewegen sich gerne und überall, wenn sie die Gelegenheit dazu haben. Dieselben Bewegungen, in Gegenwart eines Trainers ausgeführt, sind nicht mehr Bestandteile der Alltagsmotorik, sondern Teilbewegungen einer elementaren sportmotorischen Fertigkeit oder Technik mit ihren speziellen Ausprägungen. Fehleranalyse und- korrektur sind u. a. die Aufgaben des Lehrenden während dieses Tainingsabschnittes. Gehen, laufen, hüpfen usw. werden unter dem Aspekt eines technisch einwandfreien Bewegungsablaufes betrachtet.

Im Zusammenhang mit der Vermittlung von Fertigkeiten sind elementarmotorische Bewegungen immer Phasen einer spezifischen Technik, die das Erlernen der Gesamtbewegung erleichtern. Bewegungsanalysen elementarer bzw. sportmotorischer Fertigkeiten und volleyballspezifischer Techniken verdeutlichen übereinstimmende Bewegungsphasen, die als Teilbewegung erlernbar und auf andere Sportarten übertragbar sind.

Die Lerngelegenheiten sollen so organisiert werden, daß die Kinder ihren natürlichen Bewegungsablauf bewußt wahrnehmen und als steuerbar erleben. Altersgemäße methodische Hilfen, die alle Sinne ansprechen, Hinweise, Organisationsformen erleichtern das Lernen genauso wie präzise Zuordnung von Signalwörtern zu bestimmten Bewegungs- und Handlungsphasen.

Gleichzeitig mit dem Erlernen der Bewegungsabläufe, müssen Kriterien zur Kontrolle der eigenen Bewegung vermittelt werden, die "wenn..., dann..."-Folgerungen zulassen und ein Bewegungsgefühl entwickeln helfen, damit eine bessere Bewegungssteuerung möglich wird.

Die gesteckten Ziele müssen nach Selbsteinschätzung der Kinder erreichbar sein, damit Anstrengungsbereitschaft geweckt wird. Eine als richtig wahrgenommene Bewegung löst Funktionsfreude aus und motiviert zum Üben.

Inhalte, Übungen, Übungsformen, Spielformen, Kleine Spiele, Mini- Sportspiele sind im Hinblick auf eine optimale, entwicklungsgemäße Spielfähigkeit auszuwählen und zu ordnen. Dabei ist auf eine zielgerichtete, vielseitige Förderung zu achten.

4 KINDGEMÄSSE SPORTMOTORISCHE FERTIGKEITEN UND DIE VOLLEYBALLGRUNDTECHNIKEN

Gehen, laufen, stützen, aufnehmen, rollen, prellen u. a. gehören zu den kindgemäßen elementaren motorischen Fertigkeiten. Diese bieten bei analytischer Betrachtung eine Fülle von Bewegungsübereinstimmungen mit den häufig als „alltagsfern" bezeichneten Volleyballgrundtechniken. Aus diesen Übereinstimmungen kann man für Bewegungsabläufe und Spielverhalten „Gesetzmäßigkeiten" ableiten, die für die Vermittlung der oberen und unteren Zuspiels genauso zutreffen wie für den Angriffsschlag und den Block, aber auch für jede andere Sportart. So gilt immer:

Die Entfaltung von Kraft ist nur durch Druck auf feste Flächen oder Druck und Zug an feststehenden Geräten möglich. D. h. die Kraftübertragung auf den Ball erfolgt durch Abdruck der Füße gegen den Boden und anschließender Streckung vorher gebeugter Gelenke.

Die Tiefverlagerung des Köperschwerpunktes über die Unterstützungspunkte- vordere Teil der Füße- bringt Stabilität. Im Augenblick der Kraftübertragung - des Abdrucks vom Boden - muß der Körper einen festen „Stand" haben, sonst beeinträchtigen u.a. Fliehkräfte die Zielgenauigkeit. An der Verlagerung oder Veränderung des Körperschwerpunktes ist die geplante Bewegungsrichtung zu erkennen.

Bälle rollen bzw. fliegen immer in die Richtung des Kraftimpulses. Die Ballkontakt- oder Trefffläche liegt immer auf der Gegenseite der gewünschten Flugrichtung. Je größer die Ballkontakt- bzw. Trefffläche ist, desto besser kann die Flugrichtung des Balles beeinflußt werden. Bei optimalem Ball-Hand-Kontakt paßt sich der Handteller mit gespreizten Fingern dem Ball lückenlos an.

Ausholbewegungen oder vorbereitende Bewegungen finden immer in die Gegenrichtung der gewünschten Erfolgsbewegung statt.

Die Schulterachse, d. h. Nase und Fußspitzen, zeigen immer zum/zur ballführenden Spieler/in oder in die gewünschte Abspielrichtung. Änderung der Flugrichtung des Balles bedeutet Drehung der Körperachse.

Einsicht in die oben genannten Zusammenhänge versetzt Kinder in die Lage, ihre Aktionen zu kontrollieren oder bewußt zu beeinflussen und läßt sie ihr aktuelles Bewegungsrepertoire in einer neuen Qualität erleben. Ihr „Wissen" versetzt sie in die Lage, neue Situationen selbständig zu lösen, eigenes Verhalten zielgerichtet zu ändern und die Aktionen von Mitspielern eher zu erkennen. Der Lösung einer Bewegungsaufgabe, einen Ball aus kurzer Entfernung auf ein kleines, hohes Ziel zu werfen, müssen folgenden Überlegungen vorausgegangen sein: beide Handflächen befinden sich unter dem Ball, der Körper steht stabil im Gleichgewicht auf beiden Füßen, die Streckung erfolgt in Richtung des Zieles. Die Ausgangsstellung wird vor dem Wurf durch Hinschauen kontrolliert. Umgekehrt muß die Tatsache, daß der Ball unter dem Ziel durchfliegt, zur Schlußfolgerung führen, daß die Ballkontaktfläche zu weit hinter und zu wenig unter dem Ball gelegen hat.

Legt man das aktuelle Bewegungsrepertoire der Kinder zugrunde, so bietet dieses die gute Gelegenheit, sich dem Volleyball über die Idee des Spieles zu nähern, also volley zu spielen. Leicht fliegende Spielgeräte wie Luftballons, Badebälle, Indiaka werden in der eigenen Mannschaft so zugespielt, daß sie, wenn sie das Netz oder die Schnur überqueren, für den Gegner unerreichbar auf den Boden fallen. Neben den Regeln, das Spielgerät darf den Boden nicht berühren, nicht gefangen werden, bleiben eine Fülle von Gestaltungsmöglichkeiten. Wie z. B.: die Art der Kontaktfläche, die Anzahl der Ballkontakte einer Spielerin, innerhalb der Mannschaften, Feldaufteilung, Rotationsordnung, Bewertung der Aktionen. Der Zugang über die Grundtechniken bedarf sinnvoller Reduzierung der technischen und spielerischen Anforderungen auf die Möglichkeiten der Zielgruppe. Elementare Forderungen des Zielspiels müssen jedoch erhalten bleiben. Der Ball darf nicht gehalten werden und er darf den Boden nicht berühren. Wie in allen Spielen wird auch Volleyball in der Situaton 1 : 1 entschieden, so daß diese als altersgemäße Spielform sinngebend ist. Ungeachtet der Diskussion, ob oberes oder unteres Zuspiel als erstes gelehrt werden sollte, verlangen die Grundtechniken wegen der Schnelligkeit des Spieles bestimmte Verhaltensweisen: *Allseitige* Beweglichkeit, Bereitschaftstellung, optimal große Ballkontaktfläche, (oberes Zuspiel: offener Handteller, unteres Zuspiel: Unterarm-Innenfläche) und Vorwegnahme bekannter, situationsadäquater Bewegungen- Bereitschaftstellung, Hände spielbereit, zum/zur ballbesitzenden Spieler/in.

Bereitschaftstellung:
- Gesäß-, schulterbreite Schrittstellung, Füße nicht auf gleicher Höhe
- Knie gewinkelt, über die Füße nach vorn geschoben
- Das Gewicht ist gleichmäßig auf dem vorderen Teil der Füße

- Hüfte gebeugt, Oberkörper leicht vorgeneigt
- Arme im Ellenbogen gewinkelt
- Hände vor der Körpermitte

Die Verknüpfung von elementaren motorischen Fertigkeiten mit der zentralen Technik des Volleyballs, dem Oberen Zuspiel, soll im nachfolgenden Abschnitt mit praktischen Anregungen für das Training dargestellt werden. In allen Übungsbeispielen stehen die Hände, „Schlägerfläche" des oberen Zuspiels, und die Spielbereitschaftstellung im Mittelpunkt. Bewegungserfahrungen werden immer mit den unter vier genannten „Gesetzmäßigkeiten" in Zusammenhang gebracht.

5 ANREGUNGEN FÜR DIE TRAININGSPRAXIS

5.1 Die Hände als Stützflächen

Fortbewegen auf Händen und Füßen: Die Kinder bewegen sich auf Händen und Füßen von der Starlinie bis zur Wendemarke und laufen zurück.

Vierfüßlergang: Hände und Füße berühren den Boden gegengleich. Die Knie bleiben gestreckt.

Dreibeinhüpf: Nur ein Fuß darf den Boden berühren. Knie möglichst gestreckt.

Kamelgang: Hände und Füße berühren den Boden im Paßgang, rechte Hand und rechtes Bein gleichzeitig. Knie möglichst gestreckt.

Abb. 1: Kamelgang

Froschhüpfer: Hände setzen zwischen den Füßen auf, die bei jedem Sprung neben den Händen auf dem Boden aufsetzen.

Organisation: Ganzes Spielfeld, Wendemarken, gleichgroße Gruppen

Hinweise zur Beobachtung und zur Bewegungskontrolle für die Kinder: Schaut, ob die ganze Handfläche den Boden berührt, die Finger gespreizt sind, die Stützfläche so groß wie möglich ist, Finger- und Fußspitzen in die Bewegungsrichtung zeigen. Gestreckte Knie und Paßgang verlagern mehr Gewicht auf die Hände.

5.2 Die Hände als Ballkontaktflächen

5.2.1 Aufnehmen und Festhalten

Einer gegen alle ("Kasten leeren"): Der Trainer oder zwei Kinder werfen die Bälle aus dem Kasten. Die Kinder tragen (laufend oder hüpfend) die Bälle, jeweils immer einen zum Kasten zurück.

Organisation: Ganze Halle, Kasten mit umgedrehten Deckel, im Mittelkreis, verschiedene Ballarten, mehr als Kinder.

Hinweise zur Beobachtung und zur Bewegungskontrolle für die Kinder: Beide Hände bleiben am Ball.

Bälle am Fließband: Die Kinder stehen auf Armeslänge auseinander mit Blick in eine Richtung und reichen sich die Bälle durch die gegrätschten Beine, über den Kopf, durch die Beine/ über Kopf im Wechsel, mit Drehung um 180 Grad. Wer leert den Kasten am schnellsten?

Organisation: Gleichgroße Gruppen, je Gruppe einen kleinen Kasten mit verschieden schweren und großen Bällen.

Hinweise zur Beobachtung und zur Bewegungskontrolle für die Kinder: Beide Hände bleiben bis zur Übergabe am Ball.

Hüpfender Balltransport: Die Kinder halten einen Medizinball in beiden Händen, laufen, überspringen eine Bank, drehen sich um, legen den Ball ab, den sie tragen, nehmen einen auf der Bank liegenden Ball auf usw. Der Rückweg erfolgt neben den Bänken.

Organisation: Gruppen, mehrere Bänke in beliebigen Abständen parallel, auf jede Bank soviel Medizinbälle wie Gruppen, einen in die Hände des startenden Kindes.

Hinweise zur Beobachtung und zur Bewegungskontrolle für die Kinder: Zum Ablegen und Aufnehmen des Balles wird die Schulterachse parallel zur Bank gedreht, Fußspitzen zeigen beide zur Bank.

Abb. 2: Ballablage mit optimaler Körperhaltung

Komm' mit: Je zwei Kinder greifen einen Basketball mit beiden Händen oben/unten, rechts/links, stehen sich frontal gegenüber und versuchen, den Ball festhaltend, den/die Partner/in über eine Linie zu ziehen

Organisation: Je zwei Kinder ein Ball, einen Platz in der Halle mit einem Stück Linie.

Hinweise zur Beobachtung und zur Bewegungskontrolle für die Kinder: Nur die Hände liegen lückenlos am Ball. Die Handflächen sind so groß wie möglich. Die Füße sind gesäß-/schulterbreit. Die Füße drücken gegen den Boden.

Abb. 3: Ziehkampf

Geh' weg: Je zwei Kinder stehen sich an einer Linie gegen über, pressen beide gleichzeitig ihre Hände bei langen Armen gegen den Ball und schieben den/die Partner/in zurück.

Organisation: Je zwei Kinder ein Ball, einen Platz in der Halle mit einem Stück Linie.

Hinweise zur Beobachtung und zur Bewegungskontrolle für die Kinder: Nur die Hände liegen lückenlos am Ball. Die Handflächen sind so groß wie möglich. Die Füße sind gesäß-/ schulterbreit. Die Füße drücken mit dem vorderen Teil des Fußes gegen den Boden.

Abb. 4: Schiebekampf

Ball mit Ball: Jedes Kind hält einen Basketball, den es als „Schläger" benutzen soll, in Volleyballhaltung, mit beiden Händen vor und über der Stirn fest. Mit ihrem „Schlägerball" spielen sich die Kinder einen nicht zu prall aufgeblasen Badeball/einen Softball zu.

Organisation: Jedes Kind einen Basketball, paarweise, oder zu mehreren, einen leichten Spielball und ein begrenztes Spielfeld.

Hinweise zur Beobachtung und zur Bewegungskontrolle für die Kinder: Der "Schlägerball" bleibt vor und über dem Kopf. Fußspitzen (und Nasenspitze) zeigen zum ballführenden Kind, Schulterachse senkrecht zur Flugkurve des Balles. Die Füße stehen in gesäß-/ schulterbreiter Fußstellung. Ball wird mit Abdruck des vorderen Teil der Füße gegen den Boden gespielt.

Ball mit Ball als Mannschaftsspiel: Zwei oder drei Kinder bilden eine Mannschaft und spielen gegeneinander.

Organisation: 2- 3 Kinder je Mannschaft. Das Spielfeld beträgt 4,5 x 9 m, Netzhöhe 2,40 m Badeball/Softball ist Spielball, Basketbälle als "Schlägerball", Aufschlag wird durch Einwurf

Volleyball - ein Kinderspiel! 179

von der rechten Netzposition ersetzt. Der Ball muß innerhalb der Mannschaft 1 x zugespielt werden bevor, er das Netz überquert. Der „Schlägerball" wird in der Haltung des oberen Zuspiels festgehalten. Rotation und Zählweise des Wettkampfspiels.

Abb. 5: Ball mit Ball als Mannschaftsspiel

5.2.2 Rollen und Prellen

Hand am Ball: Die Kinder finden sich zu Paaren zusammen. Die Kinder rollen ihren Ball rechts-, links- oder beidhändig um Markierungen, auf Linien, folgen dem/der Partnerin. Jedes Kind rollt seinen Ball und versucht, mit der anderen Hand den Ball der des/der Partnerin wegzurollen.

Organisation: Jedes Kind einen Ball, ganze Halle.

Hinweise zur Beobachtung und zur Bewegungskontrolle für die Kinder: Der Ball-Handkontakt bleibt immer erhalten. Der Ball rollt in der Handfläche. Der Ball wird zwischen den Beinen gerollt, **nicht neben dem Körper** und wird nie vom Boden aufgenommen.

Wer rollt, bestimmt die Richtung: Ein Kind rollt seinen Ball mit beiden Händen senkrecht zur Schulterachse. Der/die Partnerin erkennt die Richtung und stoppt den Ball mit beiden Händen zwischen den geöffneten Beinen. Nach einer Drehung rollt es selbst zu, die Partnerin läuft schnell zum neuen Annahmeort.

Abb. 6: Rollen und Annehmen

Organisation: Zwei Kinder einen Ball, ganze Halle.

Hinweise zur Beobachtung und zur Bewegungskontrolle für die Kinder: Der Ball rollt senkrecht zur Schulterachse. Die Fußspitzen zeigen in die gleiche Richtung. An Schulterachse und Füßen ist die Rollrichtung zu erkennen. Der Ball muß mit den Händen zwischen den Beinen angehalten werden. Beim Rollen über den Boden darf der Ball den Bodenkontakt nicht verlieren.

Schweinchen in der Mitte: Zwei Kinder rollen sich den Ball mit zwei Händen zwischen den geöffneten Beinen so zu, daß ein Drittes ihn nicht mit den Händen zwischen den Füßen anhalten kann. Wer den Ball in die Hände des „Schweinchens" rollt, wird selbst „Schweinchen".

Organisation: Drei Kinder, ein Ball, Spielfeld 3x 4,5 m.

Hinweise zur Beobachtung und zur Bewegungskontrolle für die Kinder: Zum Stoppen und Rollen des Balles haben nur die Füße Bodenkontakt. Der Ball behält immer, auch bei Richtungsänderungen Kontakt zum Boden. Der Ballweg zwischen den ballführenden Kindern muß frei sein.

Volleyball - ein Kinderspiel! 181

Abb. 7: "Schweinchen"-Rollball

Wo ist mein Mitspieler?: In einem begrenzten Feld bewegen sich Paare und prellen je einen Ball mit beiden Händen in „Volleyballhaltung". Auf ein Zeichen halten sie den Ball von oben in Volleyballhaltung fest und werfen in beidhändig dem /der Partner/in zu, der/die den Ball in Volleyballhaltung fängt und sofort weiter prellt.

Organisation: Paarweise, jede/r einen Ball, Spielfeld je nach Anzahl der Gruppen.

Hinweise zur Beobachtung und zur Bewegungskontrolle für die Kinder: Die Hände prellen und halten den Ball in Volleyballhaltung. Die Handflächen sind dem Ball lückenlos angepaßt. Die Fußspitzen zeigen bei Abwurf und Fangen des Balles in die Flugrichtung. Der Blickkontakt zum/zur Partner/in bleibt immer erhalten. Der Ball- Hand- Kontakt geschieht geräuschlos.

Abb. 8: Ballaufnahme zum Paß

Prellen in die Luft: Die Kinder halten einen Ball, den sie frei in der Halle beidhändig prellen, nach einigen Bodenkontakten fest, drehen die Handflächen so, daß diese hinter und unter dem Ball, und vor und über der Stirn sind, und „prellen" den Ball in die Luft.

Organisation: Jedes Kind einen Ball, ganze Halle.

Hinweise zur Beobachtung und zur Bewegungskontrolle für die Kinder: Die Hände prellen und halten den Ball in Volleyballhaltung. Die Handflächen sind dem Ball lückenlos angepaßt. Daumen und Zeigefinger zeigen zueinander. Die Ellenbogen sind körpernah. Die Hände halten den Ball vor und über der Stirn. Der Ball verläßt die Hand beim „Prellen" in die Luft nur wenige Zentimeter. Die Form der Hände ändert sich nach dem Verlassen des Balles nicht. Der Kraftimpuls entsteht aus dem Abdruck der Füße gegen den Boden (Winkel von Fuß-, Knie- und Hüftgelenk ändert sich nur geringfügig).

6 SCHLUSSBEMERKUNG

Die hier vorgestellten wenigen Übungs- und Spielformen wollen beispielhaft aufzeigen, welchen Grundsätzen ein integratives Vermittlungskonzept folgt. Eine ausführliche Darstellung findet der interessierte Leser in der Zeitschrift "Deutsche Volleyballzeitung" – Volleyballtraining, 3 und 6/1997 sowie in 3/1998.

LITERATUR

DONSKOI, D. D.: Grundlagen der Biomechanik. Berlin 1975.

JOCH, W.: Das sportliche Talent. Aachen 1997^3.

MEINEL, K./SCHNABEL, G.: Bewegungslehre. Berlin 1972^2.

WEINECK, J.: Optimales Training. Balingen 1996^9.

HAGEDORN, G./BISANZ, G./DUELL, H.: Das Mannschaftsspiel. Frankfurt 1992.

PAPAGEORGIOU, A./SPITZLEY, W.: Volleyball. Aachen 1992^2.

TeilnehmerInnen des 23. DVV - Symposiums 1997

HORST WURSTER

VOLLEY(BALL)-SPIELEN OHNE VOLLEYBÄLLE

1 VORBEMERKUNGEN

Anregungen erhielt der Verfasser während eines kurzen Studienaufenthaltes an der Universität Szczecin, wo polnischen Sportstudenten vom ehemaligen Auswahltrainer L. Piasecki positive methodische Erfahrungen der Sportschule Krakow zur obigen Thematik vermittelt wurden.

Die frühen Ansätze von BERNSDORFF/HARTMANN (1973, 170) zur Problematik standen dagegen verstärkt unter kommunikationstheoretischen Aspekten und waren dem Verfasser zunächst unbekannt.

2 ZIELSTELLUNG UND ANWENDUNGSBEREICH

Primär geht es um das Sammeln vielfältiger koordinativ-motorischer Erfahrungen beim spielerischen Umgang mit einem neuen, z. T. ungewohnten Flugobjekt; insbesondere betrifft das Antizipation, Reaktionsschnelligkeit sowie Orientierungs- und Umstellungsfähigkeit. (Wo und wann landet der Wasserball/Luftballon? Wie und mit welchen spielerischen Mitteln kann eine Bodenberührung verhindert werden?). Sind doch diese und andere koordinativ-motorische Fähigkeiten Voraussetzung für das Erlernen von technischen Bewegungsabläufen, die wiederum die Grundlage für ein hohes Niveau beim Volleyballspiel bilden. Aus didaktischer Sicht nicht weniger bedeutungsvoll ist von der ersten Stunde an ein emotionaler Abschluß mit einem volleyballähnlichen Spiel.[1]

Neben dem technisch-taktischen Aspekt soll dabei bewußt die soziale Komponente in den Mittelpunkt gerückt werden - wie gemeinsame Freude über Sieg bzw. gemeinsam Ärger überwinden, Fehler der(s) Partner(s) ausgleichen, Fairplay in der eigenen Mannschaft bzw. gegenüber dem Gegner und Schiedsrichter.

Vielfältige Übungen mit unterschiedlichen Luftballons und/oder Wasserbällen sollten schwerpunktmäßig in der **Anfängerschulung** Anwendung finden.[2] Die Spiel-/Flugobjekte sind länger in der Luft, und die angewandte Technik spielt (noch) keine entscheidende Rolle.

---

[1] Allgemein gilt im Volleyball als direkt vorbereitendes „Kleines Spiel" lediglich „Ball übers Netz/über die Schnur".
[2] Bei Erwachsenen empfiehlt sich aus psychologischer Sicht zunächst in einer Turnhalle **ohne** Publikumsverkehr (Blamage, „Kinderei", Unterforderung u. a.)zu spielen.

Auch zur Auflockerung des Unterrichts/Trainings mit Sportstudenten oder Wettkampfmannschaften sind Spielformen vor allem mit dem Wasserball durchaus effektiv und sinnvoll. Plötzliches Ausbrechen bzw. Wegdriften des Balles aus der bisher gewohnten Flugbahn, andere Handtechniken bei der Aufgabe und beim Angriffsschlag u. ä. stellen auch an einen routinierten aktiven Volleyballspieler nicht zu unterschätzende Anforderungen.

3 METHODISCHES VORGEHEN

Alle nachfolgenden Übungen sollen lediglich Anregungen geben und können von jedem Sportlehrer, Übungsleiter oder Trainer variiert und kreativ weiterentwickelt werden.

3.1 Übungen mit dem Luftballon

Beim gemeinsamen Aufpusten von möglichst runden oder ovalen Luftballons (sitzend in Kreisform, pro Schüler 1 Luftballon) können gezielte Hinweise zur Technik des Aufblasens und Verknotens sowie beruhigende Worte, Gesten zur Überwindung der Angst gegeben werden.[3]

Abb. 1: Wer pustet am schnellsten auf?

3.1.1 Jonglieren

- Hochspielen **eines Luftballons** mit einer Hand (Abb. 2) oder mit beiden Händen (Abb. 3) im Stand, Gehen, Traben oder Hopserlauf, auf einer Geraden, „Wild" durcheinander, übers Netz, mit Hinsetzen usw.

---

[3] Innerhalb eines Therapiekurses mit Suchtkranken waren mehr als 50% der teilnehmenden Alkoholiker nicht (mehr) in der Lage, einen Luftballon aufzublasen (keine Technik, keine „Puste", Angst vorm Zerplatzen des Luftballons).

Volley(ball)-spielen ohne Volleybälle 187

Abb. 2: Hochspielen des Balles mit einer Hand

Abb. 3: Hochspielen des Balles mit beiden Händen

Abb. 4: Ballon mit Beinen jonglieren

Abb. 5: Ballon im Sprung pritschen[4]

---

[4] Den richtigen Zeitpunkt für Absprung und Pritschen des Ballons (optimales Timing) zu erfassen, ist nicht einfach und zunächst evtl. nur mit einer Art „Vorspannungshüpfen" bzw. „Auftakt-Hop" zu erreichen (vgl. KUHN 1997, 141).

Jonglieren von **zwei Luftballons** (Abb. 6) am Ort, am Netz entlang, von einer Seite auf die andere, mit Händen und/oder Füßen. Diese Übungen können auch in Wettbewerbsform mit dem Partner ausgeführt werden.

Abb. 6: Jonglieren von zwei Luftballons

Drei Luftballons (gleichzeitig) am Ort in der Luft „halten". (Abb. 7) Bei Beginn sollte der erste Ballon sehr hoch, der zweite und dritte relativ schnell aus der Hand geschlagen werden. Wechsel der Partner nach Zeitvorgabe (15-30 Sek.), nach Ballkontakten (26 - 50 x) und/oder nach Bodenberührung eines Ballons.

Abb. 7: Jonglieren von drei Luftballons

Zwei Partner (Spielpaar 1) „halten" **vier Luftballons** (über einem begrenzten Spielfeld) in der Luft und unterstützen sich dabei gegenseitig. (Abb. 8) Wechsel der Spielpaare nach Bodenberührung eines Ballons oder „fliegender Wechsel" nach bestimmter Zeit bzw. Anzahl.

Abb. 8: Partner-Jonglage mit vier Luftballons

3.1.2 Spiele übers Netz

Wie beim Jonglieren zeichnen sich diese Spielformen durch hohe Intensität und komplexe motorische Anforderungen sowie zusätzlich durch ihre unmittelbare Spielnähe aus. Voraussetzung für die nachfolgenden Spiele ist das (sich) gegenseitige Zuspielen von ein und zwei Luftballons zweier Schüler über eine kurze Entfernung ohne Höhenvorgabe (Abb. 9).

Abb. 9: Zuspielen von zwei Luftballons

Spiel 1 : 1 mit zwei Luftballons

Auf einem begrenzten Spielfeld (ca. 3 x 3 m) über ein relativ hohes Netz (2,10-2,30 m) sind alle „Techniken", einschließlich Schlag, im Stand oder Sprung erlaubt. Ziel ist es, einen oder beide Luftballons übers Netz auf der gegnerischen Seite zu Boden zu bringen (Abb. 10).

Volley(ball)-spielen ohne Volleybälle 191

Abb. 10: **Volley-Spiel 1 : 1 mit zwei Luftballons**

Spiel 2 : 2 mit zwei bis drei Luftballons

Bei diesem Spiel auf einem größeren Feld (Breite x Tiefe = 4,5 x 3-4 m) ist starker Teamgeist gefragt, um Fehler des Mitspielers wettzumachen.

3.2 Übungen mit dem Wasserball

Als besonders günstig für die nachfolgenden Übungen erwiesen sich Wasserbälle mit einem Durchmesser von 45 - 50 cm. Da ein solcher Wasserball ähnliche Flugeigenschaften wie der Luftballon aufweist, (die Flugdauer ist aber erheblich verkürzt), können also auch ähnliche und z. T. analoge Spiel- und Übungsformen wie unter 3.1 zur Anwendung gelangen. Allerdings orientieren diese Übungen stärker auf die späteren Zieltechniken.

3.2.1 Technikschulung

Oberes Zuspiel (Pritschen)

Hochspielen oder in der Luft halten des Wasserballes mit Kopf, mit einer Hand, **beidhändiges Zuspiel** über sich selbst als Jonglieren (Abb. 11), **Rückspiel** eines zugeworfenen bzw. zugepritschten Balles übers Netz.

Zur Korrektur/Einnahme einer zweckmäßigen Spielstellung empfiehlt es sich u. a., einem Schüler, der einen Volleyball mit optimaler Hand- und Fingerhaltung hält, einen Wasserball zuzuwerfen/zuzupritschen. Dieser Schüler muß rechtzeitig in „Stellung" laufen und dann den Wasserball mit seinem Volleyball zurückspielen bzw. Rückspiel erst nach ein-, zwei- oder dreimaligem Jonglieren über sich selbst (Abb. 12).

Abb. 11: Pritschen eines Wasserballs    **Abb. 12: "Korrektur"-Pritschen**

Unteres Zuspiel (Bagger)

Rückspiel (evtl. Jonglieren) eines zugeworfenen Wasserballes mit korrekter „Armhaltung" bzw. mit einem zwischen den Händen fixierten Volleyball (Abb. 13).

Abb. 13: Baggern mit Ball

Volley(ball)-spielen ohne Volleybälle 193

Zur Einschätzung der Flugbahn des zugeworfenen Wasserballes sowie des eigenen Timings bei korrekter tiefer Körperhaltung sollte der Schüler zunächst veranlaßt werden, zur rechten Zeit am rechten Ort zu sein, indem er seinen Volleyball erst unmittelbar vor der Bodenberührung unter den Wasserball legt (Abb. 14 u. 15). Gelingt das mehrmals, darf er den Wasserball direkt mit den Unterarmen bzw. mit dem zwischen den Händen fixierten Volleyball zurückbaggern.

Abb. 14: Antizipieren des Auftreffpunktes

Abb. 15: Zurückbaggern mit gehaltenem Ball

3.2.2 Spielformen

Ball übers Netz mit 1 Wasserball

Abb. 16: Volley-Spiel mit einem Wasserball

Auf dem Großfeld (9 x 9 m) bzw. verkürztem Großfeld (9 x 6 m) stehen sich jeweils 6-8 Spieler gegenüber, die den Ball über ein relativ hohes Netz spielen (Abb. 16). Es sind alle Techniken erlaubt; als Aufgabe dient das Einschlagen des Balles hinter der Grundlinie und/oder aus dem hinteren Spielfeldbereich.

Ball übers Netz mit 2 Wasserbällen

Das Einbeziehen eines zweiten Balles erhöht schlagartig Konzentration, Intensität und damit die Spielbereitschaft auf dem Feld (Abb. 17).

Abb. 17: Volley-Spiel mit zwei Wasserbällen

Spiel übers verdeckte Netz

Das mit Decken, Laken o. ä. verkleidete Netz fordert von den Spielern höchste konzentrative Aufmerksamkeit, Bereitschaft sowie Reaktions- und Umstellungsfähigkeit, da Richtung, Schärfe und Höhe des Balles relativ spät, d. h. erst in der eigenen Spielhälfte, erkannt werden (Abb. 18). Beim Spiel 3 : 3 oder 4 : 4 auf einer Feldgröße von 4,5 x 4,5 - 6 m sind alle Techniken erlaubt und Abspiele unbedingt einzubeziehen.

Abb. 18: Volley-Spiel mit Sichtbehinderung

4 SCHLUSSBEMERKUNGEN

Alle aufgeführten Übungs - und Spielformen können und sollen keinen Anspruch auf Vollständigkeit erheben, sondern lediglich anregenden Charakter tragen. In der Praxis haben sie sich sowohl bei Anfängern als auch bei Fortgeschrittenen bzw. aktiven Volleyballern hinsichtlich Abwechslungsreichtum. Freudbetontheit, Intensität und koordinativ-motorischer Anforderung bewährt. Für die Umsetzung und kreative Weiterentwicklung in Unterricht, Training oder Fortbildung viel Erfolg!

LITERATUR

Attraktion Volleyball. Videofilm der Akademie für Körpererziehung. Krakow 1987/89, 1992.

BERNSDORF, W./HARTMANN, P.: Volley-spielen statt Volleyballspielen. Eine Alternative zum herkömmlichen Sportspielunterricht unter kommunikationstheoretischen Gesichtspunkten. In: ADL (Hrsg.): Sozialisation im Sport. Schorndorf 1973, 170-176.

KUHN, P.: „Auftakt-Hop" im Volleyball - Technik, Funktion, Training. In: DANNENMANN, F. (Red.): Volleyball '96 - Facetten des Spiels. Hamburg 1997, 141-154.

Max Meier, Eidg. Technische Hochschule Zürich

MAX MEIER/FRITZ DANNENMANN

AUFSCHLAG- UND ANNAHMETRAINING UNTER BELASTUNG

1 EINFÜHRUNG

Aufschlag und Annahme sind spielentscheidende Elemente des Volleyballspiels. Die erste Möglichkeit, Punkte zu gewinnen, ist durch den Aufschlag gegeben. Mit einem starken Aufschlag kann direkt gepunktet oder der Gegner kann so unter Druck gesetzt werden, daß der Spielaufbau nicht mit der nötigen Genauigkeit ausgeführt werden kann. Damit steigen die Chancen des Blocks, erfolgreich zu agieren, bzw. es kann aus einer guten Feldverteidigung heraus ein zwingender Gegenangriff ausgebaut werden, der dann zu einem Punktgewinn führt. Wird der Aufschlag verschlagen oder "verschenkt", geht das Aufschlagrecht verloren – und damit die Möglichkeit, Punkte zu gewinnen.

Die Annahme wurde als "Schlüssel zum Erfolg" bezeichnet, da aus einer präzisen Annahme heraus der/die Zuspieler/in alle Möglichkeiten hat, erfolgreiche Angriffe zu inszenieren. Zwar ist dann beim "service-point-System" noch kein Punkt gewonnen, aber das Aufschlagrecht zurückerobert. Ist die Annahmequalität dagegen schlecht, gewinnt der Gegner direkt einen Punkt bzw. ist die Chance, selbst punkten zu können, zunächst einmal vergeben.

2 DER AUFSCHLAG[1]

2.1 Die verschiedenen Aufschlagtechniken

Volleyball ist ein Spiel mit dynamischer Entwicklung. Diesem Entwicklungsprozeß unterliegen auch die verschiedenen Techniken. Gerade bei der Aufschlagtechnik haben sich zahlreiche unterschiedliche Verfahren entwickelt, den Ball ins Spiel zu bringen. Betrachtet man diese im Überblick, dominieren in den unterschiedlichen Leistungsbereichen derzeit sechs ver-

---

[1] Im Regelwerk und in der Schweiz ist der Begriff "Aufgabe" üblich. Aufgrund der Doppeldeutigkeit des Begriffs – man sollte mit der "Aufgabe" nicht "aufgeben" – und der veränderten Qualität hin zu einer Angriffshandlung, wird der (aggressivere) terminus "Aufschlag" hier verwendet.

schiedene Techniken: neben Techniken, die im Stand ausgeführt werden, gewinnen Sprungaufschlag-Techniken zunehmend an Bedeutung.

- Techniken im Stand
- Aufschlag von unten, frontal, mit Effet
- Aufschlag von oben, frontal, mit Effet ("Topspin-" oder "Tennisaufschlag")
- Aufschlag von oben, frontal, ohne Effet ("Flatteraufschlag")
- Aufschlag von oben, seitlich, mit und ohne Effet ("Hakenaufschlag", "japanischer Flatteraufschlag")
- Techniken im Sprung
- Aufschlag von oben im Sprung, frontal, mit Effet ("Topspin-Sprungaufschlag")
- Aufschlag von oben im Sprung, frontal, ohne Effet ("Flatter-Sprungaufschlag").

Aufschlag von unten, frontal, *mit* Effet

Dieser Aufschlag wird mit fest gespannter, flacher und ballangepaßt gewölbter Hand von unten geschlagen. Der Arm schwingt von hinten-unten nach vorn-oben, begleitet von einer Vorwärts-hoch-Bewegung des Körpers (ohne Rotation). Der Ball hat eine relativ hohe Flugkurve ohne große Geschwindigkeit; er kann deshalb leicht berechnet und in der Regel ohne Schwierigkeit angenommen werden. Ein Flattereffekt tritt nur dann auf, wenn der Ball kurz und hart in der Mitte getroffen wird, wenn er relativ flach und ohne Eigenrotation über das Netz fliegt.

Bei Anfängern und im unteren Leistungsbereich wird dieser Aufschlag häufig verwendet, um den Ball sicher ins Spiel zu bringen, er dient der Spieleröffnung. Taktisches Ziel ist lediglich, eigene Fehler zu vermeiden. Einige nationale Fachverbände (z.B. Österreich, Italien) gestatten bei Kindern und Jugendlichen bis 12 Jahren nur diesen Aufschlag in Wettbewerbsspielen. Damit kann eine Verlängerung der Spielphasen erreicht werden.

Aufschlag von oben im Stand, frontal, *mit* Effet

Beim sog. "Topspin-" oder "Tennisaufschlag" wird der Ball über der Schulter des Schlagarms getroffen, die Technik ähnelt dem Angriffsschlag. Durch Körper- und Handgelenkeinsatz erhält der Ball eine deutliche Vorwärtsrotation und eine hohe Geschwindigkeit. Dadurch bekommt er eine flache, aber gleichmäßige Flugkurve. Diese ist relativ gut einzuschätzen, doch kann durch die Härte des Schlages und die geringe Zeitspanne zwischen Aufschlag und Annahme das präzise Spielen des Balles erschwert werden.

In den Wettbewerbsspielen der verschiedenen Leistungsklassen verliert der "Topspin-Aufschlag" im Stand zunehmend an Bedeutung, er wird nur noch selten angewandt. Dennoch sollte er gelehrt werden, denn mit ihm wird der "Topspin-Sprungaufschlag" vorbereitet.

Aufschlag von oben im Stand, frontal, *ohne* Effet

Beim sog. "Flatteraufschlag" erhält der Ball einen unregelmäßigen Flug, er "flattert". Dieser Effekt entsteht durch Luftstauungen, die vor dem Ball auftreten. Diese entwickeln sich dann, wenn der Ball ohne jede Eigendrehung fliegt, quasi in der Luft "steht". In Abhängigkeit von der Fluggeschwindigkeit des Balles weicht dieser seitlich, nach unten oder gar nach oben der aufgestauten Luft aus. Alle Aktionen des Aufschlägers dienen dazu, den Ball so zu schlagen, daß er ohne Eigenrotation fliegt: niedriges Anwerfen, präzises und punktuelles Treffen der Ballmitte, sofortiges Abstoppen der Schlaghand, geradlinige Armführung von hinten nach vorn, geringe bis keine Bogenspannung und keine Körperverwringung. Könner sind in der Lage, den Aufschlag präzise in Zielfelder zu schlagen.

Aufgrund der kurzfristigen Flugbahnveränderungen ("Flattereffekt") kann der genaue Annahmeort kaum antizipiert werden, dadurch wird die Annahme enorm erschwert. Spielerinnen und Spieler sind oft bereits schon froh, wenn es ihnen gelingt, den Ball im Spiel zu halten.

Im mittleren und oberen Leistungsvbereich zählt der Flatteraufschlag zu den dominierenden Spielelementen (FRÖHNER/KÖHLER 1997, 21; ZIMMERMANN/KORTMANN 1996, 52 ff). Im nationalen Spitzenbereich werden bei den Frauen über 90 % aller Aufschläge in dieser Technik ausgeführt (vgl. PAPAGEORGIOU/ DOMBROWSKI/GÖRKE 1996, 146).

Aufschlag von oben im Stand, seitlich, *mit* und *ohne* Effet

Der sog. "Windmill-" oder "Hakenaufschlag" verschwindet langsam. Lediglich einige asiatische Teams bedienen sich noch dieser Technik. Der Aufschlag kann mit extrem starker Vorwärtsrotation ("Hakenaufschlag") oder mit Flattereffekt ("japanischer Flatteraufschlag") geschlagen werden.

Der/die Spieler/-in steht in der Ausgangsposition seitlich zum Feld. Der Ball wird beidhändig vor dem Körper hochgeworfen, der Schlagarm abgesenkt und in eine Kreisbahn parallel zur Körperlächsachse gebracht. Durch Gewichtsverlagerung vom hinteren Bein auf das feldnähere kommt es beim Schlag zu einem intensiven Körpereinsatz. Die Schlaghand überdacht den Ball, (wenn er mit Effet geschlagen wird), der Arm zieht voll durch, wobei zuerst der Oberkörper, danach auch die Hüfte zum Feld hinrotiert. Soll er ohne Effet als Flatteraufschlag geschlagen werden, gelten die gleichen Prinzipien wie beim frontalen Flatteraufschlag.

Je nach Ausführungsart gilt für die Annahme das gleiche, was oben zur Annahme des Tennis- bzw. des Flatteraufschlags ausgeführt wurde.

Aufschlag von oben im Sprung *mit* Effet

Der Ball wird einhändig – mit der Schlaghand, da durch sie eine größere Präzision im Anwurf erreicht wird – vorhoch in Richtung Netz geworfen. Der/die Aufschläger/-in führt danach einen Angriffsschlag aus, nach einem oder mehreren Anlaufschritten und Absprung hinter der Grundlinie, über dem eigenen Feld, möglichst hoch und hart und weit im Feld. Der Ball erhält eine starke Eigenrotation und fliegt flach und mit leicht gekrümmter, jedoch stabiler Flugkurve. Die gegnerische Annahmespieler haben nur knapp 0,3 Sekunden Zeit zwischen Aufschlag und Annahme, um den Ball "verteidigen" zu können. Deshalb wird im oberen Leistungsbereich, in welchem diese Aufschlagtechnik zunehmend an Bedeutung gewinnt, vor allem im Männervolleyball, mit drei bis vier Spielern angenommen.

Aufschlag von oben im Sprung *ohne* Effet

Der sog. "Sprungflatteraufschlag" kann als Neuentwicklung bezeichnet werden, er wird derzeit nur von wenigen Spielerinnen und Spielern im oberen Leistungsbereich angewandt[2]. Die Ausführung entspricht einer Kombination des "Topspin-Sprungaufschlags" und des "Flatteraufschlags" frontal. Nach dem Sprung wird der Ball kurz und mittig geschlagen, er wird quasi ohne Eigenrotation in die Luft "gelegt", wobei die Schlaghand sofort nach der Ballberührung abgestoppt wird. Da gegenüber dem Flatteraufschlag im Stand die Flugzeit verkürzt und die Flugbahn flacher ist, ist die Annahme zusätzlich erschwert.

2.2   Zur Aufschlagtaktik

Neben den beschriebenen Aufschlagtechniken müssen Spielerinnen und Spieler auch über ein angemessenes taktisches Wissen verfügen. Sie müssen taktische Anweisungen, die auf einer fundierten Gegneranalyse basieren, wirkungsvoll umsetzen können. Diese Fähigkeit wird unterstützt durch individualtaktisches Wissen, dessen Anwendung im Spiel von den technischen und psychischen Fähigkeiten der Spielerinnen und Spieler abhängt.

Aufschlagtraining sollte immer zielgerichtet und mit genauen Qualitätsanforderungen verbunden sein. Diese können sich auf die Sicherheit beziehen, auf die Risikobereitschaft, auf die Schlagtechnik, die Schlaghärte oder Zielgenauigkeit. Nach den Regeländerungen von 1994 kann die gesamte Breite des Spielfeldes hinter der Grundlinie für den Aufschlag genutzt wer-

---

[2]   Dies gilt auch für den Sprungaufschlag mit "sidespin-Effekt", der derzeit (noch?) sehr selten zu sehen ist.

den. Dadurch wurden die taktischen Möglichkeiten deutlich erweitert (vgl. PAPAGEOR-GIOU/SCHMITZ/DIMITRAKOS, in diesem Buch, S. 53 ff.).

Auf hohem Leistungsniveau sollten folgende Bälle geschlagen werden können:
- Flatteraufschläge aus allen Bereichen der Grundlinie, diagonal wie longline
- Flatteraufschläge aus kurzer, mittlerer und langer Distanz (bis 8 m hinter der Grundlinie)
- Sprungaufschläge, vorrangig als "topspin-Aufschläge"

Spielerinnen und Spieler sollten sicher auf folgende Aufschlagziele schlagen können:
- schwache Annahmespieler
- schwache Annahmeseiten
- Lücken in den verschiedenen Annahmeriegeln (lange Ecken, kurz bei 4-er- und 3-er-Riegel)
- Schnellangreifer
- Laufweg vor Zuspieler, Schnellangreifer, wechselnde (Hinterfeld-)Spieler
- hinter den Zuspieler.

2.3 Aufschlag-Training unter psychischer Belastung

Aufschlagsicherheit im Wettkampf kann nur gewinnen, wer im Training darauf vorbereitet wird. Deshalb sind Trainingsformen anzuwenden, die wettkampfähnliche Bedingungen schaffen. Die folgenden ausgewählten Beispiele wollen dazu einige Anregungen geben.

2.3.1 Einzelspieler – Training

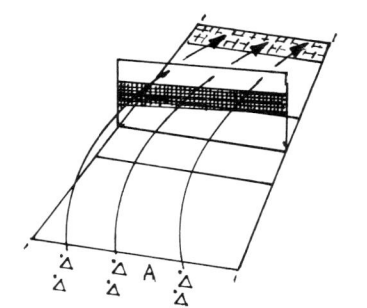

Abb. 1: Zielaufschläge durch Fenster

Aufgabe: Zielaufschlag durch Netz-Fenster

Spieler A muß drei Aufschläge hintereinander in den letzten Meter des Feldes schlagen. Dabei darf der Ball nicht höher als 1 m das Netz überqueren (Antennenspitzen mit Baustellenband verbinden).

Aufschlagbereich: kurze bis mittlere Distanz

Technik: Flatteraufschlag

Zeit: keine Zeitvorgabe, doch Aufgabe muß erfüllt werden

Bereich: oberer Leistungsbereich

Aufgabe: Aufschläge auf verschiedene Ziele

Spieler A schlägt auf Ziele auf. Er muß mit zehn Aufgaben mind. 20 Punkte erzielen. Die verschiedenen Ziele werden mit unterschiedlich hohen Punktzahlen bewertet. Nach jeder Aufgabe muß der Aufschläger in die Basisposition der Verteidigung, um einen neuen Ball zu holen. Spieler dosiert Risiko und Sicherheit selbst.

Aufschlagbereich: kurze bis mittlere Distanz

Zeit: keine Zeitvorgabe, doch Aufgabe muß erfüllt werden.

Bereich: alle Leistungsbereiche

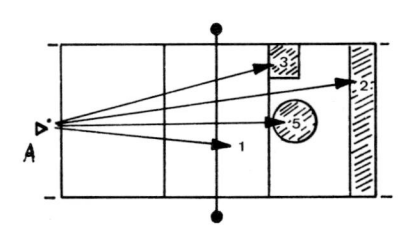

Abb. 2: Zielaufschläge um Punkte

Aufgabe: Zielaufschläge und Spielen

Spieler A schlägt zielgenaue Aufschläge ins gegnerische Halbfeld hinter den einlaufenden (penetrierenden) Zuspieler und läuft sofort ins Spielfeld. Ausspielen des Balles. Jede Rotation wird drei Mal gespielt.

Ziel: Aufschlag- und Spielhandlung verbinden.

Bereich: alle Leistungsbereiche

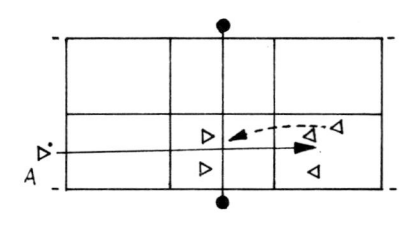

Abb. 3: Aufschlagen und Spielen

2.3.2 Team-Training

Aufgabe: Zielaufschläge unter "Strafandrohung"

Jeder Spieler schlägt nacheinander in die markierte Zone auf. Bei einem Aufschlagfehler muß die ganze Mannschaft zur Grundlinie der Gegenseite laufen und zurück. Der Spieler, der den Fehler begangen hat, schlägt wieder auf.

Ziel: Das Spiel ist beendet, wenn das ganze Team die Aufgabe fehlerfrei absolviert hat.

Bereich: mittlerer bis oberer Leistungsbereich (Trainingslagerübung: sie kann sehr lange dauern und einen sehr starken gruppendynamischen Aspekt beinhalten.)

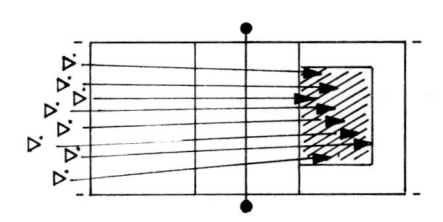

Abb. 4: "Kollektivstrafe"

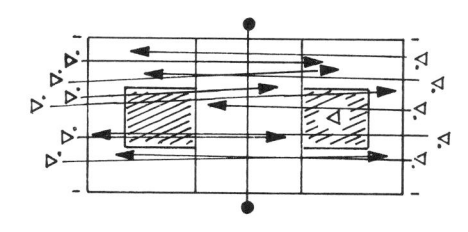

Aufschlag- und Annahmetraining unter Belastung **203**

Aufgabe: Zielaufschläge mit Ausscheiden

Zwei Teams schlagen auf Pfiff gegenseitig auf. Wenn eine Aufgabefehler erfolgt (Aufschlagfehler oder Ball auf die Matte), begibt sich der fehlbare Spieler auf die Matte. Er kann sich erlösen, indem er auf der Matte stehend einen Ball des Gegners abfangen kann.

Ende des Spiels: Die Mannschaft, die zuerst keine Aufschlagspieler mehr besitzt, hat verloren.

Abb 5: "Ausscheidungsspiel"

Von Spielerinnen und Spielern, vor allem im oberen Leistungsbereich, muß beim Aufschlag Risikobereitschaft erwartet werden können. Die Spieler müssen im Spiel bei der ersten Aufgabe im Satz, bei Satz- oder Matchbällen, nach Auszeiten und Spielerwechseln sowie im Tiebreak, wenn nach dem "running-score-system" gezählt wird, in der Lage sein, den erforderlichen Schwierigkeitsgrad beim Aufschlag positiv umzusetzen. Fehlervermeidungstaktik führt zu einem Erstarken des Gegners und im Extremfall zur Niederlage. Der Aufschlag ist eine Angriffshandlung und soll den Punktgewinn (direkt, durch Block oder Angriff aus der Verteidigung heraus) zum Ziel haben.

3 DIE ANNAHME

3.1 Die verschiedenen Annahmetechniken

In allen Leistungsbereichen können unterschiedliche Techniken beobachtet werden: Die wichtigsten Annahmetechniken sind:

- Die frontale Annahme im Stand ("frontaler Bagger")
- Die seitliche Annahme im Stand ("seitlicher Bagger")
- Die Annahme im Fallen (beid- oder einhändig, frontal oder seitlich)
- Die Annahme im Pritschen.

Frontale Annahme im Stand ("frontaler Bagger")

Die Grundtechnik in der Annahme ist das untere frontale Zuspiel im Stand, der frontale Bagger. Um eine möglichst große, feste und plane Spielfläche zu erreichen, (als Metapher wird der Begriff des "Spielbretts" verwendet,) werden die geöffneten Hände ineinandergelegt, die Handflächen zeigen nach oben, Daumen parallel nebeneinander; die Schultern werden leicht angehoben und nach vorne geführt, die Arme sind gestreckt; ohne Schlagbewegung der Arme wird der Ball durch eine leichte Bein- und Körperstreckung mit den Unterarmen so "gebaggert", daß er im Bogen möglichst genau zur Zuspielposition fliegt. Ob der annehmende Spieler sich aktiv gegen den Ball bewegt, passiv bleibt oder gar mit nachgebender Technik spielt, hängt von der Aufschlaghärte ab. Insbesondere leichte Aufgaben können problemlos mit dieser Technik angenommen werden.

Im Schulvolleyball und im unteren Leistungsbereich wird mit dieser Technik angenommen. Wichtig ist, daß alle Spieler annehmen, deshalb wird in der Regel mit einem Fünfer-Riegel angenommen (vgl. 3.2).

Seitliche Annahme im Stand ("seitlicher Bagger")

Bei harten Aufschlägen ist es manchmal unmöglich, noch hinter und unter den Ball zu kommen; in diesem Fall muß mit einem seitlichen Bagger angenommen werden. Das Spielbrett wird in gleicher Weise wie beim frontalen Bagger gebildet, doch wird durch Absenken der Innenschulter das Spielbrett so geneigt, daß der aufprallende Ball wiederum möglichst präzise zur Zuspielposition fliegt. Auch bei extremen Flatteraufschlägen wird eine seitliche Annahmetechnik bevorzugt angewandt, da mit dieser Armkorrekturen schneller ausgeführt und dem unregelmäßigen Ballflug angepaßt werden können.

Im mittleren Leistungsbereich wird zunehmend spezialisiert, d. h. es gibt in jeder Mannschaft Annahmespezialisten. Deshalb wird mit einer verringerten Spielerzahl angenommen, im Vierer- oder Dreierriegel, im oberen Leistungsbereich z. T. auch im Zweierriegel. Je weniger Spieler in die Annahme eingebunden sind, desto größer wird die abzudeckende Spielfläche. Deshalb muß in diesen Fällen oft mit einer seitlichen Technik angenommen werden.

Annahme im Fallen (beid- oder einhändig, frontal oder seitlich, seltener rückwärts)

Durch die veränderten Aufschlagtechniken verringert sich - vor allem im oberen Leistungsbereich - die Zeitspanne zwischen Aufschlag und Annahme enorm. Zudem müssen die Annahmespezialisten größere Räume abdecken. Deshalb sehen sich diese teilweise gezwungen, im Fallen anzunehmen. Die Technik entspricht hier den Verteidigungstechniken im Fallen. Die Prinzipien der Annahmegrundtechnik hinsichtlich der Spielfläche gilt auch für diese Techniken.

Annahme im Pritschen

Durch die Regeländerung bezüglich "unsauberen" Spiels, wird in zunehmendem Maße auch im Oberen Zuspiel, dem Pritschen, angenommen. Damit kann die Annahmegenauigkeit erhöht, das Spiel schneller und überraschender und damit wirkungsvoller gestaltet werden. Diese Technik wird in allen Leistungsbereichen angewandt.

3.2 Die verschiedenen Annahmeformationen

Fünferriegel

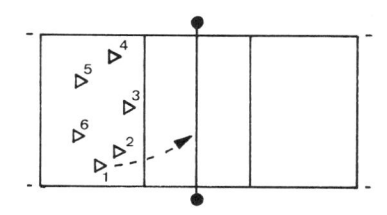

Abb. 6: Annahme im Fünferriegel

Die Spieler werden in W-Formation aufgestellt. Der Zuspieler kann sich am Netz befinden, bei Läufer aus dem Hinterfeld (penetrierendem Zuspieler) ist ein Laufen von Position eins, sechs und fünf möglich. Mit diesem System wird im Schulvolleyball, im Jugend-, unteren Leistungs- und Freizeitbereich gespielt. Die Vorteile liegen darin, daß alle Spieler am Spielgeschehen beteiligt sind und nur kleine Handlungsspielräume verantwortlich übernehmen müssen. Dadurch treten allerdings oft Kommunikationsprobleme auf, die Spieler schieben die Verantwortung ab und können sich schlechter auf Nachfolgehandlungen vorbereiten.

Viererriegel

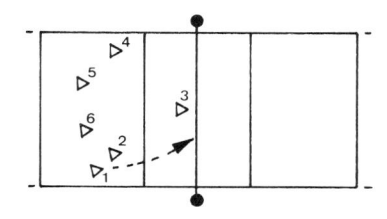

Abb. 7: Annahme im Viererriegel

Die Annahmespieler bilden einen Halbkreis, wobei vermieden wird, daß zwei Spieler auf gleicher Höhe stehen. Der Zuspieler und ein weiterer Spieler sind von Annahmepflichten entbunden. Bei dieser Annahmetaktik gibt es eine relativ klare Aufgabenverteilung, es treten in der Regel weniger Kompetenzprobleme auf als beim Fünferriegel. Nachteilig sind die relativ großen unbesetzten Flächen, vor allem in den langen Ecken sowie der kurzen Mitte. Diese Taktik wird vorrangig im mittleren Leistungsbereich eingesetzt, teilweise auch im höheren, wenn der Gegner überwiegend mit harten Sprungaufschlägen agiert.

Dreierriegel

Bei dieser Annahmetaktik werden zwei verschiedene Formen unterschieden: entweder wird mit einer Korridorzuteilung gespielt oder mit Prioritäten. Bei der Korridorzuteilung übernimmt jeder der drei Annahmespieler einen Längssektor, in dem er die Verantwortung für die Annahme trägt. Die Annahmespieler stehen beinahe auf einer Linie nebeneinander, wobei in der Aufstellung Netz- und Rückraumspieler berücksichtigt werden müssen. Die Linie ist ausgerichtet zum Aufschlagort. Bei dieser Taktik sind der Zuspieler sowie zwei Angreifer freigestellt, diese können sich gut auf überraschende Angriffsaktionen vorbereiten. Problematisch ist die relativ große Tiefe des Annahmesektors; besonders bei kurzen Aufgaben treten häufig Schwierigkeiten auf.

Beim Dreierriegel mit Prioritätenzuteilung übernimmt ein Annahmespezialist die Verantwortung für das halbe Spielfeld. Die andere Hälfte wird von den beiden anderen Annahmespielern in der Verantwortung kurz und lang abgedeckt. Insbesondere im oberen Leistungsbereich können hier die Vorteile, die eine Spezialisierung mit sich bringt, voll ausgeschöpft werden. Bei starken gegnerischen Aufschlagspielern entsteht allerdings eine relativ große Angriffsfläche für harte Sprung- oder gefährliche Flatter-Aufschläger.

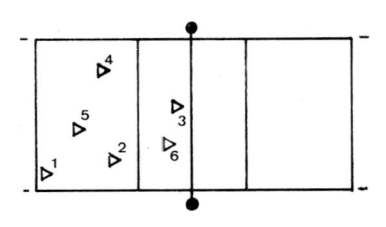

Abb. 8: Annahme im Dreierriegel

Zweierriegel

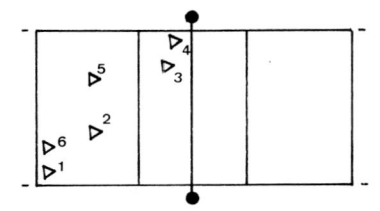

Die Annahme im Zweierriegel wird vorrangig im oberen Leistungsbereich angewandt. Zwei Spezialisten teilen sich das Spielfeld; diese können theoretisch bei allen sechs Rotationen auf der gleichen Seite annehmen. Aufgrund der hohen Annahmehäufigkeit kann die Fähigkeit der Spezialisten voll genutzt werden, allerdings ist bei einem psychischen Einbruch eines Spielers die Anfälligkeit dieses Systems sehr hoch.

Abb. 9: Annahme im Zweierriegel

3.3 Zum Annahmetraining

Das Annahmetraining kann unter verschiedenen Aspekten durchgeführt werden. Der Spieler soll sich aber in jeder Trainingsform bewußt sein, daß nur eine gute Annahme mithilft, einen gegnerischen Punktgewinn zu verhindern. Das Annahmeziel muß bei jedem Spielsystem definiert und jedem Spieler bekannt sein. Dieser Zielort (Zuspielposition) soll bei möglichst allen Annahmeübungen anvisiert werden.

Die Annahmetechnik ist einfach, verleitet daher aber oft zu Nachlässigkeiten. Dem Spieler muß die Wichtigkeit einer hohen Qualität in der Annahme mental immer wieder bewußt gemacht werden.

Aufschlag- und Annahmetraining unter Belastung 207

Im Annahmetraining können folgende Aspekte dominieren:
- *Üben der Annahmegenauigkeit.* Dies ist vor allem möglich durch eine hohe individuelle Wiederholungszahl mit dem Ziel, Korrekturen zu ermöglichen.
- *Sicherheit gewinnen.* Die Schwierigkeit der Aufschläge wird gezielt variiert, dabei wird ebenfalls in Serie individuell angenommen.
- *Annehmen unter physischer Belastung.* Durch Zusatzaufgaben werden die Annahmespieler physisch belastet, dennoch müssen sie mit hoher Qualität annehmen, d. h. die Annahme muß den Zuspieler erreichen.
- *Zielgenaues Annehmen.* Das Annahmeziel muß möglichst oft getroffen werden. Es wird in Serie geübt. Eine Steigerung der psychischen Belastung wird erzielt, wenn das Zuspielziel in Serie getroffen werden muß.
- *Annahme bei Satzball des Gegners.* Es ist nur eine Annahme möglich, diese muß den Zuspieler erreichen. Diese „Einmaligkeits-Handlung" erfordert eine „Punkt-Konzentration" der Annahmespieler bei höchster psychischer Belastung.
- *Annahme im Tie-Break.* Auch hier muß eine hohe Qualität in der Annahme erreicht werden, daß sonst ein sofortiger Punktverlust die Folge ist.

3.3.1 Einzelspieler-Training

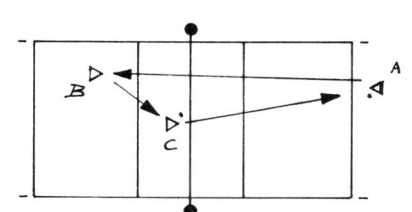

Spieler A schlägt auf Spieler B auf. Spieler B muß zehn Bälle so gut annehmen, daß ein Zuspiel durch Spieler C möglich ist. Spieler C gibt einen zweiten Ball sofort nach dem Aufschlag zu Spieler A, um die Zeitspanne zwischen den Wiederholungen gering zu halten. Je nach Leistungsbereich kann die Aufschlagschwierigkeit variiert und die Wiederholungszahlen erhöht werden.

Abb. 10: Einfaches Annehmen

Abb. 11: Doppelte Präzisionsannahme

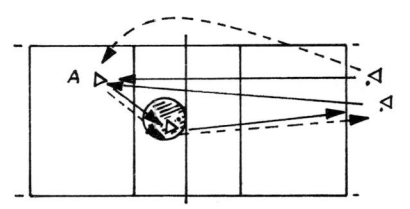

Spieler A muß zwei Annahmen hintereinander präzise ins Ziel bringen, bevor er die Annahmeposition verlassen kann. Es wird mit mehreren Bällen und Positionswechsel gespielt.

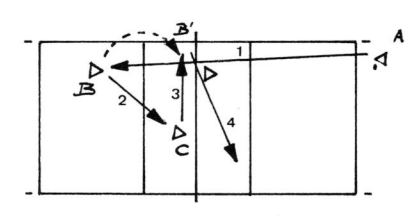

Abb. 12: Annehmen und Angreifen

Angriff nach eigener Annahme. Spieler A schlägt auf Spieler B, Spieler B nimmt möglichst präzise auf den Zuspieler C an, Spieler C spielt auf den Annahmespieler B zu, der gegen einen Einerblock erfolgreich in der Diagonale angreifen muß. Der Annahmespieler kann seine Position erst verlassen, wenn er drei erfolgreiche Angriffe ausgeführt hat. Diese Grundform kann zu einem Teamwettkampf ausgebaut werden. Dabei sind alle Außenangreifer in die Annahme integriert. Jetzt muß jeder Spieler drei Punkte erzielen oder sie müssen zusammen 9 (12) Punkte erzielen. Zusätzlich kann das Angriffsziel verkleinert werden oder es muß gegen einen Doppelblock erfolgreich angegriffen werden.

3.3.2 Team-Training

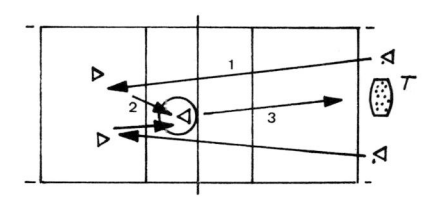

Abb. 13: Annahmepunkte sammeln

Der Trainer oder eine Mitspieler schlägt abwechslungsweise longline oder diagonal von der Grundlinie rechts oder links auf. Die Annahme wird durch zwei Spieler ausgeführt. Diese müssen zielgenau annehmen, um einen Punkt zu erhalten. Um dies zu erreichen, müssen sie sich untereinander zuverlässig verständigen und mit hoher Qualität annehmen. Erst wenn sie zusammen zehn Punkte erreicht haben, werden sie abgelöst.

Aufschlag- und Annahmetraining unter Belastung 209

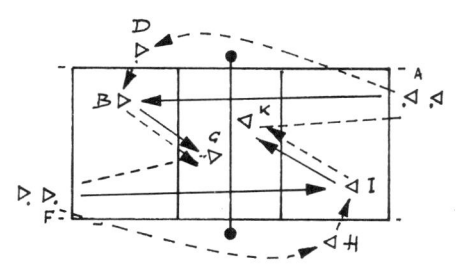

Abb. 14: Aufschlag-Annahme-Rondo

Die Team-Leistung zählt. Je zwei Spieler stehen beim Aufschlag, je ein Spieler in der Annahme auf den Positionen fünf, je ein Spieler auf der Zuspielposition, je ein Spieler außerhalb des Feldes neben den Annahmepositionen. Zielaufschlag von Spieler A auf Spieler B und von Spieler F auf Spieler I, Annahme von B zielgenau zu C und von I zu K; C und K fangen den Ball und laufen zum eigenen Aufschlagfeld, D und H übernehmen die Annahme, die Aufschläger A und F laufen zur Warteposition, D und H übernehmen die Annahme, B und I das Zuspiel. Eine zielgenaue Annahme ergibt einen Punkt, Aufschlagfehler und ungenaue Annahme kann mit einem Punktabzug belegt werden. Das Ziel des Teams ist es, möglichst schnell 20 Punkte zu erzielen. Als zusätzliche psychische Belastung kann gefordert werden, daß der 19. und 20. Punkt direkt nacheinander erzielt werden müssen, ansonsten werden fünf Punkte vom Konto abgezogen.

Spiel 6 gegen 6. Als Sonderregel wird eingeführt, daß eine Rotation bzw. ein Aufschlaggewinn erst nach zwei direkt nacheinander erzielten erfolgreichen Side-Outs zugelassen wird. Nach zwei Aufschlägen wechselt das Aufgaberecht auf jeden Fall (evtl. ohne Rotation).

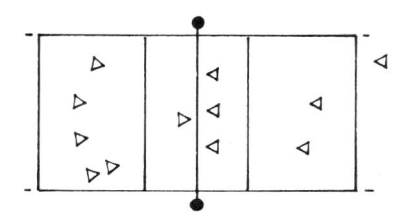

Abb. 15: Doppelte Annahme

Spiel 6 gegen 6 ("Wash-Drill"). Jedes Team schlägt abwechslungsweise auf. Nach einem erfolgreichen Side-Out muß zusätzlich ein vom Trainer eingeworfener "Danke-ball" ausspielen. Sind beide Aktionen erfolgreich, erhält das Team einen "großen" Punkt; mit drei "großen" Punkten wird eine Rotation erreicht.

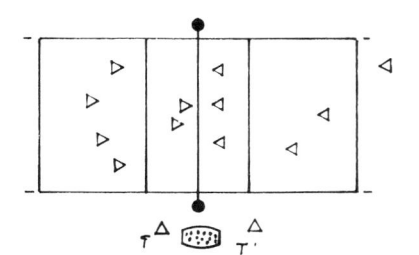

Abb. 16: "Wash-Drill"

4 SCHLUSSBEMERKUNG

Die hier vorgestellten Übungs- und Spielformen wollen lediglich Anregungen geben, das Aufschlag- und Annahmetraining gezielter durchzuführen. Lehrer, Übungsleiter und Trainer sind aufgerufen, diese systematisch zu variieren. Dabei muß die Spielstärke der Mannschaft und die Leistungsfähigkeit der Einzelspieler berücksichtigt werden. Die Zielsetzung muß sich immer am (gerade noch) Erreichbaren orientieren.

LITERATUR

FRÖHNER, B./KÖHLER, S.: Zum Leistungsstand und zu Entwicklungstrends im Spitzenvolleyball. In: DANNENMANN, F. (Red.): Volleyball '96 – Facetten des Spiels. Hamburg: Czwalina 1997, 9 – 28.

PAPAGEORGIOU, A./DOMBROWSKI, S./GÖRKE, K.: Die neue Aufschlagregel – Umsetzung in den 1. Ligen. In: DANNENMANN, F. (Red.): Volleyball '95 – Das Spiel im Jubiläumsjahr. Hamburg: Czwalina 1996, 146 – 170.

ZIMMERMANN, B./KORTMANN, O.: Die Männer-Europameisterschaft 1995 – Rückblick und Perspektiven. In: DANNENMANN, F. (Red.): Volleyball '95 – Das Spiel im Jubiläumsjahr. Hamburg: Czwalina 1996, 41 – 66.

STEFAN HENNE

DYSFUNKTIONEN DER BRUSTWIRBELSÄULE UND DES SCHULTERGÜRTELS ALS LEISTUNGS-LIMITIERENDE FAKTOREN IM VOLLEYBALL

1 PROBLEMSTELLUNG

Die maximale Reichhöhe und somit auch die Block- und Abschlaghöhe im Volleyball ist in erster Linie abhängig von der Aufrichtungsfähigkeit in der Brustwirbelsäule sowie der stabilisierenden Schultergürtelmuskulatur. Gerade bei Volleyballern führt sportartspezifisches Training, neben den ständigen Fehlbelastungen im Alltag, zu erheblichen Dysfunktionen in diesen Regionen. Spezifische Mobilisationstechniken für die Brustwirbelsäule, kombiniert mit stabilisierenden Übungen für den Schultergürtel, können die Reichhöhe, Schlaghärte und Blockstabilität erheblich verbessern. Zur Steigerung dieser leistungslimitierenden Faktoren ist regelmäßiges, funktionelles Training notwendig, um im Sinne der Verletzungsprophylaxe Überlastungsschäden, insbesondere der Schulter, zu vermeiden. Klinische Untersuchungen und ein Erfahrungsbericht der Juniorinnenweltmeisterschaft 1997 in Danzig/Polen belegen die Effektivität der im folgenden beschriebenen Übungsprogramme.

Hohlrundrücken, vorgezogene Schultern und abgeschwächte Schulterblattfixatoren gehören zum normalen Erscheinungsbild von Volleyballern. Diese und andere muskuläre Dysbalancen sowie Veränderungen am passiven Bewegungsapparat sind heutzutage „normale Zivilisationskrankheiten". Besondere anthropometrische Merkmale, die ein leistungsorientierter Volleyballer erfüllen muß, sind weitere prädisponierende Faktoren, welche die Leistungsfähigkeit und Verletzungsanfälligkeit des Sportlers in einem entscheidende Maß beeinflussen. Neben dem meist einseitigen sportartspezifischen Training führt eine allgemeine Bewegungsarmut im Alltag durch ein verändertes Freizeitverhalten der Jugend (Computer, Fernsehen etc.) zu einer Potenzierung des Problems.

Die Durchschnittsgröße der Bevölkerung ist in den letzten Jahrzehnten um mehrere Zentimeter gestiegen. In der Schule sitzen die Schüler aber immer noch an viel zu kleinen und einheitlichen Stühlen und Tischen. Größendifferenzen von Schülern in den ersten Schuljahren von mehr als 40 cm sind keine Seltenheit, sie müssen alle mit den gleichen Schulmöbeln auskommen. Solch eine Fehlbelastung in einem Entwicklungsalter, in dem das Knochenwachstum erheblich schneller vonstatten geht als die Ausbildung der Muskulatur, vor allem ihrer stabilisierenden Fähigkeiten, ist heutzutage kaum zu verantworten. Gerade hier hat der Kinder- und Jugendtrainer eine große Verantwortung, um durch gezielte Ausgleichgymnastik die Basis für eine sportartgerechte Entwicklung zu schaffen. Wird in diesem Alter zu früh mit einer rein sportartspezifischen athlethischen Ausbildung begonnen, werden die bestehenden muskulären Dysbalancen auftrainiert, falsche Bewegungsstereotype geschult und alle Voraussetzungen für Überlastungsschäden geschaffen. Ein Zeichen hierfür ist das immer geringer werdende Durchschnittsalter der Spieler im nationalen Spitzenbereich. Frühzeitiges, verletzungsbedingtes Beenden der Sportlerkarriere weist darauf hin, daß langfristig Erfolg nur aufgrund einer breiten athlethischen Ausbildung möglich ist.

Die meisten sportartspezifischen Bewegungen im Volleyball sind komplexer Natur. Sie setzen ein optimales Zusammenspiel verschiedener Körperabschnitte voraus. Im Bereich der oberen Extremität sind für alle Überkopfaktionen die Funktion der Brustwirbelsäule und des Schultergürtels als leistungslimitierend anzusehen.

Jede Überkopfbewegung findet in folgender Reihenfolge statt:
- Aufrichtung der Brustwirbelsäule
- interskapuläre Spannung
- Stabilisation durch die Rotatorenmanschette
- Bewegungseinleitung durch die Schultergürtelmuskulatur.

Die Aufrichtungsfähigkeit der Brustwirbelsäule wird bestimmt durch
- Extensionsfähigkeit der Brustwirbelsäule (Facettengelenke)
- Mobilität der Rippen (Costotransversalgelenke, Rippenwirbelgelenke, Zwischenrippenmuskulatur)
- Verkürzung der vorderen Weichteilstrukturen (z.B. Brustmuskulatur, Bauchmuskulatur).

Ist die Aufrichtungsfähigkeit der Brustwirbelsäule eingeschränkt, führt dies zwangsläufig zu einer verminderten Körperhöhe, Reichhöhe und Vitalkapazität.

2   MOBILISATION DER BRUSTWIRBELSÄULE

Mit 14 Volleyballerinnen der Jugendnationalmannschaft wurde ein Mobilisationsprogramm von 10 Minuten für die Brustwirbelsäule durchgeführt. Die Spielerinnen waren 16 und 17 Jahre alt. Es kam zu einer durchschnittlichen Vergrößerung der Körperhöhe von 2,3 cm und Reichhöhe von 4,5 cm. Im internationalen Vergleich kann ein 4-5 cm höherer Block, bzw. ein höherer Abschlag, die entscheidenden Punkte bringen. Der eigene Spieler wird im Block nicht mehr angeschlagen, der gegnerische Spieler kann überschlagen werden, die Blockstabilität nimmt um ein Vielfaches zu. Volleyballer sind aufgrund ihrer körperlichen Disposition ideal geeignet, um entsprechende Effekte zu erzielen. Die Wirkung der Übungen ist vor allem in der Dehnung der Brustmuskulatur (unterer und mittlerer Anteil) sowie der spezifischen Mobilisation in den Facettengelenken und Rippenwirbelgelenken der Brustwirbelsäule begründet.

In einer vergleichenden Studie wurde an einer Kontrollgruppe von 118 Physiotherapieschülern die spezifische Wirkung der Brustwirbelsäulenmobilisation bestätigt.

Tab. 1: Wirkung der Brustwirbelsäulenmobilisation

	Körperhöhe barfuß, Rücken zur Wand			Reichhöhe beidhändig, Gesicht zur Wand untere Hand			Atembreite[*] (w)unter Brustansatz (m) über Mamillen			Vitalkapazität in mml		
	vor	nach (Diff)	2 Std. (Diff)	vor	nach (Diff)	2 Std. (Diff)	vor	nach (Diff)	2 Std. (Diff)	vor	nach (Diff)	2 Std. (Diff)
Durchschnittswerte in cm	171	1.6	1,2	3,6	3,6	2,8	7	3	2	3950	250	210

[*]Die Atembreite ist die Differenz in cm zwischen maximaler Einatmung und Ausatmung

Es ist jeweils die Differenz zum Ausgangswert angegeben.

Im weiteren führt die Mobilisation der Brustwirbelsäule zu einer Vergrößerung der Vitalkapazität von 8 - 10%. Gerade in den Ausdauerdisziplinen kann dieses ein interessanter Aspekt sein.

Zur Mobilisation der Brustwirbelsäule sollten folgende drei Übungen durchgeführt werden:

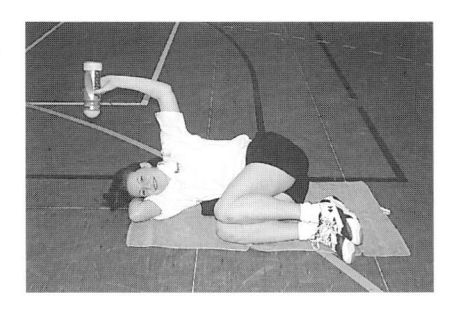

Abb. 1a: Ausgangsstellung 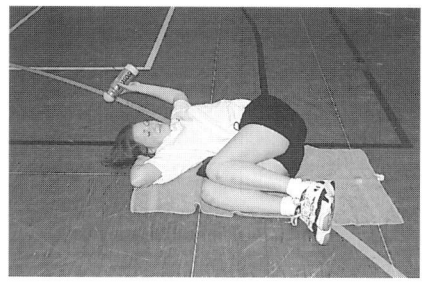   **Abb. 1b: Endstellung**

Mobilisation in Seitlage (Verriegelung in Flexion)

Beine sind maximal zur Brust angewinkelt, die Rippen sind mit einer festen Rolle (ca. 10 cm Durchmesser) unterlagert. Die obere Hand führt eine 1-Kilo-Hantel (alternativ eine Wasserflasche) von vorne nach hinten durch Drehen in der Brustwirbelsäule (der Schultergürtel bewegt „en bloc"). Der Arm ist in „U-Halte" immer in Verlängerung der Schultergürtelebene. Dem bewegenden Arm wird hinterher geschaut.

Abb. 2a: Ausgangsstellung   Abb. 2b: Endstellung

Mobilisation in Seitlage (Verriegelung in Extension)

Das untere Bein ist in Verlängerung der Wirbelsäule ca 30 - 40 cm hoch gelagert. Das obere Bein ist maximal in der Hüfte angewinkelt. Die Brustwirbelsäule ist in der Mitte durch eine Rolle unterlagert (alternativ ein zusammengerolltes Badetuch). Bewegungsausführung wie Übung 1.

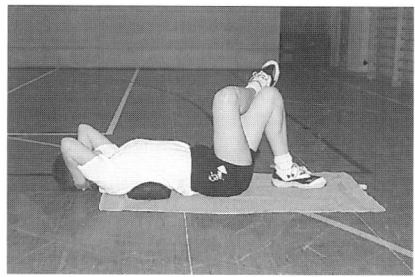

Abb. 3a: Ausgangsstellung   Abb. 3b: Endstellung

Mobilisation in Rückenlage (Verriegelung in Flexion)

Das rechte Bein ist angestellt, der linke Außenknöchel ist über das rechte Bein geschlagen. Die Brustwirbelsäule ist durch ein feste Rolle unterlagert. Dann langsames geführtes Zurücklehnen der Brustwirbelsäule über die Rolle. Die Hände unterstützen in Nackenhalte die Halswirbelsäule. Ohne Einsatz der Bauchmuskulatur diese Position über mehrere Atemzüge entspannt halten. Dieses mit Unterlagerung der Brustwirbelsäule in verschiedenen Abschnitten wiederholen

Alle Übungen 20 - 30 x langsam geführt (ca 1-2 Minuten), durch die volle Bewegungsbahn wiederholen. Bei konsequenter, korrekter und entspannter Durchführung sind 1-2 cm mehr an Körperhöhe erreichbar.

Durch eine korrekte Ausgangsstellung wirkt die Mobilisation direkt in der Brustwirbelsäule. Eventuelle Überbeweglichkeiten in der Lendenwirbelsäule werden durch die spezielle Lagerung geschützt.

Tennisspieler haben beim Aufschlag in der Trefferphase des Balles Belastungen von bis zu 1000 Kp auf dem Schlagarm. Diese hohen Kräfte müssen von allen Gelenken des Armes und nicht zuletzt dem Schultergürtel toleriert werden. Durch die muskuläre Aufhängung des Armes über das Schulterblatt auf dem Rumpf kommt der stabilisierenden Muskulatur in dieser Region eine leistungslimitierende Funktion zu. Die hohen Kräfte, die beim Tennisaufschlag entstehen, setzen sich aus ungünstigen Hebelverhältnissen zusammen. Der durch den Tennisschläger verlängerte Lastarm muß über die Rotatorenmanschette stabilisiert werden, welche auf das Schultergelenk kleine Kraftarmverhältnisse hat. Die auftretenden Kräfte beim Tennis sind durchaus mit denen im Volleyball zu vergleichen. Das Wettkampfgewicht des Balles ist im Volleyball um ein Vielfaches größer als im Tennis, zudem kommt eine weitere Krafterhöhung durch die Geschwindigkeit des Balles beim Zuspiel. Masse x Beschleunigung ergibt eine Kraft, die nur schwer von dem Schlagarm des Angreifers stabilisiert werden kann. Erschwert werden diese Fähigkeiten dadurch, daß die Aktionen beim Volleyball im Gegensatz zum Tennis im Sprung durchgeführt werden. Auf die notwendigen Fähigkeiten der Rumpfstabilisation für die Impulsübertragung der Extremitäten auf den Rumpf soll hier nicht weiter eingegangen werden.

Funktionsbewegungen der Schulter entstehen durch das Zusammenwirken aller Schultergürtelgelenke. Erst durch die Verstellmöglichkeiten der Gelenke des Schultergürtels werden für den Arm die großen Bewegungsausschläge ermöglicht.

Der Arm ist durch das Schulterblatt im Schultergürtel muskulär „aufgehängt". Die einzigen knöchernen Gelenkverbindungen zum Brustkorb sind die Schlüsselbeingelenke. Durch diese Konstruktion erhält er eine große Elastizität, verliert aber andererseits dadurch auch seine Stabilität, die durch Muskelkräfte ergänzt werden muß. Das Schulterblatt ist das Stellwerk für die Schultergelenkpfanne. Durch seine Verstellmöglichkeit bietet es dem Humeruskopf bei allen Bewegungen eine entsprechend Gelenkfläche. Die Schulter als Gelenk mit den größten Freiheitsgraden am menschlichen Körper hat durch die anatomischen Verhältnisse besondere Dispositionen zu Dysbalancen, Instabilitäten und Überlastungsschäden. Der Humeruskopf hat ein Größenverhätnis von 4:1 zur Gelenkpfanne. Eine knöcherne Stabilität wie z.B. an der Hüfte ist somit in diesem Gelenk nicht gegeben. Durch die großen Bewegungsmöglichkeiten des Schultergelenkes gibt es praktisch auch keine bandhaften oder kapsulären Strukturen, die eine Stabilität des Schultergelenkes gewährleisten. Die Qualität der Bewegung ist somit ganz von der stabilisierenden Funktion der Muskulatur, insbesondere der Rotatorenmanschette, abhängig.

Die zur Schulter gehörenden Gelenke sind:

drei knöcherne Schultergelenke (knöcherne Bewegungsführung)
- Glenohumeralgelenk
- Akromioklavikulargelenk
- Sternoklavikulargelenk

zwei Weichteilgelenke (muskuläre Bewegungsführung)
- skapulothorakales Gelenk
- Fornix humeri (subakromialer Raum)

zwei Rippengelenke (Stabilisierung)
- sternokostales Gelenk der 1. Rippe
- kostovertebrales Gelenk der 1. Rippe.

3 FUNKTIONSBEWEGUNGEN DER SCHULTERGELENKE

Der „skapulohumerale Rhythmus" ist das Zusammenspiel aller Schultergelenke bei den Überkopfbewegungen. Er ist das synchrone Bewegungsmuster von Schulter und Schultergürtelgelenken.

Ist der skapulohumerale Rhythmus durch muskuläre Dysbalancen des Schultergürtels oder Bewegungseinschränkungen in der Brustwirbelsäule (BWS) gestört, führt dies zwangsläufig zu Funktionsverlusten und Überlastungsschäden wie

- Insuffizienz oder Verletzung der Rotatorenmanschette
- Bursitiden
- Arthritiden
- Blockaden der BWS und Rippengelenke.

Insuffizienzen der Schulterblattfixatoren führen zu einer Ventralrotation (Elevations-/ Abduktionsstellung) des Schulterblatts. Verkürzung der Brustmuskulatur sowie der Schulterblattheber haben die gleiche Wirkung. Durch diesen Mechanismus kommt es zu einem vorzeitigen Kontakt zwischen Humerus und Akromion bei dem Hochführen des Armes (Impingement-Syndrom).

Wird die Stellung der Skapula auf dem Thorax in dieser Form verändert, sind endgradige Bewegungen im Schultergelenk nicht mehr möglich. Eine eingeschränkte Reichhöhe und Verletzungsanfälligkeit der Rotatorenmanschette sind die Folge.

Für die Praxis im Volleyball bedeutet dies

- geringere Blockhöhe
- geringere Abschlaghöhe
- „instabiler Block" aufgrund muskulärer Dysfunktionen
- mangelnde Schlaghärte durch fehlende muskuläre Stabilisation
- Technikprobleme in den Grundelementen Aufschlag und Schmettern
- falsche Bewegungsstereotype durch Kompensation in anderen Körperabschnitten
- höhere Verletzungsanfälligkeit.
- entwickeln von muskulären Dysbalancen
- Frustration durch Ineffektivität

Die Biomechanik setzt am Schultergelenk einige Bewegungsabläufe voraus, die zunächst einzeln geübt, angebahnt und trainiert werden müssen. Elementar ist es dabei, nicht nur auf das Glenohumeralgelenk Bezug zu nehmen, sondern den ganzen Schultergürtel muskulär und koordinativ zu stabilisieren.

Bevor das Schultergelenk selbst trainiert wird, muß erst der Schultergürtel stabilisiert werden. Der Gelenkpartner Skapula wird über die Aufrichtung der Brustwirbelsäule positioniert und durch die interskapuläre Spannung stabilisiert. Erst dann werden die Depressoren des Humeruskopfes durch eine Adduktion angebahnt. Im weiteren folgt die Innen- und Außenrotation. Misch- und Komplexbewegungen werden zur muskulären Absicherung trainiert, bevor mit abduktorischen Bewegungen begonnen wird.

Die sinnvolle Reihenfolge der Schulterstabilisation ist also

- Aufrichtung der BWS
- interskapuläre Spannung
- Adduktion
- Innenrotation
- Außenrotation
- Abduktion.

In der Vorbereitung auf die U-20 Juniorinnen Weltmeisterschaft in Danzig/Polen wurde von uns ein entsprechendes Trainingsprogramm mit dem Theraband entwickelt und durchgeführt, um die Stabilität und Schlagkraft im Schultergürtel zu verbessern.

Das Ergebnis eines vierwöchigen Trainings war die „schlagkräftigste" Juniorinnenmannschaft, die wir in den letzten Jahren hatten. Grund für diese Leistungsexplosion ist der hohe sportartspezifische Belastungsumfang durch Überkopfarbeit mit dem Theraband. Die Belastungsnormative richteten sich hierbei nach den Prinzipien der Trainingslehre.

Für mich als Physiotherapeut am bedeutsamsten war die Tatsache, daß in einer knapp vierwöchigen Vorbereitungszeit praktisch keine Verletzungen oder Überlastungsschäden im Bereich der oberen Extremität zu behandeln waren. Ausnahme: muskuläre Verspannungen im Bereich der Nackenregion durch die ungewohnt umfangreiche Überkopfarbeit, welche sich aber nach einer relativ kurzen Eingewöhnungsphase legten.

Dysfunktionen als leistungslimitierende Faktoren **219**

4 SPORTARTSPEZIFISCHE VORBEREITUNG MIT DEM THERABAND

Die folgenden Übungen (Abb. 4 – 8) sollten vor jeder Trainingseinheit/Wettkampf durchgeführt werden.

Abb. 4a: Zug seitwärts    Abb. 4b: Zug vorwärts

Abb. 4c: Zug seitwärts    Abb. 4d: Zug rückwärts

Stabilisation und Aktivierung der Rotatorenmanschette

Ausführung: Arm in Hochhalte, kurze schnelle Zugbewegungen in alle vier Richtungen (links und rechts) 15 -20 Bewegungen in jede Richtung.

Abb. 5a: Ausgangsstellung    Abb. 5b: Endstellung

Kräftigung des Triceps

Ausführung: Arm in Hochhalte, der Ellenbogen wird mit der Gegenhand fixiert, dann isoliertes Strecken des Unterarmes (beidseits).

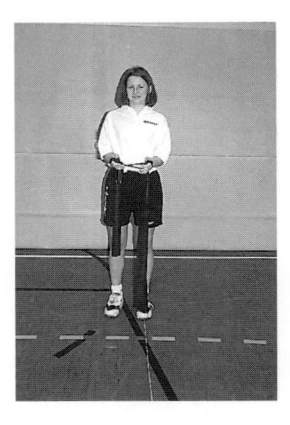

Abb. 6a: Ausgangsstellung 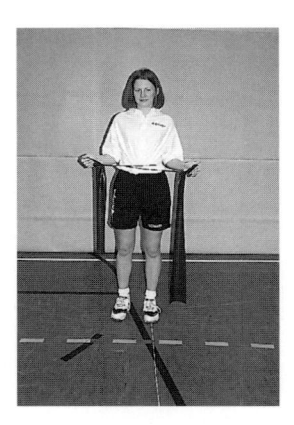   Abb. 6b: Endstellung

Kräftigung der Außenrotatoren

Ausführung: Theraband um die Taille winden, Griffhaltung überkreuz, Ellenbogen 90° gebeugt, Unterarme parallel zum Boden auswärtsdrehen.

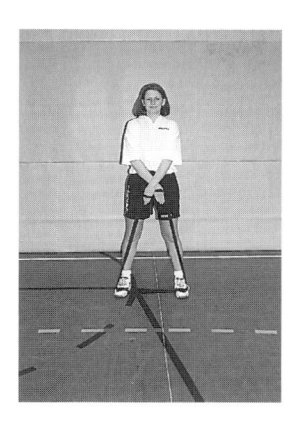

Abb. 7a: Ausgangsstellung    Abb. 7b: Endstellung

Kräftigung der Schulterblattfixatoren

Ausführung: Das Theraband ist unter den Füßen in Grätschstellung fixiert, Griffhaltung überkreuz, Bewegung von vorne unten innen, nach hinten oben außen.

Abb. 8a: Ausgangsstellung    Abb. 8b: Endstellung

Schlagimitationen

Ausführung: Zügige Schlagbewegungen mit aktivem Handgelenk (beidseits)

- Übung 1 als Aufwärmübung vor dem ersten Durchgang ausführen.
- Übung 2 - 5 mit den bekannten Belastungsnormativen aus dem Krafttraining.
- Wichtig: Qualität vor Quantität.
- Die Bewegungen sollen zügig über das vollständige Bewegungsausmaß durchgeführt werden.
- Die Belastung wird variiert durch unterschiedliche Vorspannung im Theraband, bzw. doppeln des Therabandes. Eine Therabandlänge von 2,5 m hat sich in der Praxis bewährt.

Ergänzende Übungen zur spezifischen Stabilisation des Schultergürtels mit dem Theraband

Abb. 9a: Zug seitwärts   Abb. 9b: Zug rückwärts

M. subscapularis

Ausführung: Den gestreckten Arm von vorne oben außen nach unten innen mit Einwärtsdrehen der Schulter hinter den Rücken führen.

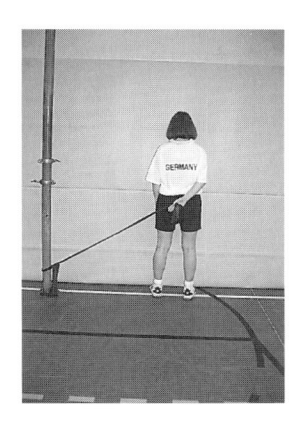

Abb. 10a: Zug seitwärts   Abb. 10b: Zug rückwärts

M. biceps caput longum

Ausführung: Den gestreckten Arm von unten innen (hinter dem Rücken) mit Auswärtsdrehen der Schulter nach vorne oben außen führen.

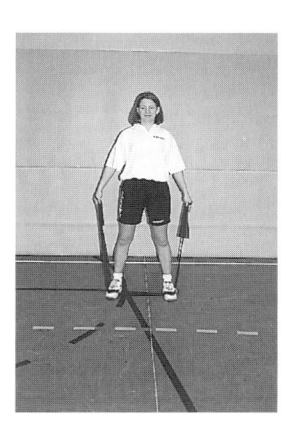

Abb. 11a: Ausgangsstellung   Abb. 11b: Endstellung

M. deltoideus

Ausführung: Abspreizen der gestreckten Arme bis in die Horizontale, Grätschstellung mit leichter Kniebeugung, das Theraband ist unter den Füßen fixiert.

Abb. 12a: Ausgangsstellung    Abb. 12b: Endstellung

M. infraspinatus

Ausführung: Der Ellenbogen ist in 90° Beugung seitlich am Rumpf fixiert. Aus dieser Position isoliertes Auswärtsdrehen des Unterarmes.

Abb. 13a: Ausgangsstellung    Abb. 13b: Endstellung

Zwischenschulterblattmuskulatur

Ausführung: Arme in Schulterhöhe vor dem Körper, die Ellenbogen 90° gebeugt. Das Theraband läuft hinter dem Ellenbogen über den Unterarm in die Hand. Zurückführen der Arme hinter die Schultergürtelebene.

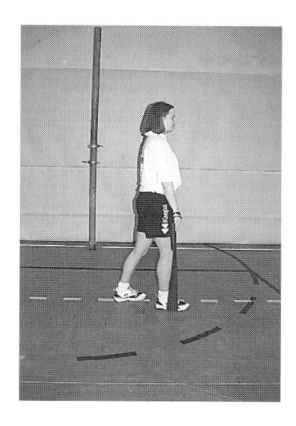

Dysfunktionen als leistungslimitierende Faktoren 225

Abb. 14a: Ausgangsstellung 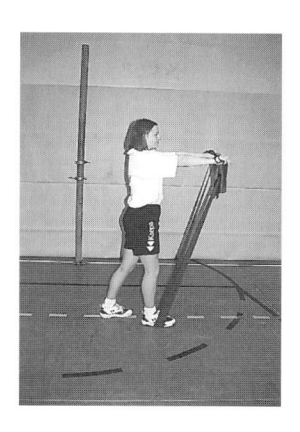   Abb. 14b: Endstellung

M. deltoideus (vorderer Anteil)
Ausführung: Schrittstellung, Kniee leicht gebeugt, Vorheben der getreckten Arme bis auf Schulterhöhe.

Abb. 15a: Ausgangsstellung    Abb. 15b: Endstellung

M. latissimus dorsi

Ausführung: Arme gestreckt von vorne oben innen nach hinten unten außen, seitlich neben den Körper ziehen.

Abb. 16a: Ausgangsstellung   Abb. 16b: Endstellung

Innenrotatoren

Ausführung: Der Ellenbogen ist in 90° Beugung seitlich am Rumpf fixiert. Aus dieser Position isoliertes Einwärtsdrehen des Unterarmes.

Abb. 17a: Ausgangsstellung   Abb. 17b: Endstellung

Rückenmuskulatur der Brustwirbelsäule

Ausführung: Griffhaltung überkreuz, Bewegung von vorne unten innen, nach hinten oben außen.

Alle Übungen: 20-30 Wiederholungen, 1-2 Minuten Pause, 2-3 Serien, 3-4 x / Woche

5 HINWEISE ZUR TRAININGSDURCHFÜHRUNG

- **Atmung**: Während der *Belastung* wird eingeatmet, während der *Entlastung* ausgeatmet; dabei muß Preßatmung unbedingt vermieden werden.

- **Bewegungsführung**: Die einzelnen Übungen müssen langsam, bewußt und konzentriert über die gesamte Bewegungsbahn ausgeführt werden.

- **Pausengestaltung**: Die Pausen zwischen den Belastungen sollten aktiv gestaltet werden,, gemäß dem „Dehnen - Kräftigen - Dehnen" - Prinzip.

- **Belastungsgestaltung**: Die Belastung sollte so gewählt werden, daß die Trainierenden in der Lage sind, auch die letzte Wiederholung der Serie noch exakt ausführen zu können.

- **Belastungssteigerung**: Zunächst wird die Anzahl der Wiederholungen erhöht, indem man von drei auf fünf Serien steigert. Erst zuletzt wird die Intensität erhöht, indem die Belastung gesteigert wird. Mit der erhöhten Belastung beginnen Sie die Übung erneut mit drei Serien.

- **Körpersensibilität**: Die Intensität und der Umfang der Belastung sollte von der jeweiligen Tagesform abhängig gemacht werden. Wenn sich der/die Trainierende nicht fit fühlt, sollte die Trainingsintensität und der Trainingsumfang vorübergehend reduziert werden.

LITERATUR

FRISCH, H.: Programmierte Therapie des Bewegungsapparates. Berlin 1993.

MEYER, H-P.: Medizinische Trainingstherapie in der Praxis. Mühlhausen 1997.

EVJENTH, O.: Autostretching. Alfta 1990.

KEMPF, H-D. :Trainingsbuch Theraband. Hamburg 1996.

HENNE, S.: Das Theraband als Trainingsmittel im Volleyball. Dresden 1997.

Erproben von Geräten für propriozeptiv akzentuiertes Training
(vgl. Beitrag Kremer)

BERTHOLD KREMER

GESUNDHEIT UND LEISTUNG IM VOLLEYBALL
ZUM PROBLEM VON MUSKELDYSBALANCEN

1 EINFÜHRUNG

Um gute oder gar hohe Leistungen im Volleyballspiel erbringen zu können, ist Gesundheit eine unabdingbare Voraussetzung. In diesem Beitrag soll ein spezieller Aspekt von Gesundheit und Leistung im Volleyball näher betrachtet werden, die muskulären Dysbalancen.

Volleyball zählt zu den risikoreichen Sportarten. Verletzungen und Beschwerden treten häufig im Bereich der unteren Extremitäten auf: Insbesondere die Fußgelenke, aber auch die Kniegelenke sind davon betroffen. Der Verfasser benannte bereits früher zahlreiche unterschiedliche Ursachen (vgl. KREMER 1991b), welche für Funktionsstörungen und Unfälle verantwortlich sind:

- hohe Belastungen bei Reaktivsprüngen im Training und Wettkampf
- Vernachlässigung von regenerativen Maßnahmen
- mangelnde oder unspezifische Trainingsvor- und -nachbereitung,
- spielstrukturbedingte verletzungsträchtige Situationen
- Überbelastung und viele andere mehr.

Diese Funktionsstörungen werden in einen kausalen Zusammenhang gestellt mit sogenannten muskulären Dysbalancen. In der Praxis erfolgt der Nachweis muskulärer Dysbalancen mittels Erhebung von Kraft- und Beweglichkeitswerten, die sich fast ausschließlich auf die von JANDA (1959; 1976) entwickelte Muskelfunktionsdiagnostik stützt.

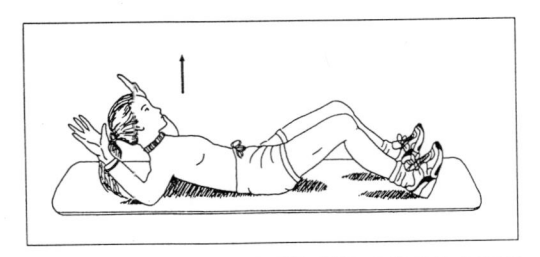

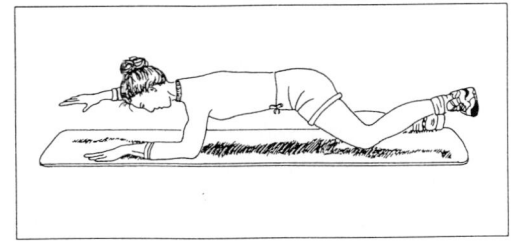

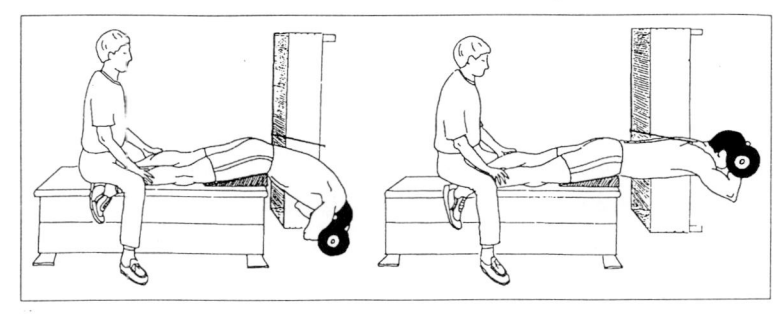

Abb. 1: Diagnose muskulärer Dysbalancen. Beispiele aus dem Bereich klinisch orthopädischer Untersuchung (Diagnosestufe I) nach MÜLLER/HILLE 1996. Entscheidend für die Bewertung ist das Erreichen oder Halten bestimmter Positionen oder mögliche Wiederholungszahlen.

Abb. 2: **Diagnose muskulärer Dysbalancen.** Beispiele zur Muskelfunktionsprüfung in Anlehnung an die Muskelfunktionsdiagnostik nach JANDA (MEISSNER 1990). Die Übungen werden bzgl. eines Erreichungsgrades in 5, im Sportbereich oft auch in drei Kategorien bewertet.

2 MUSKULÄRE BZW. NEUROMUSKULÄRE DYSBALANCEN

Im Zusammenhang mit Untersuchungen zur Wirkung verschiedener Dehntechniken definiert WIEMANN (1997) muskuläre Dysbalancen als „eine Verschiebung der über ein Gelenk ziehenden Muskeln, die dafür verantwortlich sind, daß das Gelenk bei ruhenden Muskeln sich nicht in einer entlastenden Mittelstellung befindet."

Die kausalen Zusammenhänge der einzelnen Faktoren sind sicher sehr komplex und bedingen sich mehr oder weniger gegenseitig. Ein Aspekt wurde bisher wenig beleuchtet, nämlich neuromuskuläre Einflußfaktoren bzw. neuromuskuläre Verarbeitungsstrategien auf der Basis von afferenten und efferenten Einflüssen sowie der beteiligten Rezeporen auf das neuromuskuläre System Kniegelenk.

FREIWALD und ENGELHARD führten 1995 den Begriff der „neuromuskulären Dysbalance" ein und definierten diese als „Abweichungen vom normalen (individuellen) Stereotyp, die durch veränderte Aktivierung zu Bewegungseinschränkung, Leistungsabnahme und/oder artromuskulären Beschwerden führen".

SOMMER beschreibt bereits 1983 am Beispiel von Basketballspielern die Valgisierung[1] der Kniegelenke bei Landungen und stellt dies in den Zusammenhang beobachtbarer Kniebeschwerden wie z. B. chondropatia patellae und anderen. KREMER hat in einer Studie 1991 nachgewiesen, daß sich durch gezieltes Training der Rumpfmuskulatur die funktionelle Situation, d. h. die muskuläre Balance bzgl. Muskelverkürzungen und -abschwächungen verbessern läßt und eine Verhaltensmodifikation dadurch möglich wird.

Mit Hilfe von Aufnahmen in Training, Wettkampf und bei ausgewählten standardisierten Testübungen wurde gezeigt, daß die von SOMMER beschriebene Valgisierung der Kniegelenke bei Landungen nach Sprüngen im ermüdeten Zustand auch im Volleyball eine regelmäßig vorkommende Bewegungsstruktur darstellt. Entgegen der Beobachtung von SOMMER im Basketball zeigt sich dieses Verhalten im Volleyball jedoch nicht nur im Zustand der Ermüdung, sondern ist fast schon als typisches, volleyballspezifisches Muster zu kennzeichnen. Weder ist den Athleten oder den Trainern dieses Verhalten bewußt, noch wird es im Trainingsprozeß bewußt beobachtet oder gar beeinflußt. Bei Sprungserien (z. B. Beidbeinsprünge/ Tiefsprünge) achten Trainer und Athleten sehr selten auf das Verhalten der Kniegelenke. Demgegenüber ist unbestritten, daß die beschriebene Valgisierung bzw. damit zusammenhängende Rotationstendenzen bei gleichzeitiger Fixierung im Fußgelenk für die passiven Strukturen im Kniegelenk einen erheblichen Stress darstellen, insbesondere für die Innenbänder sowie betroffene Knorpelstrukturen.

In einer Untersuchung wurde überprüft, ob das beschriebene Verhalten der Kniegelenke mit anderen Parametern, wie z. B. Beschwerden, Verhalten der Fußgelenke usw. korreliert. Mittels Druckmeßsensoren, die in die Schuhsole eingelegt werden können, wurden Bodenreaktionskräfte an verschiedenen Stellen unter der Fußsohle gemessen und sowohl in Bezug auf einen Fuß (medial-laterale sowie Ballen-Ferse) als auch im Seitenvergleich des linken und rechten Fußes gegenübergestellt und bewertet. Dabei kam es zu überraschenden, reproduzierbaren Übereinstimmungen der gemessenen Bodenreaktionskräfte und dem beobachtbaren Verhalten der Kniegelenke. Gleichzeitig wurde gezeigt, daß durch geeignete Trainingsmaßnahmen im Rahmen der funktionellen Gymnastik das Verhalten beeinflusst werden kann. Dies gelingt z. B. mit einem besonderen Übungskonzept auf der Basis der Vojta-Therapie zur Kräftigung der Bauch und Rückenmuskulatur, wie es von SOMMER/ROHRSCHEID/ARZA

---

[1] Einknicken nach innen zur X-Bein-Stellung.

(1987) beschrieben wurde. Die Veränderung ist dadurch zu erklären, daß durch die verbesserte muskuläre Situation der Bauch- und Gesäßmuskulatur das Becken weniger stark abkippt und dadurch günstigere Voraussetzungen gegeben sind, um die Valgisierungstendenz zu verhindern.

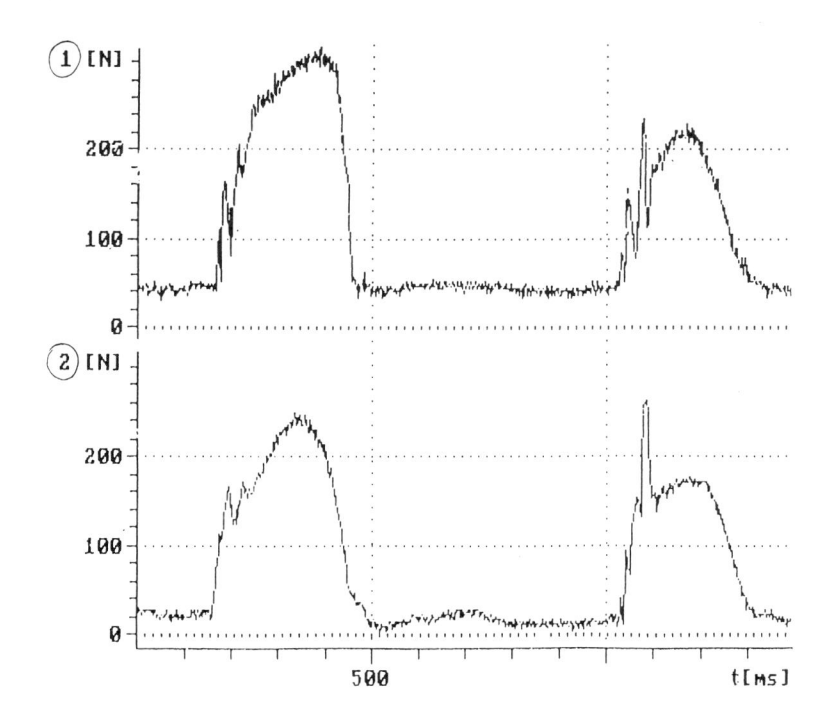

Abb. 3: **Kurvenverlauf der Bodenreaktivkräfte**. Kurvenverlauf der gemessenen Bodenreaktionskräfte im Vergleich des linken (2) und rechten (1) Beines. Interessant ist der unterschiedlich steile Druckanstieg, der vermutlich auf die Beschwerdesituation des Spielers zurückzuführen ist. Rechts klagte der Spieler über Fußbeschwerden, links über Knieprobleme. Das entsprechende Verhalten zeigt deutliche Kompensationsmechanismen auch noch bei der 2. Landung.

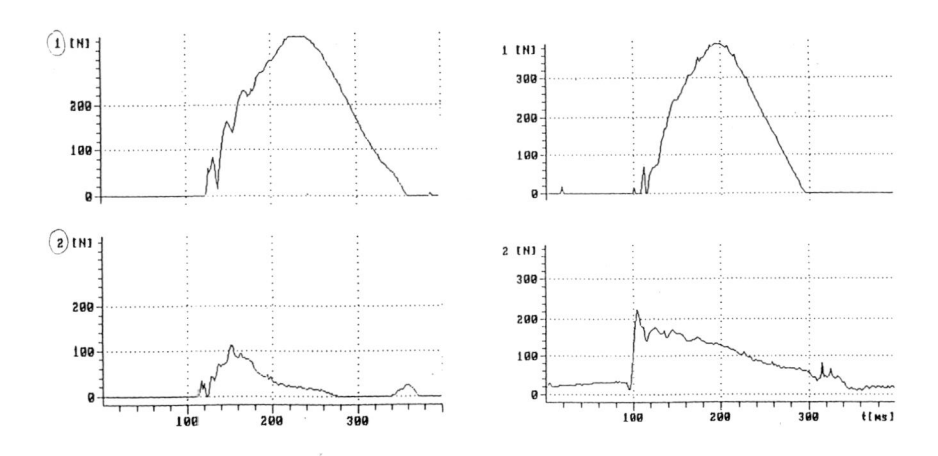

Abb. 4: Kurvenverlaufsänderungen nach 4-wöchigem Training. Kraft-Zeit-Verlauf unter den Fußballen medial bzw. lateral vor (links) bzw. nach einer 4-wöchigen Trainingsphase (rechts) mit gezielten Übungen vor allem zur Kräftigung der Bauchmuskulatur.

Trotzdem sind die bisherigen Ergebnisse immer noch unzureichend. Entweder wurden einzelne Aspekte bisher vernachlässigt oder noch nicht entdeckt, oder es ist nicht möglich, das komplexe System in allen Facetten aufzudecken.

Ein weiterer Zugang zu dem Problemkreis mit dem Ziel der Verbesserung der Bewegungsqualität zur Verletzungsprophylaxe und Leistungsoptimierung bieten koordinative Aspekte, insbesondere die Aufmerksamkeitslenkung auf die Propriozeption. (vgl. NEPPER 1993).

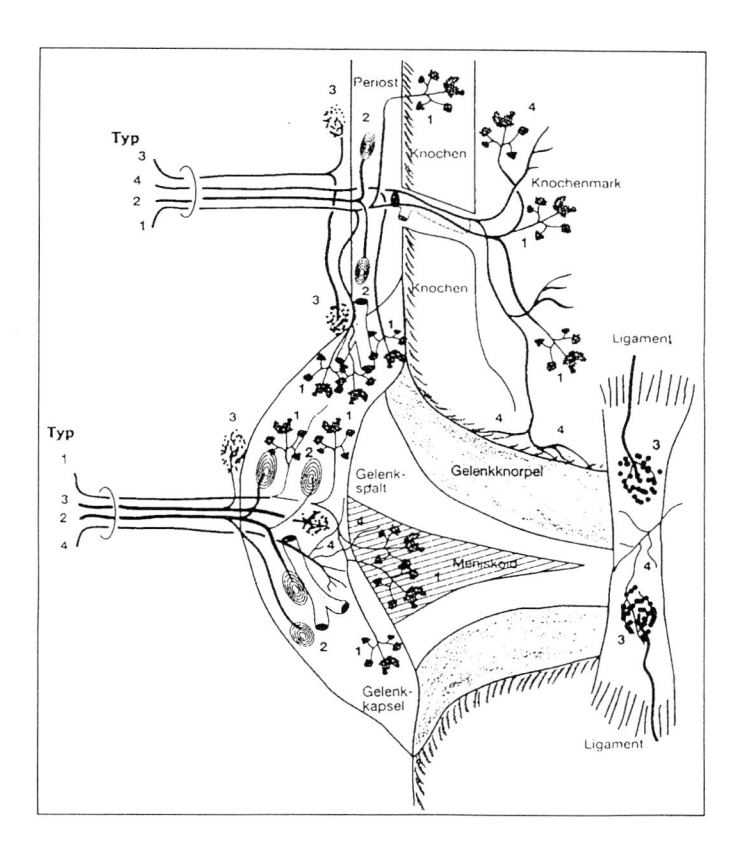

Abb. 5: Die neuromuskuläre Situation im Kniegelenk. Darstellung verschiedener Rezeptoren in den verschiedenen Strukturen des Kniegelenks sowie deren nervöse Anbindung (modifiziert nach SCHOMBURG 1988).

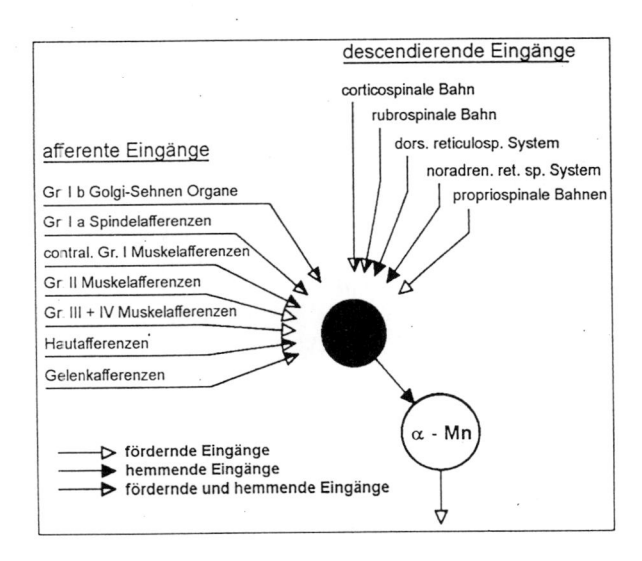

Abb. 6: Einflüsse am Interneuron/Motoneuron (modifiziert nach SCHOMBURG 1988).

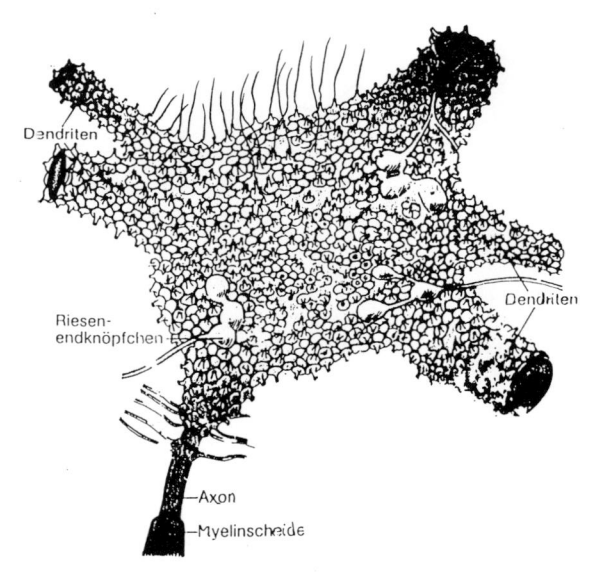

Abb. 7: Darstellung einer Nervenzelle

Die Regelung und Steuerung der menschlichen Motorik erfolgt durch zentrale Programme, die einer Vielzahl von Einflüssen unterliegen (vgl. SCHMIDT 1975). In diesem Zusammenhang postuliert LOOSCH (1995) autonome Potenzen der Peripherie, d. h. auf Rezeptoren und entsprechenden Afferenzen basierende autonome Regelungs- und Steuerungsmechanismen einzelner Gelenke. Tatsächlich werden Afferenzen der einzelnen Rezeptorsysteme (Abb. 6) neben zentralen Informationen auf gemeinsam genutzte Interneurone geladen und dort verrechnet.

Im Rahmen der Bewegungssteuerung haben Interneurone eine entscheidende Bedeutung. Die Vielzahl verschiedenster Einflüsse über aktivierende oder hemmende Synapsen führt am jeweiligen Interneuron zu einer Reizsituation, die bei ausreichender Stärke über α-Motoneurone auf das Erfolgsorgan, d. h. die motorische Einheit übertragen wird. Eine Verschiebung des Erregungspools am Interneuron führt also zu einer Veränderung der muskulären Aktivierung, die letzlich chronisch veränderte Haltungs- und Bewegungsmuster als Folge haben können.

Mögliche Ursachen für Verschiebungen des Erregungszustandes sind:

- Trainingsbedingte Veränderungen im Sinne des Erwerbs von Spezialfähigkeiten
- Trainingsbedingte Veränderungen mit pathophysiologischer Tendenz
- Reaktiv veränderte Spannungszustände aufgrund pathogener Mechanismen
- Reaktive Kompensation von Schwächen
- Altersbedingte Veränderungen/Verschleiß
- Veränderung durch eine Lebensweise, die erheblich vom ererbten Potential differiert
- Verletzungen, Schmerzen,
- hormonelle und/oder stoffwechselbedingte Einflüsse,
- motivationale Aspekte,
- Stress,
- Umgebungs-/Rahmenbedingungen,
- Änderungen der Reizsituation,
- übermäßige Reizeinwirkungen und vieles mehr

werden schließlich von der Sensorik wahrgenommen und führen letztlich zu veränderten Regelungs- und Steuerungsqualitäten. Vor allem der übermäßige nozizeptive[2] Input bedingt oft erhebliche neuromuskuläre Abweichungen über ein sinnvolles biologisches bzw. physiologisches Maß hinaus.

In der Summe aller Einflüsse erfolgt schließlich eine Erregung der zugehörigen motorischen Einheiten. Das Aktivierungsniveau des neuromuskulären Systems Kniegelenk ist somit ein Ergebnis eines nach chaotischen Gesetzmäßigkeiten errechneten Pools hemmender und akti-

---

[2] Schmerzrückmeldung betreffend

vierender Einflüsse, die in Ruhe zu einer ausgewogenen Gelenkstellung führen. Jede Veränderung der Reizsituation führt demnach zu einer Verschiebung des Erregungspools mit entsprechenden Spannungsänderungen der beteiligten Muskulatur. In den Abb. 5 bis 7 wird die Vielfalt der Einflußmöglichkeiten bzw. die chaotische Ausgangssituation deutlich. Es ist möglich, daß sich die genannten Veränderungen chronisch etablieren, z. B. bei nozizeptiven Einströmen, durch ständige Beeinflussung z. B. aufgrund einseitiger Belastungsstrukturen der modernen Zivilisation, einseitigen Trainings und anderen Faktoren.

Die damit verbundenen Veränderungen der üblichen, physiologischen Einstellungen der Gelenke ergeben auch eine veränderte Belastungssituation, die mit den vielfach beschriebenen Symptomen wie Gewebestreß, Überbelastungen, Verletzungen, Leistungseinschränkungen und auch mit einseitig verkürzten bzw. abgeschwächten Muskeln (vgl. muskuläre Dysbalance) und den beschriebenen Folgen korreliert.

3 BEHANDLUNGS- UND TRAININGSSTRATEGIEN

3.1 Muskeldehnung, Stretching, Mobilisation

Vielfach wurde in den letzten Jahren Stretching, z. T. im Zusammenhang mit entsprechenden Kräftigungsübungen, z. T. auch ohne diese Ergänzung, als (oft einzige) Trainingsmaßnahme beschrieben, Muskelverkürzungen gegenzuwirken und damit muskuläre Dysbalancen zu beseitigen. In der oben erwähnten Studie wurde bereits festgestellt, daß dies in der Regel keine kausale, sondern eine symptomatisch orientierte Intervention darstellt. Daneben zeigen mehrere Untersuchungen der 90er Jahre, daß die einseitige Fixierung auf die Dehnmethode Stretching nicht haltbar ist (vgl. WIEMANN 1993; WYDRA 1993). Bei differenzierter Betrachtung haben andere Techniken entsprechend der Durchführung zumindest spezifische Wirkungen, die als Trainingswirkung ebenfalls erwünscht sein können. Die vermutlichen, bisher jedoch nur wenig bewiesenen Adaptationen der verschiedensten Dehntechniken sind sicher sehr unterschiedlich und liegen mit großer Wahrscheinlichkeit in völlig anderen Bereichen, als dies bisher angenommen oder behauptet wurde (vgl. ANDERSON 1980; KNEBEL 1985). Der Stellenwert verschiedener Techniken im Training zur Vor- und Nachbereitung der Muskulatur muß neu definiert und inhaltlich dargestellt werden. Leider ist es nicht möglich, hier näher auf das Thema Dehntechniken einzugehen.

3.2 Beeinflussung des propriozeptiven, nozizeptiven Input

Es ist bekannt, daß Regelungs- und Steuerungssysteme unseres Körpers vor allem in neuen, unbekannten oder schwer abzuschätzenden Situationen zunächst Überreaktionen zeigen. So könnte z. B. die Aktivierungsreduktion bei Tiefsprüngen bei zu hoher Absprunghöhe, bei vorliegenden Beschwerden, bei Ungeübten oder wenn blind gesprungen wird, in diesem Zusammenhang gesehen werden.

Grundsätzlich gibt es zwei Möglichkeiten, den Erregungspool in positiver Richtung zu beeinflussen:

* Reduzierung der Ursachen, die zu der negativen Verschiebung führen
* Verstärkung der positiven Einflüsse z. B. durch Aufmerksamkeitslenkung bzw. Verstärkung des positiven propriozeptiven Input am Interneuron.

Da weder die zivilisatorischen Einflüsse noch sportartspezifisch bedingte Belastungssituationen erheblich verändert werden können, läßt sich der Erregungspool vor allem durch eine Verbesserung des propriozeptiven Input verändern, um dadurch z. B. eine Überreaktion der nozizeptiven Einflüsse zu kompensieren. Es ist daher zu erwarten, daß ein verbessertes Körpergefühl durch verbesserte propriozeptive Wahrnehmung letztlich dem System mehr Möglichkeiten bietet, Störungen im Rahmen der chaotischen Situation besser ausfiltern und kompensieren zu können.

Möglichkeiten hierzu bietet z. B. das propriozeptive Training, das bereits seit vielen Jahren in der Krankengymnastik angewandt wird, leider aber noch keinen systematischen Eingang in die Trainingspraxis gefunden hat (vgl. BIZZINI et al. 1991).

3.3 Training überwiegend in der geschlossenen Kette

Bei Beschwerden im Kniegelenk werden über verschiedene, z. T. noch nicht aufgedeckte Mechanismen, sicher aber über den Einfluß der Nozizeptoren, überwiegend FT-Fasern gehemmt, v. a. große motorische Einheiten des musculus vastus intermedius. Dies geschieht vor allem bei Knieextension in der offenen Kette und führt sehr schnell zu einer Reduktion von K_{max} und damit zu einer Einschränkung im Schnellkraftbereich, während ST-Fasern mit hoher Wahrscheinlichkeit nicht von der Hemmwirkung betroffen sind. Dies zeigt sich neben den Ergebnissen von EMG-Untersuchungen unter anderem auch daran, daß Kraftausdauerwerte kaum eingeschränkt sind. Üblicherweise werden aber viele Trainingsbelastungen gerade in diesem Bereich angesetzt. Vermutlich ist der nozizeptive Input in der geschlossenen Kette geringer, spielt in Bezug auf seinen Anteil am Gesamtaufkommen der neuronalen Einflüsse eine geringere Rolle oder er kann durch andere Einflüsse, z. B. bei einer Beanspruchung der gesamten Muskelschlinge, adäquater beherrscht werden als in der offenen Kette.

3.4 Intensitätsprogression innerhalb einer Trainingseinheit

LUDWIG (1997) hat gemessen, daß zu Beginn eines Krafttrainings die großen motorischen Einheiten des musculus quadriceps femoris selektiv vermindert erregbar sind. Trotz Ermüdung vermindert sich diese Hemmung im Trainingsverlauf, so daß sich Kraftwerte in der zweiten oder weiteren Serie verbessert darstellen als in der ersten Serie. Vergleichbare Beobachtungen gibt es zur größeren Sprunghöhe am Netz zu einem späteren Zeitpunkt im Spiel. Dies steht vermutlich im Zusammenhang mit einer verbesserten synaptischen Reizübertragung oder mit Bahnungsprozessen über Vorgänge der Transmitterfreisetzung an Synapsen, Rezeptorensteuerung, Porenbildung etc. im neuromuskulären Zusammenspiel nach regelmäßig wiederkehrenden Impulsmustern. Es ist anzunehmen, daß durch die verbesserte neuromuskuläre Situation der Erregungspool im Bereich der Interneurone verändert werden kann. Dadurch werden nozizeptive Einflüsse auf ein physiologisch günstiges Maß zurückgedrängt. Die von GÜLLICH/SCHMIDTBLEICHER (1997) beobachtete posttetanische Potenzierung beruht möglicherweise auf vergleichbaren neuronalen Mechanismen, indem nach vorausgegangenen maximalen Kontraktionen größere Kraftwerte erzielt werden können. Auch die Praxis der Gewichtheber, zur Vorbereitung eines Versuchs einen Vorversuch annähernd an der Leistungsgrenze durchzuführen, könnte in diesem Zusammenhang gesehen werden. In der Trainingspraxis bedeutet dies, daß aufeinanderfolgende Serien beim Krafttraining nach dem Prinzip der Intensitätsprogression durchgeführt werden sollten, um so über eine optimierte Ansteuerung der Muskulatur hemmende (nozizeptive) Einflüsse auf ein physiologisches Maß zurückzudrängen.

3.5 Stabilisierung der Wirbelsäule

Durch ausgewählte Kräftigungsübungen der Rumpfmuskulatur bei spezifischer Ansteuerung der Wirbelsäulenmuskulatur bzw. in konkret vorgegebenen Körperhaltungen können mittelfristig sehr günstige Spannungsmuster und damit Körperhaltungen entwickelt werden. So kann z. B. das Becken bei ausreichender Kraft der Bauchmuskulatur besser in aufgerichteter Position gehalten werden. Damit ist die Voraussetzung geschaffen, Ausweichbewegungen der Kniegelenke zu vermeiden. Entsprechende Anleitungen zu speziellen Kräftigungs- und Stabilisierungsübungen finden sich bei KREMER (1993).

4 PRAXISTEIL: ÜBUNGSPRINZIPIEN

Die folgende Abb. 8 gibt einen zusammenfassenden Überblick über Geräte, Behandlungsebenen und den Schweregrad der Beanspruchung (vgl. BIZZINI 1991).

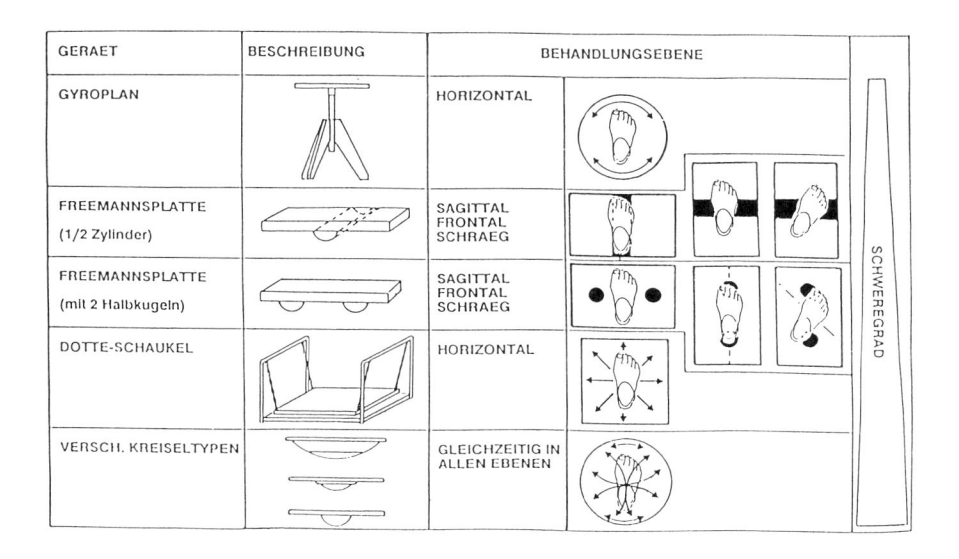

GERAET	BESCHREIBUNG	BEHANDLUNGSEBENE		
GYROPLAN		HORIZONTAL		
FREEMANNSPLATTE (1/2 Zylinder)		SAGITTAL FRONTAL SCHRAEG		SCHWEREGRAD
FREEMANNSPLATTE (mit 2 Halbkugeln)		SAGITTAL FRONTAL SCHRAEG		
DOTTE-SCHAUKEL		HORIZONTAL		
VERSCH. KREISELTYPEN		GLEICHZEITIG IN ALLEN EBENEN		

Abb. 8: Geräte zur Verbesserung der Propriozeption

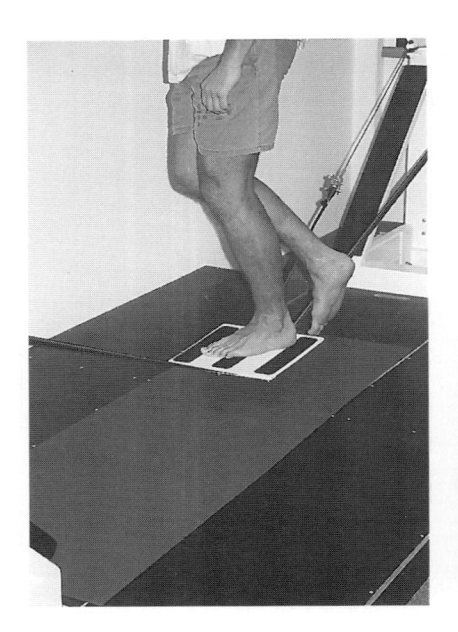

Abb. 9a, b: Einbeinstand auf beweglichem Band (a) oder auf einem Therapiekreisel (b) mit Zusatzbelastung durch einen Zugapparat.

In diesem Praxisteil werden keine einzelnen Übungen, sondern übertragbare Übungsprizipien oder Konstellationen dargestellt und besprochen. Folgende Grundsätze bzw. Gesichtspunkte zur Übungs- und Trainingsgestaltung haben sich bewährt:

- Ganzkörperstabilisationsübungen auf schwingenden, kippligen, beweglichen Unterlagen oder Geräten sowie einbeinig auf Isomatten, z. B. Therapiekreisel, Haramed (vgl. Abb. 9)
- ganzheitliches Training der Bauch und Rückenmuskulatur bei jeweils synergistischen Anspannung (vgl. KREMER 1993),
- Ganzkörperspannungsübungen mit lordosierter und entlordosierter Wirbelsäule
- Stabilisierung, Körperspannung mit Störungen, z. B. zusätzlichen Aufgaben, Widerstand durch Partner oder auf den oben genannten Übungsgeräten zur Förderung der Propriozeption. (Stabilisation entgegen „chaotischen Einwirkungen"). Bewertungskriterien sind hierbei nicht „richtig" oder „falsch", sondern das Ausgleichen in die gewünschte oder vorgegebene Richtung. (Der Weg ist das Ziel, nicht die Endposition !)

- Übungen bei gleichzeitiger Störung durch Veränderung, Wegnahme oder Verstärkung der sensorischen Einflüsse, z. B. Durchführung aller Übungen
    - mit geschlossenen Augen, mit einem geschlossenen Auge, mit Sichtblende oder
    - Skibrille/Sonnenbrille usw.
    - nach konditioneller Vorbelastung
    - übermäßig wirkenden Reizquellen (Lärm, laute Musik, Licht)
    - Vortäuschung von Sinneseindrücken (vgl. Posturographie oder 3 D Film)
- Kombination von traditionellen Trainings-/Technikübungen und propriozeptivem Training, z. B. Techniktraining bei gleichzeitiger Störung durch o. g. Einflüsse (z. B. Annahme auf Trampolin, Wackelbrett usw.)
- Krafttraining auf Pezziball, Liegestützübungen auf Haramed usw.
- Training der Fußmuskulatur, z. B.blind gehen über unterschiedlich Unterlagen (Steine, ...)
- Reflexzonenmassage
- „Maisbad", d. h. intensives Bewegen des Fußes in einem mit Mais gefüllten Gefäß
- Anwendung körpergefühlsorientierter Maßnahmen und Inhalten: Entspannungstraining, „Inline-Skating" u. a.
- Variabilität, Vielfalt,
- randomisiertes Üben,
- instruierte Variabilität,
- Feed forward Strategien,
- Aufmerksamkeitslenkung

LITERATUR

ANDERSON, B.: Stretching. Shelter Publications, Bolinas, California 1980.

BIZZINI, M./MATHIEU, J./STEENS, C. J.: Propriozeptives Training der unteren Extremität auf instabilen Ebenen. In: Manuelle Medizin 29 (1991) 1, 14-20.

FREIWALD, J./ENGELHARD, M.: Neuromuskuläre Dysbalancen in der Medizin. Vortrag in Bielefeld anläßlich des Symposiums Sport und Medizin - Neuromuskuläre Dysbalance am 2.9.1995 in Bielefeld.

FREIWALD, J./ENGELHARD, M./REUTER, I./KONRAD, P./GNEWUCH, A.: Die nervöse Versorgung der Kniegelenke. In: Wiener medizinische Wochenschrift. Themenheft Kniegelenk. Wien 1997, 531-541.

GÜLLICH, A./SCHMIDTBLEICHER, D.: Kurzfristige Explosivkraftsteigerung durch maximale willkürliche Kontraktionen. In: Leistungssport 27 (1997) 1, 46-49.

JANDA, V.: Muskelfunktionsprüfung. Berlin 1959.

JANDA, V.: Muskelfunktionsdiagnostik. Dresden 1976.

KNEBEL, H. P.: Funktionsgymnastik. Reinbeck 1985.

KREMER, B.: Gesundheit beim Training-Funktionelle Gymnastik. In: Landesarbeitsgemeinschaft für Gesundheitserziehung Baden-Württemberg e.V. (Hrsg.): Fit und gesund im Sportverein. Praxishandbuch für Übungsleiter. Stuttgart 1991a, 25-46.

KREMER, B.: Verletzungsprophylaxe und Leistungssteigerung im Sprungkrafttraining durch Verbesserung der Stabilisierungsfähigkeit des Haltungs- und Bewegungsapparates. In: SCHODER, G./GROS, H. J./RÜTTEN, A. (Hrsg): Anwendungsfelder der Sportwissenschaft. Stuttgart 1991b, 74-88.

KREMER, B.: Gutes für den Rücken. DTB-Handbuch. Teil 3. Frankfurt 1993.

LOOSCH, E.: Funktionelle Variabilität - Zur Phänomenologie eines Prinzips. In: DAUGS, R. et al. (Hrsg.): Kognition und Motorik. Hamburg 1995, 115-118.

LUDWIG, M.: Funktionsanalytische Untersuchungen des rehabilitativen Krafttrainings nach vorderer Kreuzbandplastik und ihre Konsequenzen. In: Deutsche Zeitschrift für Sportmedizin 48 (1997) 5, 193-200.

EITNER, D./KUPRIAN, W./MEISSNER, L./ORK, H.: Sportphysiotherapie. Stuttgart 1990 (2. Auflage).

MÜLLER, G./HILLE, E.: Muskuläre Dysbalancen im Rumpf - Möglichkeiten und Grenzen der klinischen und maschinellen Diagnostik in der Sportmedizin. In: Deutsche Zeitschrift. für Sportmedizin 47 (1996) 7/8, 431-434.

NEPPER, H. U.: Propriozeptive Ansätze in der Gymnastik. In: Gymnastik in der Therapie. Waldenburg 1993, 136-144.

SCHMIDT, R. A.: A schema theory of discrete motor skill learning. In: Psychological Review 82 (1975), 225-260.

SCHOMBURG, E. D.: Zur Funktion noziceptiver Afferenzen in der spinalen Motorik. In: SPINTGE, R./DROH, R.: Schmerz und Sport. Heidelberg 1988, 207-219.

SOMMER, H. M.: Disposition zur Sprunggelenksverletzung beim Baskelballspiel. In: Deutsche Zeitschrift für Sportmedizin 34 (1983) 8, 254-257.

SOMMER, H. M./ROHRSCHEIDT, C. v.: Zentrale Fehlsteuerungen als Ursache von Bewegungsstörungen im Leistungssport? In: Sportverletzung Sportschaden 2 (1988) 1, 10-14.

SOMMER, H. M./ROHRSCHEIDT, C. v./ARZA, D.: Leistungssteigerung und Prophylaxe von Überbelastung und Verletzung des Haltungs- und Bewegungsapparates im Sport durch alternative Gymnastik. In: Leichtathletik. Lehrbeilage Nr. 39 (1987), 1763-1766.

WIEMANN, K.: Stretching. Grundlagen, Möglichkeiten, Grenzen. In: Sportunterricht 42 (1993) 3, 91-105.

WIEMANN, K.: Muskeldehnung und Stretching. In: ZICHNER, L./ENGELHARD, M./ FREIWALD, J.: Die Muskulatur. Sensibles, integratives und meßbares Organ. Wehr 1994, 211-230.

WYDRA, G.: Muskeldehnung - aktueller Stand der Forschung. In: Deutsche Zeitschrift für Sportmedizin 44 (1993) 3, 104-111.

Die TeilnehmerInnen erproben die vorgestellten Übungsprinzipien

FRITZ DANNENMANN

FILMSERIE: TECHNIKEN DES VOLLEYBALLSPIELS

1 EINFÜHRUNG

Volleyball ist eine der beliebtesten Ballsportarten unserer Zeit. So ist die FEDERATION INTERNATIONALE DE VOLLEY-BALL (FIVB) mit derzeit 218 Mitgliedsnationen nicht nur einer der größten olympischen Verbände, sie hat sogar mehr Mitgliedsstaaten als die UNO. Weltweit spielen über 160 Millionen Menschen Volleyball. Diese spielen mit ganz unterschiedlichen Sinngebungen dieses Spiel: unter Leistungsgesichtspunkten werden in allen Nationen Meisterschaftsrunden organisiert, es werden zahlreiche internationale Meisterschaften ausgetragen – sowohl in der Halle als auch am Strand. Gerade Beach-Volleyball ist auf dem besten Weg zu einer sog. „lifestyle-Sportart". Doch auch unter vorrangig kommunikativen Aspekten wird gespielt: am Strand, auf Freizeitanlagen, in Freizeitsportrunden, im Betriebssport treffen sich Interessierte, um miteinander den Ball in der Luft zu halten. In den Lehrplänen der Schulen gehört dieses Spiel zum Pflichtprogramm, und SportlehrerInnen vermitteln Volleyball möglicherweise mit sozialer oder gesundheitlicher Schwerpunktsetzung.

Doch gleichgültig, unter welchem Sinnaspekt das Spiel betrieben wird, zwei zentrale Regeln bleiben trotz allen Abwandlungen durchgängig erhalten:
- daß der Ball in der Luft gehalten werden muß, also nicht auf den Boden fallen darf, und
- daß er volley, d. h. direkt gespielt werden muß.

Um diesen Ansprüchen genügen zu können, ist es notwendig, daß alle teilnehmenden Spielerinnen und Spieler über ein Mindestmaß an Körper- und Bewegungstechniken verfügen. Gerade die Techniken der Ballbehandlung sind bedeutsam, da der extrem kurze Moment der Ballberührung darüber entscheidet, ob der Ball im Spiel bleibt oder nicht. Erfolg und Mißerfolg liegen hier ganz eng beieinander. Das Spiel bleibt nur dann interessant, wenn der Ball über eine gewisse Zeit hinweg in der Luft bleibt; deshalb kommt den Techniken der Ballbehandlung eine große Bedeutung zu.

Der DEUTSCHE VOLLEYBALL VERBAND (DVV) ist seit langem daran interessiert, daß sowohl in den Schulen als auch in den Vereinen eine gewisse Grundlagentechnik vermittelt wird. Im Lehrausschuß verständigen sich die Landeslehrwarte immer wieder über die einzelnen Techniken, die Landessportwarte, die Landestrainer wie die Bundestrainer befinden sich in einer ständigen Diskussion. Auch im neu installierten Trainerrat wird über die entsprechenden Anforderungen im Bereich der Technik diskutiert – ein Ausdruck sind u.a. die Lehrposter, die der Bundestrainer-Männer, O. KORTMANN, derzeit in der Deutschen Volleyballzeitung veröffentlicht.

Bereits in den achtziger Jahren hat der damalige Präsident des DVV, R. MADER, auf Anregung des Lehrausschusses Bemühungen gestartet, eine DVV-Lehrfilmserie zu produzieren. Diese sollte für das Spiel in der Schule und in den Vereinen konzipiert werden. Der Verfasser legte 1988 einen Entwurf vor, der mit dem damaligen Bundestrainer-Frauen, A. NIEMCZYK, diskutiert und mit dem Jugend-Bundestrainer, R. SONNENBICHLER, ausgearbeitet wurde. Doch das ehrgeizige Projekt wurde auf die lange Bank geschoben, nachdem es Finanzierungsprobleme gab, die auch durch eine Zusammenarbeit mit dem INSTITUT für FILM und BILD in WISSENSCHAFT und UNTERRICHT (FWU) nicht gelöst werden konnten. Erst Mitte der neunziger Jahre wurde mit der Fa. SPORT-SALLER, Weikersheim, ein Sponsor gefunden, der die notwendigen Finanzmittel zur Verfügung stellte. Zudem konnte durch den Verf. auf die „man-power" wie die professionelle Ausstattung des Audiovisuellen Zentrums der PÄDAGOGISCHEN HOCHSCHULE HEIDELBERG zugegriffen werden. Durch diese Kooperation von DVV, PH und Sponsor konnte in den Jahren 1996 – 1997 die vorliegende Filmserie produziert werden.

2 DAS KONZEPT

Den Ball im Spiel halten zu können, ist ein Problem. Liegt ein Problem vor, werden Problemlösungen gesucht. Im Entwicklungsgang des Volleyballspiels wurden zahlreiche verschiedene Lösungsmöglichkeiten erprobt. Betrachtet man den zeitlichen Verlauf einer Spielphase, dann muß der *Ball* zunächst *ins Spiel gebracht* werden, d. h. er muß über ein Netz, das in einer Distanz von neun Metern auf einer bestimmten Höhe aufgehängt ist, direkt zum Gegner geschlagen werden. Dort wird er *angenommen* und möglichst genau zu einem Mitspieler gespielt, der ihn wiederum *weiterspielt* zu einem *Angreifer*. Da nur drei Ballkontakte erlaubt sind, spielt spätestens dieser den Ball über das Netz zurück. Die aufschlagende Mannschaft möchte Punkte sammeln und deshalb versucht sie, dieses Zurückspielen durch einen *Block* zu verhindern. Fliegt der Ball am Block vorbei, so *verteidigt* die Mannschaft *ihr Feld*, um danach selbst einen Gegenangriff aufbauen zu können. Es ist deshalb leicht einsichtig, daß die Probleme sechs Grundsituationen zugeordnet werden können, in welchen die Techniken Formen der Problemlösungen darstellen.

Die Filmserie befaßt sich deshalb mit folgenden Techniken:
- Aufschlagtechniken
- Annahmetechniken
- Zuspieltechniken
- Angriffstechniken
- Blocktechniken
- Feldverteidigungstechniken.

Bei den **Aufschlagtechniken** werden vier verschiedene Fertigkeiten näher betrachtet: der *Aufschlag von unten*, der im Anfängerbereich und im Schulvolleyball gespielt wird; der sog. *Tennisaufschlag*, ein Aufschlag von oben, bei dem der Ball mit Vorwärtsrotation ins Spiel gebracht wird; der *Sprungaufschlag*, der vor allem im Leistungsvolleyball zunehmend an Bedeutung gewinnt, und der frontale *Flatteraufschlag*, der die häufigste Aufschlagform darstellt.

Bei den **Annahmetechniken** werden drei Fertigkeiten analysiert: der *frontale Bagger*, der die wichtigste und häufigste Form der Annahme ist; (die Spielerinnen und Spieler sollten bestrebt sein, immer mit dieser Technik anzunehmen); der *seitliche Bagger*, der bei extrem harten Aufschlägen eine wichtige Technik ist, ebenso bei stark flatternden Aufschlägen. Da vor allem im oberen Leistungsbereich mit zunehmender Schlaghärte, aber auch mit stark variierenden Geschwindigkeiten aufgeschlagen wird, muß die Fähigkeit, den Ball fein differenziert zu spielen, immer wieder geschult werden, deshalb wird die Technik *der passiven oder nachgebenden Annahme* gesondert gezeigt.

Im Mittelpunkt des **Zuspielfilms** stehen die **Techniken** des *frontalen Zuspiels im Stand, des Zuspiels über Kopf nach hinten* und *die Zuspiele* (nach vorn und nach hinten) *im Sprung*. Die ZentralspielerInnen gelten als die Spielmacher; bereiten sie die Angriffe entsprechend vor, haben die Angreifer alle Möglichkeiten, die Bälle zum Aufschlag- oder Punktgewinn über das Netz zu schlagen oder zu spielen. Da beim Zuspiel die Genauigkeit eine besonders große Rolle spielt, kommt der technischen Ausbildung im Zuspiel besondere Bedeutung zu.

Zur Lösung des Angriffproblems wurden zahlreiche Techniken entwickelt. In diesem Film werden drei **Angriffstechniken** aufgegriffen: der *frontale Angriffsschlag, der Drehschlag* und eine Form des *verdeckten Schlags*. Der frontale Angriffsschlag kann als Grundtechnik bezeichnet werden, er wird auf allen Leistungsebenen und in allen Bereichen gespielt. Der Drehschlag wird insbesondere bei Schnellangriffen von der Position III angewandt, um den Block zu überwinden; gespielt wird diese Technik im mittleren wie hohen Leistungsbereich. Die verdeckte Form ist die dominierende Form im Spitzenbereich; dabei wird die Schlagrichtung dadurch verdeckt, daß eben nicht in senkrechter Richtung zur Schulterachse angegriffen wird, sondern der Arm nach innen oder außen (bezogen auf die Körpermitte) geführt wird (Im Anfängerbereich ist die Innenführung übrigens ein typischer Fehler!).

Der **Blockfilm** zeigt die **Technik** des *aktiven Einer-* und des *aktiven Doppelblocks*. Diese Techniken werden auf allen Leistungsebenen angewandt. Auch von der Häufigkeit ihrer Anwendung sind diese beiden Techniken absolut dominierend.

Um die „letzte Chance" auf einen direkten Punktgewinn zu nutzen, sind im modernen Volleyballspiel **Abwehrtechniken** besonders wichtig. Im Film „Techniken der Feldverteidigung" werden deshalb die Abwehr von *leichten* („Dankebällen") und *hart geschlagenen* Angriffsbällen gezeigt, die *Abwehr über Kopf* („Tomahawk-Abwehr") wird ananlysiert und verschiedene *Abwehrtechniken im Fallen* („Baumstammrolle", „Froschtechnik", „Japanrolle").

Die Zielgruppe der Filmserie ist zweigeteilt. Einmal richtet sich die Filmserie an *Lernende*, die die Techniken des Spiels schnell und zielorientiert lernen wollen; zum anderen will die Filmserie auch Informationen für *Lehrende* liefern, die die Techniken auf anregende Weise lehren wollen. In einem ersten Teil werden deshalb die Techniken analysierend aufbereitet, in einem zweiten Teil werden „Tips und Drills" gezeigt; das sind vor allem methodisch aufbereitete Übungs- und Spielformen, die sich im Schulsport, im Verein und im Training mit Auswahlmannschaften als wirkungsvoll erwiesen haben.

3 ZUR GESTALTUNG

Die Techniken werden von Spielerinnen der Juniorinnen-Nationalmannschaft demonstriert. Diese zeigen die Techniken im wesentlichen „lupenrein", d. h. in der Fein- oder Feinstform. Persönliche Eigenheiten sind zwar zu sehen, doch sind diese noch nicht so ausgeprägt, wie bei nationalen oder gar internationalen Spitzenspielerinnen. Im wesentlichen werden die Techniken so demonstriert, wie sie nach dem augenblicklichen Stand des Wissens ausgeführt werden sollen.

Nach einem *einführenden Filmabschnitt*, der vorrangig motivierenden Charakter hat, kommt der *Informationsteil für Lernende*. In diesem werden die Techniken mit Schattenrißaufnahmen, Kulissenszenen, Zeitlupen, stehenden Bildern, Wiederholungen und Texteinblendungen von Schlüsselbegriffen so aufbereitet, daß ein observatives Training möglich wird. Unterstützt wird dieses aktive Aneignung von Bewegungswissen durch die speziell komponierte Musik, durch die Kargheit der Bilder (alles Überflüssige wurde weggelassen), durch die Einstellungen und den (knappen) erläuternden Kommentar. Dieser Teil ist sicherlich nicht nur für Lernende interessant, auch Lehrende können ihr vorhandenes Wissen auffrischen oder weitere detailliertere Kenntnisse erwerben.

Im *dritten Teil* der Filme werden „*Tips und Drills*" gezeigt, dies sind im wesentlichen *Spiel- und Übungsformen* mit einigen speziellen Details. Spielszenen zeigen abschließend, wie die Techniken von jugendlichen Auswahlspielerinnen und der Frauen-Nationalmannschaft angewandt werden, um die Probleme in den einzelnen Spielsituationen optimal lösen zu können.

4 SCHLUSSBEMERKUNG

Die Resonanz auf die Filme ist bislang ausgezeichnet. Sie werden sowohl im Schulbereich und in der Lehrerbildung als auch in den Vereinen, vorrangig jedoch in der Übungsleiter- und Trainerausbildung sowie im Kadertraining mit jugendlichen Nachwuchsspielerinnen und – spielern eingesetzt. Auf der Basis des vorliegenden Filmmaterials werden derzeit Bildreihen entwickelt, mit denen die Einsatzmöglichkeiten optimiert werden können.[*]

Bezugsquelle: Die Filme können erworben werden bei der Fa. Sport-Saller, Schäftersheimer Str. 33, 97990 Weikersheim. Tel. 07934-91550, Fax: 07934-7330.

---

[*] Eine verkürzte, zweiteilige Version dieser Filme (Angrifftechniken, Abwehrtechniken) wird derzeit vorbereitet. Sie wird Anfang 1999 in englischer und französischer Sprache lieferbar sein. Anfragen sind zu richten an: Prof. Dr. F. Dannenmann, Pädagogische Hochschule Heidelberg, Abt. Sportpädagogik, Im Neuenheimer Feld 710, 69120 Heidelberg.

AUTORENVERZEICHNIS

Felix Blum
Dipl.-Sportlehrer

Institut für Sportspiele
Deutsche Sporthochschule Köln
Carl-Diem-Weg 6
59933 Köln

Fritz Dannenmann
Dr., Prof.

Pädagogische Hochschule Heidelberg
Im Neuenheimer Feld 710
69120 Heidelberg

Christos Dimitrakos
Dozent

Institut für Sportwissenschaft
Universität von Thessaloniki

Stefan Henne
Physiotherapeut

Deutscher Volleyball Verband, Geschäftsstelle
Otto-Fleck-Schneise 12
60528 Frankfurt

Stefan Hömberg
Dipl.-Sportlehrer, DVV-Lehrwart

Böhmerstr. 62
45144 Essen

Andreas Hohmann
Dr., Prof.

Institut für Sportwissenschaft
Stresemannstr. 23
39016 Magdeburg

Olaf Kortmann
Bundestrainer Herren

Westerrode 34
22415 Hamburg

Berthold Kremer
AOR

Institut für Sport und Sportwissenschaft
Kaiserstr. 12
76128 Karlsruhe

Heidemarie Lamschik
Sportlehrerin

Brieger Str. 5
58640 Iserlohn-Hennen

Hendrik Lück
Dipl.-Sportlehrer

Lessingstr. 11
51570 Windeck

Autoren

Max Meier
Dozent

Eidg. TH Zürich, Abt. für Turn- und Sportlehrer
ETH-Zentrum
CH 8092 Z ü r i c h

Athanasios Papageorgiou
Diplom-Sportlehrer, Dozent

Deutsche Sporthochschule Köln
Carl-Diem-Weg 6
50933 K ö l n

Markus Raab
Wiss. Mitarbeiter

Institut für Sport und Sportwissenschaft
Im Neuenheimer Feld 700
69120 H e i d e l b e r g

Ulf Schmidt
M. A., Wiss. Mitarbeiter

Institut für Sportwissenschaft und Sport
Universität der Bundeswehr München
Werner-Heisenberg-Weg 39
85577 N e u b i b e r g

Volker Schmitz
Dipl.-Sportlehrer

Deutsche Sporthochschule Köln
Carl-Diem-Weg 6
50933 K ö l n

Markus Schmude
Dipl.-Sportlehrer

Bauerbankstr. 7
50969 K ö l n

Eckhard Wichmann
Dr.

Institut für Sportwissenschaft
Stresemannstr. 23
39016 M a g d e b u r g

Horst Wurster
Dr.

Institut für Sportwissenschaft
Hans-Fallada-Str. 2
17487 G r e i f s w a l d

Sarkhadun Yaldai
Dr., Prof.

Institut für Sportwissenschaft
Universitätsstr. 1, Geb. 28.01
40225 D ü s s e l d o r f

Schriftenreihen

Sportwissenschaft und Sportpraxis
Herausgeber: **Clemens Czwalina** ISSN 0342-457X

Band 38	Tiwald: Psycho-Training im Kampf- und Budo-Sport. 1981. 109 Seiten. ISBN 3-88020-080-7.
Band 53	Sachse: 60 Stunden Volleyball für die Sekundarstufe I. 1985. 125 Seiten. ISBN 3-88020-135-8.
Band 63	Dannenmann (Red.): Entwicklungen und Trends im Volleyball. 1987. 272 Seiten. ISBN 3-88020-170-6.
Band 64	Reuter: Therapie und Prophylaxe bei Verletzungen und Überlastungsschäden im Langstreckenlauf. 1987. 259 Seiten. ISBN 3-88020-172-2.
Band 66	Czwalina: Systematische Spielerbeobachtung in den Sportspielen. 1988. 156 Seiten. ISBN 3-88020-174-9.
Band 67	Maehl/Höhnke: Aufwärmen. 1988. 188 Seiten. ISBN 3-88020-176-5.
Band 73	Schmidt (Hrsg.): Selbst- und Welterfahrung in Sport und Spiel. 1989. 222 Seiten. ISBN 3-88020-190-0.
Band 74	Blanke-Malmberg: Zur Theorie der Methodik des Sports. 1989. 299 Seiten. ISBN 3-88020-192-7.
Band 76	Dannenmann (Red.): Volleyball erforschen. 1989. 246 Seiten. ISBN 3-88020-200-1.
Band 78	Dannenmann (Red.): Volleyball analysieren. 1990. 299 Seiten. ISBN 3-88020-208-7.
Band 80	Recktenwald: Unterrichtsplanung im Sport. 1990. 197 Seiten. ISBN 3-88020-210-9.
Band 81	Schmidt: Lehren und Lernen im Sportspiel. 1991. 577 Seiten. ISBN 3-88020-217-6.
Band 82	Dannenmann (Red.): Volleyball gesamtdeutsch. 1991. 242 Seiten. ISBN 3-88020-220-6.
Band 83	Hagedorn/Heymen (Hrsg.): Methodologie der Sportspielforschung. 1992. 198 Seiten. ISBN 3-88020-223-0.
Band 84	Letzelter/Letzelter: Leistungsdiagnostik im Golf. 1992. 357 Seiten. ISBN 3-88020-225-7.
Band 85	Elflein: Sport – Unterricht, Studium. 1992. 289 Seiten. ISBN 3-88020-226-5.
Band 87	Dannenmann (Red.): Volleyball innovativ. 1992. 230 Seiten. ISBN 3-88020-228-1.
Band 88	Nagel/Wulkop: Techniktraining im Hockey. 1992. 168 Seiten. ISBN 3-88020-229-X.
Band 89	Heß: Die Beinarbeit im Tennis. 1992. 234 Seiten. ISBN 3-88020-230-3.
Band 90	Hubert: Das Phänomen Tanz. 1993. 158 Seiten. ISBN 3-88020-233-8.
Band 91	Riepe: Taktiklernen und Medien. 1993. 317 Seiten. ISBN 3-88020-234-6.
Band 92	Hottenrott: Trainingssteuerung im Ausdauersport. 1993. 299 Seiten. ISBN 3-88020-236-2.
Band 93	Stibbe: Zur Tradition von Theorie im schulischen Sportunterricht. 1993. 329 Seiten. ISBN 3-88020-237-0.
Band 94	Dannenmann (Red.): Volleyball aktuell. 1993. 242 Seiten. ISBN 3-88020-244-3.
Band 95	Schneider: Lehren und Lernen im Tennis. 1994. 187 Seiten. ISBN 3-88020-246-X.
Band 96	Hagedorn/Heymen (Hrsg.): Sportspiele – Konstanz und Wandel. 1994. 270 Seiten. ISBN 3-88020-248-6.
Band 97	Brandauer: Sportklettern und Persönlichkeit. 1994. 193 Seiten. ISBN 3-88020-245-1.
Band 98	Hildebrandt/Landau/Schmidt (Hrsg.): Kindliche Lebens- und Bewegungswelt im Umbruch. 1994. 165 Seiten. ISBN 3-88020-250-8.
Band 99	Dannenmann (Red.): Volleyball – Vielfalt. 1994. 243 Seiten. ISBN 3-88020-251-6.
Band 100	Grude/Preuss: Kindgerechte Bewegungsförderung. 1995. 117 Seiten. ISBN 3-88020-253-2.
Band 101	Gasse: Ermüdung im Volleyball. 1995. 288 Seiten. ISBN 3-88020-258-3.
Band 102	Krüger: Schwimmen und Geländelauf im Modernen Fünfkampf. 1995. 186 Seiten. ISBN 3-88020-260-5.
Band 103	Dannenmann (Red.): Neue Aspekte des Volleyballspiels. 1995. 321 Seiten. ISBN 3-88020-261-3.
Band 104	Dannenmann (Red.): Volleyball '95 – Das Spiel im Jubiläumsjahr. 1996. 199 Seiten. ISBN 3-88020-273-7.
Band 105	Westman: „... und zum Abschluß wollen wir tanzen." 1996. 84 Seiten. ISBN 3-88020-277-X.
Band 106	Nagel: Sportspielübergreifend Lernen und Trainieren. 1998. ca. 160 Seiten. ISBN 3-88020-279-6.
Band 107	Schöpe: Die Entwicklung der Bewegungsvorstellung im Geräteturnen. 1997. 244 Seiten. ISBN 3-88020-296-6.
Band 108	Dannenmann (Red.): Volleyball '96 – Facetten des Spiels. 1997. 216 Seiten. ISBN 3-88020-297-4.
Band 109	Schöpe: Kinderturnen. 1998. 190 Seiten. ISBN 3-88020-298-2.
Band 110	Aeberhard: Planen und Gewinnen im Tennis. 1997. 92 Seiten. ISBN 3-88020-299-0.
Band 111	Nagel: Fit und geschickt durch Seniorensport. 1997. 160 Seiten. ISBN 3-88020-300-8.
Band 112	Thiele/Timmermann: Sportwissenschaftler auf dem Weg in die Arbeitswelt. 1997. 128 Seiten. ISBN 3-88020-314-8.
Band 113	Schmidt: Sportpädagogik des Kindesalters. 1998. 284 Seiten. ISBN 3-88020-319-9.
Band 114	Dannenmann (Red.): Volleyball '97 – Analysen und Training. 1998. 256 Seiten. ISBN 3-88020-325-3.

Schriftenreihen

Schriften der Deutschen Vereinigung für Sportwissenschaft
Herausgeber: **Deutsche Vereinigung für Sportwissenschaft e.V.** ISSN 1430-2225

Band 2	Kreiter/Willimczik (Red.) 3. Sportwissenschaftlicher Hochschultag 1980. 1982. 357 Seiten. ISBN 3-923592-02-7.
Band 6	Kapustin/Kreiter (Red.): 4. Sportwissenschaftlicher Hochschultag 1981. 1982. 257 Seiten. ISBN 3-923592-05-1.
Band 7	Göhner/Karl (Red.): 5. Sportwissenschaftlicher Hochschultag 1982. 1983. 97 Seiten. ISBN 3-923592-06-X.
Band 18	Hagedorn/Karl/Bös (Red.): Handeln im Sport. 6. Sportwissenschaftlicher Hochschultag. 1985. 467 Seiten. ISBN 3-923592-17-5.
Band 21	Letzelter/Steinmann/Freitag (Red.): Angewandte Sportwissenschaft. 7. Sportwissenschaftlicher Hochschultag. 1986. 375 Seiten. ISBN 3-923592-20-5.
Band 23	Fischer (Red.): Sport und Literatur. 1986. 213 Seiten. ISBN 3-923592-22-1.
Band 27	John (Red.): Vom Verein zum Verband. 1987. 133 Seiten. ISBN 3-923592-26-4.
Band 33	Franke (Red.): Ethische Aspekte des Leistungssports. 1988. 161 Seiten. ISBN 3-923592-32-9.
Band 34	Fensky (Red.): Tennis-Lehren und Lernen an Hochschulen. 1988. 91 Seiten. ISBN 3-923592-33-7.
Band 37	Fischer (Red.): Heldenmythen und Körperqualen. 1989. 171 Seiten. ISBN 3-923592-36-1.
Band 40	Naul/Schmidt (Red.): Beiträge und Analysen zum Fußballsport 2. 1989. 127 Seiten. ISBN 3-923592-39-6.
Band 42	Teichler (Red.): Sportliche Festkultur in geschichtlicher Perspektive. 1990. 194 Seiten. ISBN 3-923592-41-8.
Band 43	Cachay/Drexel/Franke (Hrsg.): Ethik im Sportspiel. 1990. 202 Seiten. ISBN 3-923592-42-6.
Band 45	Hamsen (Hrsg.): Juniorenfußball im Brennpunkt (Beiträge und Analysen zum Fußballsport 3). 1992. 231 Seiten. ISBN 3-923592-44-2.

Die noch lieferbaren Bände 47 bis 72 der Schriftenreihe werden für dvs-Mitglieder durch die dvs-Geschäftsstelle, Postfach 73 02 29, D-22122 Hamburg, ausgeliefert. Nicht-dvs-Mitglieder bestellen bitte im Buchhandel oder direkt beim Academia Verlag, Postfach 16 23, D-53734 Sankt Augustin.

Band 73	Daugs/Blischke/Marschall/Müller (Hrsg.): Kognition und Motorik. 1996. 270 Seiten. ISBN 3-88020-274-5.
Band 74	Schmidt (Hrsg.): Lehrer- und Trainerrolle im Wandel (Beiträge und Analysen zum Fußballsport 7). 1996. 152 Seiten. ISBN 3-88020-275-3.
Band 75	Blickhan/Kirchner (Hrsg.): Biomechanik und Motorik. 1997. 168 Seiten. ISBN 3-88020-295-8.
Band 76	Schmidt (Hrsg.): Kindheit und Sport – gestern und heute. 1996. 184 Seiten. ISBN 3-88020-283-4.
Band 77	Hoffmann/Koch (Hrsg.): Integrative Aspekte in Theorie und Praxis der Rückschlagspiele. 1997. 192 Seiten. ISBN 3-88020-284-2.
Band 78	Treutlein/Pigeassou (Hrsg.): Sportwissenschaft in Deutschland und Frankreich – Entwicklung und Tendenzen. 1997. 240 Seiten. ISBN 3-88020-285-0.
Band 79	Loosch/Tamme (Hrsg.): Motorik – Struktur und Funktion. 1997. 286 Seiten. ISBN 3-88020-287-7.
Band 80	Hossner: Sportwissenschaftlicher Nachwuchs 2000. Strukturen – Qualifikationen – Prognosen. 1997. 208 Seiten. ISBN 3-88020-288-5.
Band 81	Hildenbrandt (Hrsg.): Sport als Kultursegment aus der Sicht der Semiotik. 1997. 132 Seiten. ISBN 3-88020-289-3.
Band 82	Köppe/Kuhlmann (Hrsg.): Als Vorbild im Sport unterrichten. 1997. 132 Seiten. ISBN 3-88020-290-7.
Band 83	Friedrich/Hildenbrandt (Hrsg.): Sportlehrer/in heute – Ausbildung und Beruf. 1997. 288 Seiten. ISBN 3-88020-292-3.
Band 84	Hossner/Roth (Hrsg.): Sport–Spiel–Forschung. Zwischen Trainerbank und Lehrstuhl. 1997. 272 Seiten. ISBN 3-88020-293-1.
Band 85	Schmidtbleicher/Bös/Müller (Hrsg.): Sport im Lebenslauf. 12. Sportwissenschaftlicher Hochschultag. 1997. 348 Seiten. ISBN 3-88020-303-2.
Band 86	Augustin (Hrsg.): Taktiktraining im Fußball (Beiträge und Analysen zum Fußballsport 8). 1997. 192 Seiten. ISBN 3-88020-304-0.
Band 87	Hirtz/Nüske (Hrsg.): Bewegungskoordination und sportliche Leistung integrativ betrachtet. 1997. 328 Seiten. ISBN 3-88020-305-9.
Band 88	Brehm u.a. (Red.): Leistung im Sport – Fitness im Leben. 13. Sportwissenschaftlicher Hochschultag. 1997. 248 Seiten. ISBN 3-88020-306-7.
Band 89	Joch/Wohlgefahrt (Hrsg.): Leichtathletik im Spannungsfeld von Tradition und Wandel. 1997. 280 Seiten. ISBN 3-88020-307-5.
Band 90	Gissel/Rühl/Teichler (Hrsg.): Sport als Wissenschaft. 1997. 192 Seiten. ISBN 3-88020-308-3.
Band 91	Behm/Petzsche (Hrsg.): Mädchen und Frauen im Sport – Natur- und Geisteswissenschaften im Dialog. 1998. 200 Seiten. ISBN 3-88020-311-3.
Band 92	Schwier (Hrsg.): Jugend – Sport – Kultur. 1998. 160 Seiten. ISBN 3-88020-317-2.
Band 93	Klein/Kothy (Hrsg.): Ethnisch-kulturelle Konflikte im Sport. 1998. 164 Seiten. ISBN 3-88020-318-0.
Band 94	Gissel (Hrsg.): Sportliche Leistung im Wandel. 1998. 172 Seiten. ISBN 3-88020-322-9.
Band 95	Miethling (Hrsg.): Sportunterricht aus Schülersicht. 1998. 118 Seiten. ISBN 3-88020-323-7.